前瞻教育系列

黃政傑主編

奴化大學

自掘墳墓的教育

王振輝　著

五南圖書出版公司 印行

主編序

　　國內教育在政治解嚴之後，隨著社會邁向自由、民主、多元和開放而大幅鬆綁，又因應全球化、市場化、國際化和本土化的衝擊而轉型發展，顯現一片榮景。不過榮景之下還是存在許多問題，不但教育工作者時有批判檢討，家長和社會各界亦不斷鞭策，期盼促成教育的持續發展與進步。

　　剖析幾十年來國內的教育發展，最為顯著的是教育機會的擴充，讓學子有更多機會升學進修，尤其是高等教育的普及化更為突顯。只是，教育機會的擴充一定要配以優良的教育品質，否則機會均等只是一紙敷衍的承諾。教育機會擴充也要在有教無類的理想外，配合因材施教的理念，引導學生追求符合個人興趣、性向和能力的教育，讓每個人都能自我實現。是以，追求卓越的教育，應著眼於全體學校，且學術教育和技職教育需等值看待，否則學校階級化勢必愈來愈明顯，升學主義永難消除。各級學校刻正設法因應少子社會的衝擊，此際學校的轉型發展必須落實品質保證，讓每個學生都能把握教育機會，習得健康、品格和實力。

　　面對教育發展伴隨的問題，並非一直批評即可解決，宜透過教育研究和著作發表，作為改革方案規劃、決策和實踐的基礎。只是近年來學術界注重實證研究和期刊論文的發表，專書遭到貶值，導致研究和著作的窄化。學者只重一篇篇的論文發表，缺乏對整體教育現象和問題的關照，更難提出系統且具前瞻性的宏觀見解及改革建言，至為可惜。

　　有鑑及此，前瞻教育系列期待學者在從事研究、發表單篇論文之際，同時重視前瞻性、系統性的學術著作，能以篇幅較大的專書來探討教育理論與實務、政策與改革等課題，以符應教育現場解題與應用

之需求，啓發學術研究及教育改革方向。過往教育專書常見大部頭著作，本系列書籍希望有所改變，朝向能創新思考、指引未來的專題探究，且能深入淺出、引人入勝。

　　本系列書籍的出版，首應感謝各書作者秉持社會關懷和學術使命，接受邀約，完成足以啓迪社會的傳世之作。其次要感謝五南圖書出版公司全力支持本系列書籍，也要感謝所有編輯及出版同仁全力以赴。再次要感謝靜宜大學教育研究所吳俊憲教授協助本系列書籍出版之相關協調工作，讓本系列書籍得以順利面世。最後，願將本系列書籍獻給所有關心教育改革和發展的家長、教師、行政人員及各界人士。

靜宜大學教育研究所講座教授

黃政傑

自　序

　　日前我在講授教育哲學的時候，當我們討論到什麼是「自由」時，其中有一個學生給了「自由」一個跟別人都不同的答案，一般人都會說，自由是無拘無束，自由是以不妨害他人的自由為自由，或者在法律的許可內為自由，但是，這位同學給了一個非常不尋常的回答，他說：「自由是一個人能自主地做決定」，這是德國哲學家康德對自由的定義，這種自由具有相當程度的倫理道德意涵，因為決定是自己做的，所以他必須負起責任，此為其倫理意義。它揭示了人的基本價值，即作為人，他是自己的主人，他的意志是由他自己所控制，而不在別人或集體手中，這種自由才是真自由。這也是柏林（Isaiah Berlin）所謂的「積極的自由」（positive liberty）即自我做主的自由（free to）。[1]

　　自由主義者（不論古典或新自由主義）都主張自由應該是沒有設限的，所以他們認為政府最好不要干預市場的自由運作，問題是，真正「自由」市場的前提應該是他們另一個主張：市場中的每一個人都是能自主地做決定的人，這也就是前面所講的積極的自由；然而，自由主義的理論是一回事，事實的運作又是另一回事，在當代市場中，絕大多數人的決定都受到各種因素的制約而不由自主地做了選擇。結果，在此種自由主義的市場中，只有懂得掌握權力的極少數人獲得巨

---

[1] 在康德那裡，自由則是道德律存在的根據，康德認為「自由」有兩種涵義，在消極方面，自由就是不受外在原因的決定，亦即自因自果；在積極方面，自由就是自決，亦即自我立法和自律的意思。葉學志，《教育哲學》，台北：三民，1996年。Isaiah Berlin在《兩種自由概念》（*Two Concepts of Liberty*）中指出，「自由」這個詞有超過200種以上的意義。但Berlin在該文中只討論了兩種自由的概念：一個是消極的自由（negative liberty）；另一個是積極的自由（positive liberty）。I. Berlin, 'Two Concepts of Liberty', in I. Berlin, Four Essays on Liberty, London, 1969.

大的利益，因爲他們透過系統化將一般人鑲嵌在系統中制約了他們的意志，讓一般人別無選擇。

我相信很多人都有類似的經驗。

我最近終於修好壞了許久的轎車右前方方向燈。那是好幾年前在一條陌生的小巷子裡迴轉時，不小心輕碰了別人家的矮花台給撞掉的，燈雖還可以用，但卻脫落無法固定了，不但難看，而且車子開動時跑來跑去還有點危險性，結果只好開去原廠維修，但原廠說必須連同前方保險桿一起換了才行，因爲燈是與它一體的，無法單獨修它；我隨口問了價錢，原廠開口要價 1 萬 2 千元，我一聽之下，倒抽一口涼氣，直覺不需要花這樣的錢，於是就把車開回家自己用快速膠給黏住了；就這樣也開了好幾年，不過，每一、二年它就得掉一次，我爲了省那 1 萬多元，就用老辦法黏膠來解決。一直到前幾天，我到住家附近的傳統修車廠進行車子的維修，那邊的師傅說可以幫我將那方向燈用兩顆螺絲釘鎖住，結果工錢只花了我 3 百元，解決了困擾多年的方向燈問題。

這是現代化企業的維修系統與傳統維修廠的最大差別，原廠連同保險桿換了要 1 萬 2 千元，傳統修車廠師傅用兩顆螺絲釘把它鎖住只要 3 百元。

現代化企業系統要求超高利潤，所以把車燈與保險桿做成一體，你要修車燈就得連同保險桿整組換了，他們根本不用想辦法去解決車主的困擾，直接按公司 SOP 作業規定，整組換掉，既省時又省事，最重要的是，連原本沒壞的保險桿和左方向燈都得換，如此這般，費用一下子從 3 百元提高到 1 萬 2 千元，四十倍的價差，所以它所創造的利潤遠非傳統車廠可以比擬。愈是現代化的電子產品，此種系統化情況愈是明顯。

從一部普通車子的保險桿就可以管窺當代資本主義運作的奧祕：

一者，系統化之後，它不只創造利潤，而且是創造出最大的利潤，如前所說價差四十倍之多，這是傳統產業所不能比；

　　二者，同時也創造了許多就業機會，因爲一只連同車燈的小小保險桿這個系統中，包括了石化工業、塑化產業、鋼鐵產業、LED 照明產業、烤漆工廠、修車工廠、運輸產業、倉儲產業等等，多少工人賴以維生；

　　三者，系統化縮短產品使用週期，透過一體化使得產品只要有部分損壞便得全部換新，如此加速產品的汰換率，當然同時也增加多種產業的訂單和工人的工作機會；

　　四者，系統化也促進消費，消費者不斷地掏大錢購買產品，創造出產業偌大的商機與利潤，大量的出貨造就了許多人的就業機會，讓他們的家庭得以溫飽、生命得以繁衍昌盛，社會得以富裕繁榮。

　　這不正是自由主義經濟學始祖亞當・斯密（Adam Smith）所說的「人因其私而全其公」嗎？

　　再說我的車子只是最平價的日系國民車種，而不是昂貴的雙 B 轎車或上千萬等級的跑車，聽說同樣的保險桿，那種車的價格動輒好幾萬元，那種企業所創造的利潤更是驚人。

　　以上僅就現代企業的系統化經營來說它對我們社會生活的影響。

　　如果擴大而言，當代資本主義早已不是亞當・斯密古典資本主義了，在新自由主義的鼓動下，在當前的科技下，在當代國際政治的條件下，它把資本主義的各種特性發揮到淋漓盡致，它崇信市場經濟，追求最大利潤的市場經濟。我們把它稱爲資本主義精神，或者有人稱之爲現代性。

　　當然，如前所述，除了提倡自由市場之外，現代的資本主義之所以能如此昌盛就是靠消費，沒有我們不斷地消費、而且是大量地消費，各種產業就沒有利潤，而它所經營的工廠就撐不下去，那麼靠它過活的勞動者就會失業，工人的家庭給養就會無以爲繼，家庭問題、社會問題就會叢生，最後這甚至會動搖到政治的穩定。所以也有人把它叫

做「消費資本主義」。²

我之所以知道消費那麼重要，關乎資本主義的生存，更關乎國家的安危，最初不是從書本裡知道的，而是多年前發生了一件令我印象特別深刻之事，那是在 2001 年 911 事件發生後，當時的紐約市長朱利安尼（Rudy Giuliani）站在被轟塌了的世貿大廈滾滾濃煙和紐約人民的悲情中，呼籲世人如果要拯救紐約的話，就到紐約來消費吧！果然，紐約在消費資本主義雄渾的力量底下，迅速地恢復了它的活力與秩序。

然而，2008 年的金融海嘯也讓世人見識到這種資本主義的凶險。許多人紛紛檢討起這種資本主義所隱藏的危機。

就以前述車子保險桿的例子來說，它雖然有那麼多的好處，但卻也有其無法迴避的問題，諸如：

一、追求利潤，不擇手段地尋求最大的利益，以致用料成本要降低、勞動成本也要儘量壓低，並盡一切可能減少維護環境的成本，所以製造出來產品很容易損壞需要維修。而壓低勞動成本的結果是，勞動者窮其一生努力都只能糊口，無法面對失業風險，各類工廠也都不斷地製造各種環境汙染；

二、它雖然創造出許許多多就業機會，但是絕大部分的利潤都歸屬企業主，勞動者所領到的基本工資僅足以維生及其勞動力的再生產，勞動者生產愈多，老闆們賺愈大，有些大企業主，一年的財產可

---

2 這是社會學家布希亞（Jean Baudrillard）的說法，他在《消費社會》（*La société de consommation*）一書中指出，資本主義社會運用某些商業手段和策略，藉助現代商業的高科技與資訊網路的普遍，讓流行文化與流行商品滲透到人們生活的各個領域，它的影響力鋪天蓋地，無遠弗屆，並且永無止息。消費社會是對消費品賦予過分價值的社會，在此社會中，消費品不僅是一切經濟活動的最終目的，而且作為最大的利益，整個經濟、社會和文化制度被一種消費物質商品的動力所支配和滲透。在消費資本主義社會中，消費不僅是一種經濟活動，它已經延伸到社會的各個領域中，成為人的基本生存方式。關於布希亞的論述，請見〔法〕尚‧鮑德里亞著，劉成富、全志鋼譯，《消費社會》，南京大學出版社，2008 年版。

以增加數百億元之巨，他們坐擁偌大資金用以炒作房地產，推升房價、物價，而受薪階級卻永遠趕不上物價，貧窮的受薪階級永遠被壓在社會最底層，受到極大的壓迫，社會貧富差距於是愈是懸殊，當然社會問題會愈來愈嚴重；

三、強調財富累積、生產擴張與市場競爭，不斷縮短產品使用週期，使得國家機器與資本家成為了自然資源掠取者，在不斷掠取並消耗自然資源的過程中，自然資源將被過度消耗並導致生態系統的惡化，而被拋棄的石化塑料廢棄物的堆積與焚化又形成環境的再次汙染，人類所賴以維生的生態體系面臨崩潰，人們被迫面臨地球本身的生存問題，[3] 工業化的甜蜜果實由企業主接收，但是它的惡果卻是全人類在承受；

四、鼓勵消費，讓人性倍受考驗；一味地消費不僅使人淪為物慾之奴，傳統所堅持信守的節約、儉樸美德非但不符時代潮流，而且如果有違當代資本主義運作機制，這讓人民的經濟與社會生活陷入極大的苦痛與恐慌。但鋪天蓋地的消費刺激也讓原本脆弱的人性更加脆弱，貪婪的更加貪婪，當代資本主義這種消費型態讓人性及其心理都受到前所未有的考驗，也讓社會秩序和善良的人性的維護更不容易。

面對這麼凶險的資本主義，我們還要將高等教育產業化，這不是自尋死路嗎？

前衛生署長楊志良在 2014 年 10 月時曾嚴厲指責近三任台灣總統共同犯下的嚴重錯誤，就是都是奉行新自由主義，原文如下：

> 所有的社會現象都是結果，所有結果都來自於政府施政，而政府採行何種政策，則是基於主政者信仰的意識型態和思維，台灣從高峰走向崩壞，就是因為近三任主政者，從李登輝、陳水扁到馬英

3　John Bellamy Foster, The treadmill of accumulation: Schnaiberg's environment and Marxian political economy. *Organization and Environment* , 2005, 18: 7-18.

九這三任總統，都犯了一個嚴重的錯誤，就是跟著美國走！

三位總統政治思維各有不同，但對台灣的經濟發展卻一致採行美國新自由主義（Neo-liberalism），高度偏袒富人、貶抑勞動價值，台灣目前所有的問題，都是從這裡開始，長期採行錯誤的施政方向及方針，不但造成經濟出現大問題，讓台灣前進的方向轉了大彎，原本朝著均富的社會邁步，卻調頭走上貧富差距愈來愈大的歧途；環環相扣，進而影響其他層面，政治上，政商水乳交融，形成政黨、民代、財團共犯結構，台灣整體發展陷入泥淖。[4]

其實，台灣很早就開始奉行新自由主義經濟政策，在本書第二章中會有詳細的交待。而且不僅如此，在 1990 年代之後，這樣的新自由主義還蔓延到高等教育領域，即高等教育產業化政策，這個政策同樣導致今日台灣高等教育的扭曲，走上貧富差距愈來愈大的歧途。

我喜歡自由，但是這種自由是發自內在意志自主、自律的決定，而不是不受限制的自由，雖然新自由主義者也主張真正的自由應該如此；然而，透過本書的爬梳，我希望能夠證明，在實踐上，新自由主義自由市場運作只是有利於極少數的菁英者，對絕大多數的人來說，這種自由都是一種剝削與壓迫的代名詞，而無法真正體現其積極自由的主張。

特別是高等教育領域，如若任其在產業化政策主導下完全自由市場化，國家社會要為它所付出的代價將十分慘烈。我希望本書的反省能對社會有一些啟發。

王振輝
謹識於台中

---

[4] 楊志良，〈近三任總統的錯誤——信仰新自由主義　害慘台灣〉，《天下雜誌》，2014年10月20日。

目　錄

第一章

一首正在傳唱的
校園悲歌

　　2014年11月5日《今周刊》報導國立大學博士放棄月薪5萬的大學助教，回鄉賣起了雞排；2015年10月19日「東森新聞台」也報導另一位博士流浪全台灣五所大學教書，一個月只能賺31K，但這還不是最慘的，有兼任老師的月薪，甚至不到8,000元。2015年11月2日，《聯合報》報導，郵政特考出現「高學歷報考潮」，多達2,880名碩士、26名博士報考，其中5名博士還報考只需高中資格的郵差。中華郵政還說，2015年初招考時報考的13名博士，全數「摃龜」。一時之間，引起國人討論，大家不禁想問：

　　台灣高等教育到底出了什麼問題？

　　有幾位大企業家都不約而同地批評了台灣的高等教育，2015年10月4日，台積電董事長張忠謀出席一個名為「新時代・新王道」論壇時，被問到對教育的看法時表示，到了大學，通識教育才是最重要的，包含基礎科學、經濟、歷史、文學和藝術等，卻長期被台灣教育所忽略；就他看來，專業也許在大三、大四，甚至到了研究所再學都來得及。[1]

　　過了幾天，2015年10月13日，公益平台董事長嚴長壽在台東演講時再度痛批「錯誤的教育政策，害慘了台灣人」，尤其多年前政府鼓勵廣設大學，許多有名的專科學校，原本都是專門培育專業人才的技職體系。後來為了升格大學，成立了許多不夠專業的學系，造成學生素質低落，有的沒有學到一技之長，還背負沉重的學貸，根本是害慘了台灣人。[2]

　　這些企業家都說出了台灣高等教育的問題，[3]那就是大學嚴重地偏離了大學教育的本質，硬要學美國搞高等教育產業化，用各種計畫與評鑑強迫大學必須為業界培養人才，高等教育產業化扭曲了大學教育，讓大學不但遠離了它原有培育具通觀統識人才的教育目的，而且也無法真正培育出

---

[1]　蔡紀眉，〈張忠謀：通識教育才是最重要的〉，《聯合新聞網》，台北，2015年10月5日。

[2]　潘俊偉，〈嚴長壽：錯誤教育政策　害慘台灣人〉，《聯合新聞網》，台北，2015年10月13日。

[3]　本書所說的「高等教育」指的是教育部高教司所管轄的大學校院與技職院校，其中包括公私立大學校院與公私立技職院校，但不包括空中大學、宗教研修院與軍警校院等特殊職能高等教育。

企業界所需要的人才。

　　其實早在2010年9月1日，當時的總統馬英九就宣示高等教育產業化政策，他當時的邏輯是爲了落實高等教育的國際化，所以大學不但要增設全英語課程，還要藉大陸學生來台，讓東亞年輕人有更多接觸機會，並促進台灣教育國際化與產業化。[4]2011年1月11日，適逢台灣少子化危機，使得很多學校面臨招生困境，總統馬英九出席中興大學建國百年全國大專校院校長會議時表示，政府正在努力推動教育產業化，以解決各校招生的困難。[5]於是「上有所好，下必甚焉」，既然總統都做了政策宣示了，行政院及教育部都盡力配合研究，這幾年來，無論是教育部的政策或是全國公私立高等教育都共同呼籲，爲提升國家競爭力、解決少子化問題、以知識力量幫助產業升級⋯⋯在在需要高等教育產業化。

　　2014年首任國發會主委管中閔宣示，把法規鬆綁列爲最重要目標，推動更大程度的市場化，讓過去因過度管制無從發展的產業得到機會，這其中教育邁入產業化便是首要目標。[6]一時間，教育產業化似乎是國家救命的靈丹妙藥。

　　有的學者從國家發展來論述，教育產業化似乎是個必然的趨勢。他們認爲，教育產業化的現實依據乃是知識經濟與全球化，無論你喜不喜歡，這是無法迴避的趨勢；依照中央研究院院士朱敬一博士的說法，這種知識經濟的發展與傳統經濟型態的發展完全不同，知識經濟就是指「知識」在經濟社會中的角色愈來愈重要，而由於知識的無敵對性（non-rivalry）與邊做邊學特色，很可能產生「強者益強、弱者益弱」的報酬遞增。特別是在全球化下，任何一個國家在全世界各地都有競爭者，這讓那種沒有效率

4　閻光濤，〈馬英九：落實大學校園國際化〉，《中央網路報》，2010年9月1日。見 http://www.cdnews.com.tw

5　黃玉燕，〈推動教育產業化　馬英九提高等教育願景〉，《大紀元》，2011年1月11日。見www.epochtimes.com

6　邱建業，〈管中閔：國發會　法規鬆綁擺第一〉，《經濟日報》，台北，2014年1月23日。

的、社會路障多的國家，極容易被擊潰。朱敬一特別強調全球化與知識經濟的相乘效果，如果台灣未能把握時機，那麼在「報酬遞增」的原理下，先行者的優勢很難追上，台灣徒呼負負也無可奈何。若X產業如此，其他Y、Z產業亦如此，各個產業皆把優勢拱手讓人，我們就很難翻身了。[7]依照朱敬一的邏輯，台灣的高等教育若是沒有趕上這班末班車，在知識經濟的趨勢下，台灣的經濟與國際競爭力勢將永遠沉淪。

另一位學者也宣稱，在全球化架構下，許許多多經濟產業合作組織的研究中都顯示：

> 高等教育在國家產業競爭條件中無論在生產要素、人力資源、創新體系等介面中均為重要元素，在知識經濟體系中，高等教育在OECD產業分類中更是屬於知識密集型之服務業，這使得高等教育具備國家整體競爭策略之一環與提供知識產業化相關服務之雙重角色，大學校院當然也就不再是一個單純教學或研究的場域，而是知識、產業、國家脈絡中一個起承轉合點。[8]

還有人說，台灣高等教育所以日漸沉淪，是因為我們的高等教育國際化程度不足，導致競爭力下滑，全球化的浪潮不僅席捲就業市場，同樣也衝擊到就業前最後一站的高等教育。尤其最近十年來，全球頂尖大學無不積極追求國際化，競爭來自世界各地的頂尖教授與優秀學生，維持學生、進而是國家的競爭力。[9]

其實，在更早之前，前教育部長楊朝祥在2007年寫了一篇說明台灣的

[7] 朱敬一，〈全球化令我擔心的是什麼？〉，2014年5月26日。引自《天下雜誌》獨立評論，opinion.cw.com.tw/blog/profile/261/article/1413

[8] 成群豪，〈知識產業化對大學治理之啟示與探究〉，《第二屆兩岸高等教育論壇》，2009年。

[9] 郭淑媛，〈國際競爭力弱化，贏不了星港〉，《今周刊》，台北，2015年2月5日946期。

高等教育爲何必須產業化的長文，內容讀來令人驚心動魄。他細數西方大學發展史，認爲以往以學術研究爲主的綜合大學已走到它的盡頭，取而代之的是以美國爲主的大學發展模式，即將大學所擁有的研發能量與企業經營能力結合的高等教育產業化，它是當代大學發展不得不然的趨勢。[10]

換言之，當前再不加速教育產業化的步調，這個國家就沒救了，一切都完了。學術領袖這樣的看法，無異爲政府的教育產業化提供了強有力的背書。

事實上，台灣經常以美國爲師，教育主管當局緊盯著近三十年來美國高等教育的發展，最近數十年來台灣高等教育的政策與實踐其實早就在模仿美國高等教育產業化的作法。這裡所講的高等教育產業化，包含幾個層次的意義，首先就是高等教育的普及化與自由化，其次是高等教育與產業界的合作，第三就是以企業管理模式來有效地經營高等教育、提升其競爭力。以下我們分別簡述其內涵。

首先是高等教育的普及化與自由化。

所謂高等教育的普及化，指的是擴張高等教育，讓它從菁英教育成爲普及教育，讓每個人都接受高等教育。早在十五年前，教育部制定教育白皮書時便斷定：「二十一世紀是以知識經濟發展爲主軸的世紀，大學已爲各國知識創新與人力資源的競技場，大學競爭力即爲國家競爭力之重要指標。回顧大學教育發展的軌跡，已從菁英教育漸轉化成兼顧普及教育。」[11]在此，教育部將大學教育視爲國家競爭力的重要指標，所以認定，只要每個人都能接受大學教育，那麼國家競爭力一定能大幅躍升。

但這也是個最令人困惑的政策，這種政策將造成幾個結果：

一是，政府有限教育經費的排擠，原本教育產業化的前提，是政府減少教育的公共投資，鼓勵私人興學，以私人的企業精神改革原本沒有效率、沒有競爭力的大學，然而無限地擴張高等教育的結果，就是稀釋了有

---

[10] 楊朝祥，〈高等教育理想價值與市場邏輯的爭議〉，國家政策研究基金會研究報告，2007年，引自www.npf.org.tw/2/1715

[11] 曾志朗，〈序〉，《大學教育政策白皮書》，台北，中華民國教育部，2001年。

限的教育經費，拖垮了那些原本優質的大學。

二是，在升學主義、文憑主義文化當道的台灣，雖然有些學生的資質與興趣不在攻讀大學，但每個高中畢業生卻都在父母與社會期待下考了大學，最後導致不用讀書、不用準備都能上大學，因為大學錄取率百分之百，難道當局真的天真地認為，這樣的學生擁有一張大學文憑，就具有競爭力了？

三是，執政當局在已明知少子化當下，卻又年年准許新大學的設立、或者讓學院升格為大學或科技大學，不斷地擴大招生員額，結果預計到了2016年以後將導致了較偏遠地區至少30所大學要倒閉關門，屆時不但一、二萬名大學教授將成流浪教授，這麼多大學倒閉所付出的社會成本將相當慘烈。

四是，無限制地擴張高等教育，將原本培育技職人才的技職專校與技術學院升格為大學，徹底地轉換了技職體質成為以學術研究為導向的大學，深深傷害了那些真正需要技術的產業，也傷害了那些原本只想學得一技之長的學生，因為他在現在的大學中再也學不到這些技術了。

由以上的事實顯示，高等教育普及化並不必然等於國家競爭力的提升，反而傷害了我們真正需要技術的產業、高等教育及我們的下一代。

因此，高等教育普及化此一政策只有在高等教育產業化這個邏輯下，才能得到合理的解釋。因為大量開放設立大學，讓高等教育成為一個134萬大學生的自由市場，光是學生註冊費、學費、住宿費、交通費、娛樂費、書籍費、補習費、證照費、3C產品費用和生活費，這個擁有近134萬大學生的高等教育市場每年就可以締造上兆新台幣的經濟產值。這還不包括它所帶動的周邊產業，包括土地建築業、觀光休閒業、電子通訊產業、餐飲服務業等等。然而，這只是台灣高等教育產業化的開端。

高等教育普及化為的就是創造一個自由競爭的市場，這中間除了擴大學生總量之外，最重要的是學費的自由化，也就是以往由政府管制的高等教育學費政策改為由市場機制決定。學費自由化的理論就是使用者付

費，[12]教育部強調，我國高等教育與多數國家一樣，係屬選擇性教育，非屬國民義務教育範疇，學生必須繳交學雜費，以支付部分教育成本，其餘成本由政府補助與學校自籌。目前高等教育已走向普及化與高就學率時代，受教者必須負擔部分「合理」費用，既然使用者有個別需求，那就不應該使用政府的公共預算來支付；在此一理念底下，於是不論公、私立大學，從1989年代開始，學費開始調漲。88學年度之前，台灣的大學學雜費由教育部統一訂定。88學年度教育部公布了「彈性調整學雜費方案」，讓各校可自訂學雜費徵收的項目及標準。

　　以2014年的數據來說，我國的高等教育院校數有159所，學生數133萬9,849人。其中公立51所、學生數占32.8%；私立108所，學生數占67.92%。[13]私立高等教育院校學生人數占了近七成，高等教育的確明顯走向私人產業化。而私立大學學費每年約為10萬元是為公立大學的兩倍，[14]從1988年到1994這六年間，每兩年調漲一次學費，公私立調漲比例每年都在12%，其中1990年最為驚人，公立學校高達24%，私立大學則為16%。由於學費調漲速度遠超過國民所得的增幅，引起社會極大的痛苦，因此，台灣的大學學費在民間「反高學費行動聯盟」的堅持之下，2000年之後，公私立大學能獲得調漲學費的校數少、漲幅低。但如此一來，大學苦於經費不足需藉由調漲學費以為挹注的訴求，並未得到適當的回應。在「政府、市場、大學」的三角關係中，大學在學費議題上很明顯居於劣勢。台灣公私立大學學費多年的紛擾，大都源自政府既強調由市場機制讓學費自由化，卻又為了實現社會公平不斷地介入干預市場機制，這既讓市場失靈，又無法實現社會公平，因而導致台灣的大學學費政策的三個嚴重問

---

12 楊朝祥，〈大學學費調漲的成因與對策〉，《國政研究報告》，財團法人國家政策研究基金會，2007年3月23日。

13 數據引自〈2016總統大選教育政策之高等教育與技職教育〉，蔡英文、陳建仁《點亮台灣》網頁，2015年12月4日。見http://iing.tw/posts/360

14 鄭川雄，〈一流大學的迷思？——從美國自由教育精神檢討台灣高等教育之改革方向〉，《教育與社會研究》，台北，2006年，第10期。

題：一、私立大學過度倚賴學費收入，難以提升教育的品質；二、政府干預下，學費與教育品質脫鉤，市場機能不彰；三、學費呈反向重分配現象，強者負擔減輕，弱者負擔卻更重，政府未克盡提升社會公平正義之責任。[15]

雖然大學學費漲幅比起其他國家來，算是相對較小的，但是，由於十幾年來台灣的國民所得並沒有增加，一般的受薪階級的薪資反而倒退到十五年前，影響了家庭收入，因此即便學費相對便宜，但就如楊朝祥所說的，對多數學生而言，「考得上、讀不起」，這才是問題。[16]

所以從1994年到2003年這十年間，申請就學貸款的學生人數由4萬多人成長到68萬多人，金額從14.6億成長為249.8億，無論是人數或金額成長都高達16倍以上。以公私立大學學生比例來說，教育部及學者研究發現，私立大學學生貸款人數是公立大學的4倍，[17]私立大學學生超過六、七成以上都需要貸款，而他們都屬於社會弱勢階層。[18]學者2007年的研究也指出，台灣私立大學生的就學貸款負債與年收入之比率為121.6%，為目前世界最高；台灣私立大學生就學貸款申貸者每月還款金額和月所得之比率12.5%，也是世界最高。而根據2010年統計資料顯示，台灣無論博、碩、學士，平均起薪或可支配所得均創新低，台灣年輕一代的貧窮化問題極為嚴重。[19]足見此一政策真是「反向重分配」，使高所得階層負擔逐年

---

[15] 戴曉霞，〈政府失靈與市場失靈：臺灣公私立大學學費政策及其問題之剖析〉，《高等教育》，台北，2008年6月，第3卷，第1期。

[16] 楊朝祥，〈大學學費調漲的成因與對策〉，《國政研究報告》，台北，財團法人國家政策研究基金會，2007年3月23日。

[17] 依教育部公布資料，98學年到102學年的五年間，私立大專院校申請就學貸款人數每年約25.4萬人到28.1萬人，是公立大專院校每年6.3萬人到7.1萬人的4倍。引自林志成，〈M型化　公、私立大學學貸人數1：4〉，《中時電子報》，台北，2015年3月21日。

[18] 張國偉、何明修，〈半調子的新自由主義：分析台灣的高等教育學費政策與爭議〉，《教育與社會研究》，台北，2006年，第12期。

[19] 盧宏霖，《我國大學就學貸款制度對政府財政的負擔之研究》，南投，暨南大學教育政策與行政學系碩士論文，2007年。以及台灣智庫，〈台灣青年四惡夢：高學費・難就

減輕，而使低所得階層負擔逐年加重，高學費政策使強者更強，弱者更弱。[20]

　　這就是從經濟學看教育的第一個指標，也就是教育產業化第一個問題：高等教育的普及化，高等教育由菁英教育轉型為普及教育，往好處想就是透過市場化的競爭，提升人力資源素質，以優良的人力資本，幫助產業轉型。

　　這種普及教育的意思就是人人都可以接受高等教育，即便高等教育入學考試考個位數的分數也能就讀，於是就必須擴充高等教育，以1984年李煥部長時代為例，國內僅有22所大學（公立9所、私立13所）、77所專科學校，大學生總人數僅有173,908人，約占總人口（19,069,194人）的9‰。整個高等教育仍屬於菁英式的培育方式，通過大學聯考仍是多數學子夢寐以求的目標。

　　受到解嚴前後自由化的呼聲，以及長期抑制高等教育發展的做法影響，1985年起李煥擔任教育部長的第二年，行政院決定開放新設私校的申請，這幾乎與美國高教產業化同時進行。1990年教育部實施「獎助私立大學四年中程方案」，此方案雖名為獎助，但實為「補助」，因為它進一步考量私立學校學生基本教育成本，透過政府的補助彌補私校基本教育成本中學費收入不足的部分，[21]實質上大大激勵私人興學的動機。在此方案的推動下，到了1996年，國內已增至67所大學（公立37所、私立30所）、70所專科學校。

　　1994年四一〇教改聯盟提出「廣設高中、大學」的口號，1996年教改會也予以呼應，於是我國的大學數量開始出現擴張趨勢。大學生數量從1984年的17萬3千多人，成長到2007年的112萬人，增加約6.5倍之多，其

業‧低薪資‧長負債〉，《玉山周報》，台北，2010年9月15日。

[20] 張國偉、何明修，〈半調子的新自由主義：分析台灣的高等教育學費政策與爭議〉，《教育與社會研究》，台北，2006年，第12期。

[21] 鄧心怡，《政府對私立大學校院教育補助政策之研究》，桃園，開南大學公共事務管理學系碩士班碩士論文（已出版），2007年。

中大學148所（公立51所、私立97所）、15所專科學校，共計163所大學校
院，高教擴張的程度達到歷史新高。[22]這兩年少子化問題嚴重，教育部一
方面鼓勵私校退場，一方向進行公立校院合併，所以到了2014年，大學校
院又微降到156所，不過由於大都是用整併的方式來減少學校數量，所以
學生人數不但未減，反而增加到134萬人。[23]

　　然而，在一份2013年由中研院院士劉兆漢等學者專家組成的教育部人
才培育指導會，所提出的人才培育報告書中發出警訊，2028年（民國117
年）後，大學生源將降至當年的一半，只有16萬7千人，未來大學生的生
產力若不能提升1.5倍，則台灣整體國力將下降；報告書指出，大學部新
生總招生名額為27萬4千名，已超過高中職每年畢業生總人數27萬人，不
只人人可以上大學，許多學校還招不滿，高等教育已真的變成普及教育；
但以104學年度總在學人數134萬人來看，培育如此多的高等教育人力，卻
未能反應社會與產業的需求。[24]

　　依據這份報告，教育部於是制定更具體的產業化政策，希望大學培育
人力可以反應社會與產業的需求。翻開教育部的公告，從2010年起，年度
施政方針連續三年都寫著：「深化高等教育人才培育與產業需求連結，促
進科技創新及產業發展。」在這裡，社會的需求不見了，惟見產業需求，
彷彿產業的需求就代表了社會的需求了。到了2014年，教育部的施政方針
更進一步了：「協助青年生涯探索及提升就業力，強化學校與職場接軌機

---

[22] 台灣高等教育數量到底有多少，查看教育部網站，截至2014年為止，年年數值都不一，
統計的基數也不一，有些把一般院校和技專院校合併者，有些則分開算，但總體上說，
有161、162、163的算法之差異，總學生數在125萬至130萬之間，見周祝瑛，《台灣教
育怎麼辦？》，台北，心理，2008年。

[23] 數據引自〈2016總統大選教育政策之高等教育與技職教育〉，蔡英文、陳建仁《點亮
台灣》網頁，2015年12月4日。見http://iing.tw/posts/360以及103學年度大學校院一覽表，
http://ulist.moe.gov.tw/Home/UniversityList

[24] 記者林曉雲，〈人才危機十五年後大學生源減半〉，《自由時報》，台北，2013年5月7
日。數據引自〈2016總統大選教育政策之高等教育與技職教育〉，蔡英文、陳建仁《點
亮台灣》網頁，2015年12月4日。見http://iing.tw/posts/360

制。」於是高等教育最重要的任務就是「學校與職場無縫接軌」，而其中一項政策便是積極推動高等教育與產業界的合作計畫。

第二，於是在教育部政策推動下各大學瘋狂進行產學合作。

高等教育與產業界的合作始自美國1980年代，據云在美國是「由大學負責創新，由企業負責產業化，每一項發明都能充分發揮它的潛力，同時也爲大學和產業帶來了無比巨大的推動力。」而美國政府的「政策使得大學在經費上富可敵國（實行「合同制聯邦主義」的初期，麻省理工學院就得到一億美元的經費），大學裡面群英薈萃。從此，不但美國大學後來居上超過歐洲，美國的高科技（航太航空、醫學、電腦、作業系統、網路……）也迅速產業化，創造了無比巨大的財富。另一方面，大學教授和畢業生創業成功後，將他們的知識和財富重新輸入大學，形成生生不息的良性循環。」[25]

美國成功的經驗讓台灣艷羨不已，教育主管當局認爲它是通往繁榮盛世的唯一之道。

在教育部雷厲風行之下，各傳統大學面對產業化這個議題，就是要求把系所「產業化」；它有幾個意思，其一就是改系名，例如，把美術系改爲商品設計學系，把化學系改成「化妝品科學系」，這樣就直接與產業連結了；其二是改系所教育目標，即將原本的培育學術研究人才，改爲「爲社會與產業培育有用人才」，有些甚至直接改爲「培育企業所需人才」；其三就是改課程，將原來一堆理論性課程改爲實用性及技術性課程；其四就是要求教師學習其他專長，特別是實用性專長，或者改聘有實務性經驗的教師，又或者就是大多數學校所採用的聘用「業師」共同授課；其五強調最好是每種課程都要有實務實習課的設計。

於是最近幾年來各傳統高等教育專業系所一直轉發來自科技部、教育部或本校研發處、教學發展單位的各式各類產學合作的公文或計畫，甚至還有鼓勵老師聘請業師協同教學的補助計畫申請，所有這些作爲的共同期望就是希望教師所授課程能與市場或業界接軌，透過這樣的政策與課程安

---

25 李開復，〈美國大學啓示錄〉，2004年，homepage.agron.ntu.edu.tw/~menchi

排，提升學生的就業力。這些政策與作為是台灣高等教育產業化的重要環節。

　　然而，在擴張高等教育政策下，原本那些為台灣產業培養無數優秀技術人員的技職院校，在面臨台灣產業轉型、知識經濟來臨，過去技術導向的專科學校不足應用，加上家長希望孩子接受高等教育，因此教育部鼓勵專科學校升格技術學院或科技大學。技職院校為了成功轉型，為了符合教育部的評鑑，特別是大學師資規格，他們淘汰了那些不具碩士、博士學位以及沒有研究能力的技職教師，大量聘用具博士學位，能生產科學期刊論文的教授，在教育部與技職院校的共同努力下，他們大約都認定「升格科大在台灣是進步的指標」，「升格科大代表學校水準提升且受社會肯定」，因此絕大多數技職專校順利轉型為77所科技大學，但在此同時，科技大學卻與傳統大學界限模糊化，教育定位不明，喪失實務優勢，再也要不回其往昔培養技術人才的特色。[26]政大社會系教授關秉寅也指出，技職學校轉型為科大，反而不重視技術培育，轉而導向理論教學，使學生無法習得一技之長。[27]

　　在台灣高等教育往產業化轉變中，理工自然領域轉化比較順利，因為它們雖然有少數是基礎科學學系，但長期以來，台灣高等教育的理工領域的實用性科系原本就相對較多。有問題的是人文社會領域，這是因為他們所學所知都與產業無關，說白了，就是沒有實用性，特別是人文學者，在產業化這個議題上，那簡直無用武之地。這讓幾乎所有人文社會領域的學者都十分惶恐與焦慮。

　　然而，為了活命，即便平時守慣書齋的人文學者也不得不「撩落去」，至少也讓自己的課「實用些」，或者「看起來實用些」。而那些人文學系就紛紛轉型活命，這就是所謂的「文創」，傳統美術系改為「應用

---

26 葉欣翰、林明慧、黃韻勳，〈升格科大朝向學術化　技職失優勢〉，《大學報》（台北），2013年5月18日至5月24日，1528期。

27 引自黃捷，〈專長不如大學生？　科大生嘆學非所用（高教擴張系列3）〉，《台灣醒報》，台北，2015年12月16日。

美術系」或「美術產業學系」，中文系改爲「文化創意產業學系」，不一而足；教育當局也樂得利用他們的專長來發揮實務功能，於是乎那些教歷史的學者不再鑽研歷史人物了，教文學的不再教老子莊子紅樓夢，教藝術的不再琢磨藝術境界了，社會學的教授不再研究階級再製，教法律的老師也不能安然地埋首其法哲學了，他們必須像螢螢白兔一般，東跑西顧地跟地方中小企業與地方政府或民間團體要計畫，企圖用那課堂裡三寸不爛之舌來說服企業主，說他的醬菜加上文化包裝之後會增加它的文化、歷史深度，或者帶領學生進行微型創業，或者硬著頭皮向各大律師事務所推銷自己那些對法律還一知半解的學生去「實習」；而文學相關系所老師呢？就整天帶著學生排戲，有些老師爲了一個星期二個小時的課，除了要請導演、編劇、燈光、音響之外，每週都要花上幾十個小時來教學生演戲，每位學校的長官去看他們排戲或成果展時，都會爲其付出感動不已，這些老師經常不計代價地在他的工作崗位上貢獻社會，而學校能給他們的薪酬又是如此微薄，幾乎無法養家活口；只能說，我們生不逢時，在這個時代當教授，眞是難啊！眞是累啊！

　　表面上看，高等教育產業化迫使人文社會領域老師們向實用技能轉型，爲學生帶來更多生活技能的學習，增進其就業競爭力；然而，更深一層將這個議題展開來，我們發現裡頭問題重重：

1. 最主要的問題是，這些學者學識淵博，但其長期的訓練專長卻是研究與教學，如今要轉型爲產業技術性的教授，一個五、六十歲人要去學產業技術再去教學，最後只能是畫虎類犬，這不但是浪費國家社會長期培養他們所付出的那些公帑，而且浪費學生的青春，達不到爲產業培育實用性人才的目的。

2. 高等教育產業化的結果是混淆了技職教育與大學教育的界線，讓那些原來想讀技職教育的學生跑來念大學，因爲他們誤以爲在一般大學中也能學習到一技之長，這不但改變了大學原本學術研究的教育與文化傳承本質，而且讓大學不像大學，也無法像技職院校一樣可以讓學生如願以償學到享用終身的技藝，變成一種四不像的怪物。

3. 目前的情況是，大學與技職院校大家都在爭搶學生，特別是這幾年少子化以來，各校的招生壓力愈來愈大，在產業化的這個高等教育市場，各校都想盡花招來吸引學生，有些用高額獎學金、有些用四年免學費、有些則打出與企業產學合作的實務實習、有些做了畢業即就業的承諾。在此情形下，教育已不是適性揚才的過程了，真的就變成一種講究宣傳的商業伎倆了。

4. 學生變顧客，教育成了服務產業，教育的內容已經不重要，最重要的是學生的滿意度，學生的滿意度決定了你適不適任，決定了你是不是優良教師，更重要的是，決定了你的課程重不重要、課程要不要開設，也決定了你在學校中的地位。於是，很多老師為了生計，在課堂上取悅學生，有些學校甚至明令老師不准當學生。無怪乎台灣的大學生競爭力江河日下。

5. 為了降低經營成本，所以各大學畢業學分總數從150幾個大幅降為120個，教育部預定要降到100個學分，理由是要讓學生有更充裕的時間自由應用、好好吸收每門課的精華，再加上研究所愈來愈招不到學生，開不了課；於是，各大學就開始發生教師搶課、搶學生的現象，從本校搶到校外，從本系搶到輔系，從主修搶到通識，從選修搶到必修，從專業搶到共同必修，不管你會不會，懂不懂，反正開了再說，特別是通識學分與校訂共同必修課，皆為兵家必爭之地，以往是沒人要開的營養學分，現在成了當紅炸子雞。

6. 教育經營就變成了企業經營。教育產業化的另一個重要環節，就是引進企業經營管理模式，把學校當作企業來經營，用以提升學校運作效率；最近看到一則教育新聞，指稱某個大學「把學校當企業經營」，以績效評比教職員，該校校長2014年8月到任後，將過去擔任張忠謀機要祕書期間所學習到的管理概念導入學校，全校分單位訂財務績效指標、生產力指標和顧客滿意度指標進行績效考評，考核結果作為年終獎金核發基數。結果，工作各個單位

搶著做，該校教職員年終最高3個月，羨煞他校。[28]

7. 沒有產業用途的人文科系與冷門系所不斷退出高等教育市場。產業化後的高等教育，教育部甚至要根據大學科系的就業率、薪資水準，作爲分配私校獎補助的權重依據，用政策引導來消滅人文科系。[29]而那些對經濟各產業沒有幫助的科系，特別是那些冷門的科系，由於畢業後沒出路，所以就沒有學生願意選擇就讀，學校自然就得將它停招或轉型爲實用科系，比如說，把傳統美術系轉型爲商品設計學系或應用美術系等之類的實用科系。當然，這類系所也無法培育高等研究人才了，比如說，我知道中部地區有一位台大人類學系畢業後，辛苦留學德國十年的文化人類學博士，回台之後再也找不到工作，頂多找到一、兩門通識課，月收入還不到一萬元，這令人懷疑，以後是不是還有人要去讀這類「沒用」的科系。如此，高等教育自然嚴重地向理工領域傾斜。

第三，以企業管理模式來有效地經營高等教育用以提升教育品質與競爭力；在普設大學後，爲了在自由市場中確保高等教育品質，於是教育部也仿照美國，進行各種大學評鑑。

正像當前大學評鑑的主要推手王保進所指出的：「80年代以降，『教育品質』成爲各國政府最重視的政策議題。面對這樣的環境變遷，高等教育的品質是否能符應市場需求，甚至政府本身也強調高等教育應能配合當前國防、社會、經濟與未來發展之需要，爲此，高等教育評鑑機制的建立，成爲當前各國高等教育最重視之課題。」[30]

據了解，爲確保品質，教育部對各大學的種種評鑑多達數十種，由於評鑑結果關係到各校的招生員額、獎補助款以及其他各種計畫的補助，各

---

28 曹婷婷、黃文博、程炳璋，〈華醫年終最高3個月　羨煞他校〉，《中時電子報》，台北，2015年2月5日。

29 黃捷，〈大數據：讀理工比人文有行情〉，《台灣醒報》，台北，2015年12月16日。

30 王保進，〈從專業評鑑機構標準發展檢視我國大學評鑑標準〉，《教育政策論壇》，台北，2006年2月，第9卷，第1期，頁43。

大學無不使出渾身解數，有些學校甚至會發數百萬甚至上千萬元聘請專業公關公司為學校設計形象、訓練禮儀、評鑑流程以及計畫會的書寫等等，以便取得評鑑最好的結果。

由於專心致志於各種評鑑並取得好成績，各大學無不動員全校全力配合，而為了取得評鑑中迫切需要的大量繁瑣文書，學校必須召開許許多多、大大小小的會議，也因此，大多數教授也被迫捲入這些評鑑，耗費許多心力，更無法專心於教學研究。由於教育部這種齊頭式的評鑑制度，扼殺高等教育多元、創新的可能性，以致有識之士都認為，高等教育評鑑成效不彰，評鑑程序繁雜，多數流於形式，已淪為書面競賽，並無法真正呈現各校研究與教學能力。[31]

這也難怪這些年經過產業化的轉型，台灣各大學的競爭力非但沒有增加，而且不斷地下降；不惟如此，受了這樣高等教育後的學生，畢業之後的就業率非但未見改善，而且日益惡化。

最近十年來，教育部還以各種方式來提升台灣高等教育的競爭力，包括所謂的五年500億以及年幾十億的教學卓越計畫，但是台灣高等教育的競爭力還是不斷地下降。最新一期《英國泰晤士報高等教育特刊（Times Higher Education）》公布2015年至2016年全球最佳大學排行榜，台灣最好的大學台大則從去年的第155名大幅下滑至第167名，對此，教育部長吳思華將它歸結為投資不足導致競爭力下滑，他表示，台灣高教經費這幾年來都維持穩定數字，但必須承認的是全世界高教都在做大幅度投資，比起國外知名大學獲得的資源，台灣的投資沒有增加，導致競爭力下滑，因此，大學要想辦法開源。[32]言下之意，不是台灣高等教育有問題，而是投資不足，這是用資本主義的邏輯來迴避責任，把高等教育當成一種產業，當投資不足時，競爭力自然下降。

---

31 徐詠絮，〈大學評鑑流於形式 立院初審刪預算〉，台北，國立教育廣播電台，2015年10月28日。

32 姚志平，〈台大全球排名退步 吳思華：大學要想辦法開源〉，《中時電子報》，台北，2015年10月1日。

　　顯見台灣這種高等教育產業化的方向是誤國誤民的政策，它正在摧毀國家的未來。

　　本書主要目的並非要指責這種產業化所造成的惡果，而是站在一個從事高等教育二十幾年的人，看盡這三十年來高等教育的風雲變化，回想當時投身教育的初衷，內心不禁想要問：這樣的高等教育真的是一條康莊大道、通往繁榮盛世的唯一途徑嗎？當然也基於學術上的好奇，想更進一步深入探討，促使高等教育產業化的根本原因，以及這樣的高等教育產業化對人類前途究竟會產生什麼樣的影響。以下簡單介紹本書各章內容：

　　第一章「一首正在校園傳唱的悲歌」為本書導論，在其中我介紹了台灣這些年來實施高等教育產業化的政策與各大學實施後的一些令人值得思考的現象，藉以引起讀者的好奇心，跟著本書各章的安排，逐一探索高等教育產業化裡頭隱藏攸關人類前景的各項議題。

　　在第二章「高教的休克療法」裡，我追溯了高等教育產業的思想源頭—新自由主義及其源起，我也進一步探討它為何能擴張為全球化思想，以及台灣高等教育如何受其影響。

　　第三章「量化的腦袋」，我探索並批判反省了我們高等教育中的新自由主義的價值核心——理性及科學精神，我將它歸結為美國實證主義，我透過社會批判理論來反思這種被推向全球的意識型態。

　　第四章「奴化的大學」，緊著前一章的討論，本章透過哈伯馬斯生活世界殖民化的理論，探討現代科技理性如何把我們的生活世界系統化，進一步滲透到我們高等教育中，而高等教育產業化政策又如何讓它發揚光大，這種高等教育產業化是大學教育被科技理性奴化、被產業界奴化、被實證主義奴化的「文化自我殖民」。

　　第五章「假如我是真的」，我考究了新自由主義如何成為當代資本主義的意識型態，以及這種意識型態在我們生活世界，包括政治、經濟與社會生活中的作用，特別是如何存在於教育領域中的。在本章中我特別著重地強調，這種意識型態塑造下的主體是如何地被虛構出來的過程。

　　第六章「教育的資本邏輯」，我以政治經濟方法分析揭示了教育產業化後的高等教育事實上是一種有錢人的資本遊戲，展現為新自由主義的自

由經濟理論，亦即各種資本在教育場域中的自由而殘酷的競爭本質。

第七章「自掘墳墓的教育」，我以為，臣服於當代科技理性的新自由主義教育觀點，實際上存在著極大的現代性風險，它帶領著人類邁向黑暗的深淵，而依此原則推動的高教產業化，在政治經濟共同謀劃下，將埋葬我們的下一代。

第八章「期待知識分子」，我認為，為了人類的永續發展，為了維護並培育善良而熱情的人性，高等教育中的大學應以培育具反思能力的知識分子為教育目標。

最後，我必須語重心長地指出，古往今來，學教育的人沒有人會主張教育的目的是為產業服務，然而，台灣這二十幾年來的執政者都臣服在新自由主義與資本主義的邏輯下，教育變成一種弱勢，一種純粹的工具，一種獲得政治經濟權力的工具，所以我們的政府為高等教育產業化所提出來的各種計畫、評鑑與人才培育方案，都不是為了人類自身的教育，都是屈服於政治經濟權力底下的悲歌，最後都使高等教育淪為產業界的附庸，教育的價值等同產值。[33]

---

[33] 本刊社論，〈教育部長應該關心高教根本問題〉，《通識在線》，第40期，2012年5月號，見www.cafa.edu.tw/sub/news/index-1.asp?Parser=9,12,289,255,,,6044

第二章

高教的休克療法

一、前言

1985年玻利維亞（Republica de Bolivia）爆發嚴重的經濟危機，通貨膨脹率高達24,000%，經濟負成長12%，當時民不聊生，政局動盪。美國經濟學家薩克斯（Jeffrey Sachs）臨危受命，向該國提出對策，緊縮貨幣和財政，解除物價管制，實行自由貿易，加速私有化，充分發揮市場機制的作用。其政策在一、二年內造成經濟劇烈震盪，彷彿讓國家進入休克狀態，但隨著市場供求恢復平衡，經濟運行也回歸正常。兩年後，玻利維亞的通貨膨脹率降至15%，GDP成長2.1%，外匯存底增加了20多倍。薩克斯的反危機措施大獲成功，其源自新自由主義經濟主張即「休克療法」（shock therapy）也因此名揚世界。[1]東歐許多國家也都紛紛仿效以休克療法對治其經濟問題而獲得相當的成效，從社會主義計畫經濟轉型為資本主義自由經濟，新自由主義一時間成了新的信仰，也變成了美國征服全世界的重要意識型態。[2]

新自由主義思想自此蔓延到各個領域，1980年代以來，許多歐美國家也以新自由主義的理論對其高等教育進行改革；[3]前面講到台灣自二十年前開始了一場教育改革，在短期間從22所大學，膨脹到156所大學，就是受到這股新自由主義思潮影響，即由國家推動在高等教育方面進行私有化與自由化，強調建立一個法規「鬆綁」與自由「競爭」的開放教育系統，援用企業的管理哲學、強化大學行政當局的主導權力，希望學校教育能像企業一般透過自由競爭產生「效率與效能」。[4]這種教育改革就是援用了

---

[1] Naomi Klein, *The Shock Doctrine: The Rise of Disaster Capitalism,* New York: Picador, 2008. 王東京、孫浩林，〈俄經濟改革：休克療法曾讓俄付出慘重代價〉，《人民網》，2002年6月29日。

[2] 張才國，《新自由主義意識型態》，北京，中央編譯出版社，2007年版。

[3] 關於New Liberalism和Neo-Liberalism是兩種完全不同的思想，請參閱李小科，〈澄清被混用的新自由主義──兼談對New Liberalism和Neo-Liberalism的翻譯〉，《世紀中國》2006年。引自 intermargins.net/intermargins/TCulturalWorkshop/left/01.htm

[4] H. Giroux, Neoliberalism, Corporate Culture, and the Promise of Higher Education: The University as a Democratic Public Sphere. *Harvard Education Review*, 72, no. 4 , Winter, 2002, pp. 425-463.

新自由主義的休克療法來醫治當代教育問題。

　　本章就是要帶領大家來看看這樣的新自由主義究竟有何主張，以及它與當代高等教育的關係，最重要的是，也要問問，台灣的高等教育爲何施行這種休克療法。

二、新自由主義的緣起

　　新自由主義是在新的歷史條件下修正古典自由主義，但進一步更加強調市場化、自由化和私有化。學術上的新自由主義事實上有許多學派，其中影響較大的是英國海耶克（Friedrich von Hayek）領導的倫敦學派、美國傅利曼（Milton Friedman）所代表的貨幣學派以及盧卡斯（R. E. Lucas）帶領的理性預期學派。但新自由主義眞正成爲英、美等西方國家的主流經濟學並對政治經濟產生影響力卻要等到1980年代初期，當時英國首相爲柴契爾夫人（Margaret Thatcher）、美國總統則是雷根（Ronald Reagan），兩人皆爲新自由主義信徒，新自由主義自此成爲英、美政府的主要施政依據，並因而盛行於國際社會。[5]

　　然而要深入理解新自由主義，就得將其因緣溯自於1930年代的經濟大蕭條（The Great Depression），那次的災難讓全世界工業國家無一倖免，可說是西方工業史上歷時最久、影響最深遠的一次經濟大衰退。[6]

　　原來在一次世界大戰之後，歐洲各國在戰爭的廢墟上，百廢待舉，然而未被戰爭波及的美國則是市場需求旺盛，百業興盛，美國於是迎來了所謂「喧囂的1920年代」（Roaring' 20s），由於各種產業繁榮，前景樂觀，特別是1920年代給數百萬美國人、年輕人帶來了自由和獨立的情感，因爲這些年輕士兵帶著新思想從一戰戰場歸來，他們在歐洲看到了一個不同的世界，他們曾面對死亡，所以學到了要去享受生活。許多年輕士兵返回家

5　李立國、陳露茜，〈新自由主義對於高等教育的影響〉，《清華大學教育研究》，北京，2011年2月，第32卷，第1期，頁40。

6　學者稱在此一特殊條件產生的新自由主義是一種「怪胎」，見何秉孟，〈新自由主義的源流與本質〉，《中國社會科學報》，北京，2015年5月27日。

鄉時，不願平靜地接受他們家庭和村莊裡的老傳統，而是想要嘗試新的生活方式。許多美國青年男女，都開始挑戰他們父輩和祖輩的清教徒禁欲與節儉的傳統，他們流行享樂主義，大家買房買車、炒作股票，都向銀行借貸融資。當時貧富不均甚為嚴重，提高生產力所帶來的利潤，全部進了有錢人口袋裡，一般勞動工人的工資實際並未增加。但有錢人熱中炒作股票，這不但未能把資金變成民生消費，又助長泡沫經濟。[7]

一戰後美國的經濟繁榮事實上是建立在信用的過度擴張上，1929年，經濟膨脹達到頂峰，10月29日，美國股市崩盤，道瓊指數開盤跌了299.6點，一天內重挫23%。一個月之後，美國股市的市值損失近千億，引起全面恐慌。接下來的三年，美國政府作了多項的努力，但股市仍未見起色，股市還是一再破盤；到了1932年底，道瓊指數距離1929年的高點重挫了80%，多數投資人傾家蕩產，連帶著大量借出融資的銀行及金融機構自然也受到重創，全美25,000家銀行有近半數倒閉。當時，全美失業人口達1,500萬人，占勞動人口的四分之一。普遍的信心危機導致消費需求幾近停滯、工業生產停頓。失業流浪人口達二百萬人，輟學、營養不良、飢餓人口更不計其數。大蕭條在美國引爆後，迅速蔓延到全世界。尤其歐洲各國在一次大戰遺留下龐大的債務與賠款，迫使他們向美國舉債，歐美經濟連動性極高。美國經濟崩盤後，銀行緊急抽回投資和銀根，歐洲各國經濟也跟著進入蕭條。[8]

該次經濟大蕭條就是經濟學家們所謂「過度生產危機」（crisis of over-production）所產生的結果。資本主義在利潤動機上，透過增加生產並降低勞動者的薪資來累積其資本，藉著再投資來不斷擴張其版圖，但是這種擴張卻造成了社會上財富分配的嚴重不均，並且逐漸侵蝕一般人民的

---

7 王毅，《美國簡史》第二十五章，合肥，安徽人民出版社，2013年。以及Jason Hickel and Arsalan Khan, *A Brief History of Neoliberalism*, London: Oxford University Press, 2012.

8 羅倩宜編譯，〈經濟衰退回顧／1930年經濟大蕭條全面性貧窮與失業〉，《自由時報》（台北），2008年7月21日。以及Jason Hickel and Arsalan Khan, A Brief History of Neoliberalism, London: Oxford University Press, 2012.

消費能力，而當人民無力消費時，就造成企業生產的供過於求，沒有市場出路。1930年代席捲整個資本主義世界的經濟大蕭條，表明古典自由主義經濟學理論已經出現它的盲點與侷限性了。[9]

當時以凱因斯（John Maynard Keynes）為主的經濟學家們，建議政府應該要介入並管制資本主義的經濟。他們認為，藉由政府擴大基礎建設的投資來降低失業率、提高勞動工人的薪資、增加消費者對物品的需求，國家藉此確保經濟的持續成長和社會福祉。這是資本和勞動力之間的階級妥協，也確實防止了經濟發展中那些可能的不穩定。[10]

從歷史的發展來看，亞當·斯密自由經濟學與放任市場自由競爭導致了兩次大戰的爆發，其間更有大蕭條的打擊，這使得二次戰後的西方國家不得不改弦易轍，國家不但透過管制經濟活動來追求成長目標，同時也努力實踐社會分配正義，並藉此來提升市場的有效需求，以及消弭國內勞工階級的政治對抗。如此氛圍讓需求面（demand-side）導向的凱因斯理論因應而生，舉凡社會福利的擴張與充分就業目標，皆被視為刺激有效需求的政策產物。[11]

依美國學者席寇（Jason Hickel）等人的考察，凱因斯理論所提出的新策略被稱為「內嵌式自由主義（embedded liberalism）」，[12]這也是一種資

9　曹為忠，〈突破傳統經濟政策的迷思──以日本和美國經驗為例〉，《台灣經濟論衡》，台北，2007年4月，第5卷，第4期。

10　Jason Hickel and Arsalan Khan, A Brief History of Neoliberalism, London: Oxford University Press, 2012.

11　吳挺鋒，〈新自由主義高等教育「改革」及其批判〉，發表於《2006年大學基礎教育》國際學術研討會，桃園，開南大學通識中心，2006年。

12　「內嵌自由主義」概念來自美國哈佛大學教授約翰·魯傑（John Ruggie）對第二次世界大戰結束後到二十世紀70年代國際經濟秩序特點的描述。第二次世界大戰之後西方國家之所以能夠不斷推進貿易自由化的進程，主要原因在於各國國內普遍建立了社會福利體系，為開放貿易帶來的衝擊提供了社會安全網，從而避免保護主義升高重演各國戰爭的悲劇。參見，John Gerard Ruggie, "International Regimes, Transaction and Change, Embedded liberalism in the Post-war economic Order", International Organization, (36) 1982, pp.379-415.

本主義，但他強調，這種資本主義內嵌在社會中、被政治力量所控制、致力於社會福利。內嵌式自由主義試圖創造出一批溫和而有生產力的中產勞動力，他們有能力消費大量生產的基礎商品。當時歐美各國廣泛地採取凱因斯主義因應經濟大蕭條，這些國家的領導人都相信他們可以用凱因斯主義的原則來確保世界的經濟穩定和社會福祉，以此避免另一場可能的世界大戰。此外，他們更在1944年發展出「布雷頓森林體系（Bretton Woods Institutions）」（隨後成為世界銀行、國際貨幣基金組織〔International Monetary Fund, IMF〕、世界貿易組織〔World Trade Organization, WTO〕），[13]試圖解決收支平衡的問題，並且促進戰後歐洲的重建與發展。[14]

　　凱因斯的內嵌式自由主義為1950年代和1960年代的世界經濟帶來了高度的成長。然而到了1970年代初期，內嵌式自由主義卻面臨了「停滯性通貨膨脹（stagflation）」，這是一種高度通貨膨脹和經濟停滯的結合。在美歐地區，通貨膨脹率從1965年的3%竄升到1975年的12%。[15]

　　到底是什麼原因形成了這種停滯性通膨引起了當時經濟學家們激烈的

---

[13] 第二次世界大戰結束後，為了加強國際經濟合作，重建國際貨幣秩序，恢復國際貿易的自由進行，1944年7月，44個國家的代表們在美國新罕布什爾州的布雷頓森林（Bretton Woods）舉行會議，以建立國際貨幣與金融交易的標準。會議中建立的標準包括，各國的貨幣不准隨意貶值以維持固定匯率，促進貿易的暢通，並順利進行資本積累，以幫助第三世界的國家重建戰後的經濟體系。

最後，此一計畫並未達到原創者懷特（Harry Dexter White）和凱因斯（John Maynard Keynes）所預期的目的，但穩定匯率的計畫卻為戰後時期創造了一個有利經濟復甦的環境。除此之外，國際間的匯率也必須遵循一些特定的規則，在布雷頓森林會議中也建立了國際貨幣基金（International Monetary Fund，簡稱IMF），主要是以美國懷特方案為基礎，採取「基金制」，於1946年2月正式成立。它對於會員國具有資金融通、提供資料及建議、規劃匯率與外匯管制措施，以促進世界經濟發展的多種功能。同時，也成立了世界銀行（World Bank）以幫助低度發展的經濟體系合併成為世界性資本經濟體。

[14] Jason Hickel and Arsalan Khan, *A Brief History of Neoliberalism*, London: Oxford University Press, 2012.

[15] 曹為忠，〈突破傳統經濟政策的迷思——以日本和美國經驗為例〉，《台灣經濟論衡》，台北，2007年4月，第5卷，第4期。

爭辯。

進步派學者如克魯曼（Paul Krugman）認為其原因有兩點，首先是越戰的龐大軍費使美國的收支出現二十世紀來首次的赤字，這使得國際投資客感到焦慮，進而拋售美元，導致通貨膨脹。而尼克森的政策又讓通膨雪上加霜，為了能快速地支付戰爭的費用，尼克森在1971年宣布放棄美元「金本位制」，此政策一出造成黃金市價一飛沖天，而美元則跌落谷底，尼克森的這一舉動，被稱作「尼克森衝擊」（Nixon Shock），從這一天起，黃金正式退出了貨幣體系；其次，正當美國陷入絕境之際，1973年10月6日中東爆發贖罪日戰爭（或稱齋月戰爭），中東石油生產國宣布，凡是支持以色列對埃及和敘利亞開戰的國家，他們便以停止石油出口予以制裁，1973年的石油危機拉抬了物價飆升，進一步拖累了生產和經濟的成長。[16]

但是，保守派學者則反對克魯曼理論。他們認為停滯性通膨是繁重的富人稅和過多的經濟管制所造成的。他們認為內嵌式自由主義已經走入死胡同，該是廢除的時候了。當時企業家強力地支持保守派的主張，這是因為他們認為，他們的財富在內嵌式自由主義中嚴重縮水，實際的情況是，在戰後的美國，前1%收入者占全國總收入從16%下降到8%，儘管當時美國經濟仍在成長，他們也能在快速成長的果實中持續取得利潤。然而當1970年代經濟成長停滯且發生惡性通膨，嚴重侵蝕他們的財富時，企業家們不但要奪回屬於他們的財富，並且以此為藉口來剷除內嵌式自由主義。他們的解決方案便是著名的「沃爾克震撼（Volcker Shock）」，[17]後來也

---

[16] Jason Hickel and Arsalan Khan, *A Brief History of Neoliberalism,* London: Oxford University Press, 2012.

[17] 據美國著名經濟學家、地緣政治學家威廉・恩道爾（F. William Engdahl）指出，沃爾克在美國推行的金融休克療法，推動了（M型）社會分化的最終完成。但事實上此一政策在早幾個月前英國就已經制定出來並且加以實施，沃爾克和他紐約銀行界的親密朋友，只是在美國引入了柴契爾政府的金融休克模式。威廉・恩道爾（F. William Engdahl）著，趙剛等譯，《石油戰爭：石油政治決定世界新秩序》（*A Century of War*），北京，智慧財產權出版社，2008年。

被美國哈佛大學經濟學教授傑佛瑞·薩克斯（Jeffrey Sachs）將其改稱為「休克療法」（shock therapy）。[18]

原來保羅·沃爾克（Paul Volcher）在1979年被卡特總統任命為「美國聯邦儲備委員會」（簡稱「聯儲會」）（Federal Reserve System, Fed）理事主席，在芝加哥學派新自由主義經濟學家傅利曼、格林斯潘（Alan Greenspan）等經濟學家的建議下，以提高利率來壓抑通膨。卡特於1980年3月簽署一部不同凡響的法律，即1980年的《存款機構放鬆管制和貨幣控制法》，該法授權沃爾克的「聯邦儲備委員會」對銀行提出儲備要求，哪怕該銀行不是美國聯儲會成員。該法確保了沃爾克的高利貸利率抑制信貸奏效。此外，這部新法律還「取消」了銀行可能施加給客戶的最高利率限制，並且「撤銷」所有各州法定設置的利率限制（所謂的反高利貸法），他的方法是緊縮貨幣供給、增加國民儲蓄，以此提升幣值。1981年雷根總統上任後繼續任命沃爾克，重用芝加哥學派，沃爾克持續推升利率，利率一路狂飆，此一政策在1981年6月的20%時達到高峰，並持續到80年代中期。在美國，提高利率導致一波波破產潮，給美國經濟帶來了無法想像的創傷，全國各地的汽車裝配廠、煉油廠、建築行業和房地產公司以及小型商店紛紛關閉，1983年房屋抵押貸款違約的人數增為三倍。這樣的政策造成大規模的經濟衰退，引發超過10%的失業率，以及勞工組織的瓦解。但是沃爾克堅信，必須將利率抬高到難以想像的高度，才能一勞永逸地扼殺掉通貨膨脹的惡魔，美元的信譽和經濟才有可能完全恢復。[19]

沃爾克震撼雖然打趴了當時的經濟與勞工階級，但最後還是解決了嚴重的通貨膨脹問題。然而，受沃爾克震撼打擊最深的卻是美國以外的開發中國家。據IMF的資料，發展中國家從1981年到1983年遭遇20次這類休克；從1984年到債務危機最高潮的1987年，這類休克的次數更多達140次，更使它們深陷債務泥淖之中。所以，對那些有著沉重外債的發展中國

---

[18] Naomi Klein, *The Shock Doctrine: The Rise of Disaster Capitalism,* New York: Picador, 2008.

[19] Jason Hickel and Arsalan Khan, *A Brief History of Neoliberalism*, London: Oxford University Press, 2012.

家來說，沃爾克震撼也被稱作「債務震撼」或「債務危機」，因為從美國發出的這種震撼，讓那些國家陷入痛苦痙攣。這是因為勁升的利率意味外債必須支付更高的利息，而那些窮國支付高利息的唯一方法往往是去借更多外債。債務的惡性循環於焉開始。在阿根廷，軍政府留下的450億龐大債務快速增加，到1989年達到650億美元，而這種情況在全球貧窮國家都如出一轍。沃爾克震撼也導致巴西外債暴增，在六年間從500億美元變為1,000億美元。許多在70年代大幅舉債的非洲國家，發現自己深陷同樣的困境，如尼日利亞的債務同樣在短期間內，從90億美元激增至290億美元。[20]

弔詭的是，芝加哥學派傅利曼的危機理論在這個階段上卻得到有如神助般的自我強化。當全球經濟愈是遵循他的策略，採取浮動利率、出口導向經濟、解除價格管制，全球體系就愈容易發生危機，進而製造出更多經濟崩潰，而此等崩潰又正好是他認為政府應採取其激進對策的情況。

這便是內建在芝加哥學派模式的危機。當代的經濟危機就是如此，不受任何限制的資金在全球高速流動，投機者從炒咖啡豆一路炒到貨幣，有什麼可以賺錢他們就炒什麼，這造成市場大幅度的波動。而由於當今全球化的自由貿易體制，又無異於鼓勵貧窮國家繼續仰賴咖啡豆、銅、石油或小麥等原物料資源的出口，這就讓它們特別容易落入持續危機的惡性循環。所以，實際的情況是，只要一旦咖啡豆價格突然大跌就會讓整體經濟陷入蕭條，外匯投機客一看到該國的財政惡化，便開始拋售其貨幣，導致匯率暴跌，進而加深經濟蕭條。此時，如果再碰上利率狂飆，國家債務一夕間暴增，那麼，該國的經濟就差不多要解體了。[21]

沃爾克的貨幣緊縮政策，就是新自由主義在1980年代初期誕生時的第一個要素。

促使新自由主義誕生的第二個要素，就是「供給面經濟學（supply-

[20] Naomi Klein, *The Shock Doctrine: The Rise of Disaster Capitalism,* New York: Picador, 2008.

[21] Jason Hickel and Arsalan Khan, *A Brief History of Neoliberalism,* London: Oxford University Press, 2012.

side economics）」。[22]當時雷根總統首先為大資本家提供豐沛的資金用以促進經濟成長，這個政策的背後假設是：資本家會把這些資金拿去投資用以增進產能，從而為自己創造更多財富，而這些財富接著會逐漸「涓滴（trickle down）」（或下滴）到社會全體，讓一般人民雨露均霑，也得到經濟繁榮的好處。這就是深為後世所詬病的、且從未實現的「涓滴效應」（Trickle-down effect）理論；其次，雷根還進行稅務改革，他將頂層的邊際稅率（marginal tax rate）從70%削減到28%，並且將最大資本利得稅（capital gains tax）降到20%，降到大蕭條以來最低。在此同時，雷根也提高了勞動階級的工資稅（payroll tax），達成了共和黨單一稅（flat tax）的目標。雷根經濟計畫第三個政策是對金融部門的完全鬆綁，因為沃爾克拒絕支持這項政策，雷根便在1987年改任命葛林斯潘（Alan Greenspan），葛林斯潘擔任聯準會主席直到2006年。他對金融管制的鬆綁最終造成2008年的全球性金融風暴，導致上百萬人失去家園。[23]

　　然而，新自由主義的這些政策卻讓美國的社會財富不均達到前所未有的地步。[24]所有的經濟數據均顯示，美國生產力雖然持續穩定上升，然而在1973年沃爾克震撼後工人薪資大跌，剩餘價值有效地從勞動者手中轉移到資本家手中。在新自由主義政策底下，企業CEO的薪水在1990年代增加400%，而受薪階級薪水的增加卻不到5%，聯邦最低薪資下降的幅度更超過9%。美國在那段時期的數據更顯示最高1%收入族群占全國總收入在1980年代從8%倍增為18%，創了自十九世紀末鍍金時代（Gilded Age）以來的最高記錄。而根據普查資料亦顯示，美國頂層階級即前5%的家戶所

---

[22] 由於供給面經濟主張對富人減稅政策，它對經濟成長的貢獻一直沒有令人信服的依據，反倒是造成美國政府預算赤字一發不可收拾，所以學者也稱這種供給面的經濟學為「巫毒經濟學」（voodoo economics），見曹為忠，〈突破傳統經濟政策的迷思──以日本和美國經驗為例〉，《台灣經濟論衡》，台北，2007年4月，第5卷，第4期。

[23] Jason Hickel and Arsalan Khan, *A Brief History of Neoliberalism,* London: Oxford University Press, 2012.

[24] 拉斐·巴特拉（Ravi Batra），陳正芬譯，《葛林斯潘的騙局》，台北，經濟新潮社，2005年。

得自1980年起增加了72.7%，中等家戶收入則停滯，後四分之一下層人家的家戶收入反倒下降了7.4%。[25]

以上資料在在顯示，這樣的新自由主義是一種富人剝削勞動工人勞動成果的「新」制度，造成社會更深的痛苦。二十世紀80年代，兩任雷根政府通過大力推行新自由主義「改革」，把新自由主義學派推上了美國主流經濟學的寶座；不僅如此，在此期間，雷根政府還緊鑼密鼓地，按照這一理論營造了一個適應國際金融資本需要的新自由主義──資本主義模式，把國際金融資本集團送上了主宰美國經濟、左右美國政治的權力巔峰的寶座，從而也將資本主義由國家壟斷階段推向更恐怖的國際金融資本壟斷階段轉變。這些新自由主義者將古典經濟學基本理念推向「市場教條主義」極端的「市場化、私有化、自由化和全球一體化」主張。新自由主義者這些極端理論主張，正好迎合了美英國際金融壟斷資本的需要。[26]

至於提供資本家優渥的資金，到底能不能產生「涓滴效應」這個問題，所有的數據都告訴我們，讓富人更富有並不會使勞動工人也一起富有，對經濟成長的刺激也微乎其微。實際上，數據顯示，從新自由主義誕生以來，工業化國家的人均收入成長率已經從3.2%下降到2.1%。更諷刺的事實是，2015年，國際貨幣基金會（IMF）發表一份研究報告指出，從雷根時代提出「涓滴效應」理論以來，一般人民根本分享不到富人所增加的財富，反而把全球貧富拉到前所未見的差距。[27]

綜合以上，我們可以將新自由主義界定爲一種以「市場至上」原則來打造世界政治經濟制度的計畫，作爲意識型態，它的主張強調市場經濟、

---

[25] Jason Hickel and Arsalan Khan, A Brief History of Neoliberalism, London: Oxford University Press, 2012.

[26] 何秉孟，〈新自由主義的源流與本質〉，《中國社會科學報》，北京，2015年5月27日。

[27] Siddharh Tiwari, Causes and Consequences of Income Inequality: A Global Perspective, Strategy, Policy, and Review Department, *International Monetary Fund*, June 2015, https://www.imf.org/external/pubs/ft/sdn/2015/sdn1513.pdf

個人自由、政府退位。[28]

可以這麼說，在推動經濟發展方面，新自由主義徹底失敗了，但是新自由主義卻在此一過程中，特別是在其國際化過程，巧妙地成為美國主宰全球的工具。

三、新自由主義休克療法的全球化

原本只限於英美傳播的新自由主義，其全球化的根源起自1973年的石油危機，為了回應當年「石油輸出國組織」（Organization of the Petroleum Exporting Countries, OPEC）的石油禁運，美國以軍事威脅介入阿拉伯國家，壓迫中東產油國同意將油元（petrodollars）透過華爾街的投資銀行流通。於是有了豐沛資金挹注的華爾街銀行，緊接下來就是如何充分運用這些現金。當時美國國內經濟正處於停滯，他們決定以高利率貸款的形式投資到海外，此時發展中國家正需要資金來撫平油價高漲造成的創傷，況且此時他們也正在經歷高通膨。[29]

由於發展中國家所借貸之款項是美元，這使得他們和美國的利率漲跌產生高度連動。當沃爾克震撼在1980年代初期催升了利率，那些負債纍纍的發展中國家如墨西哥等便陷入債務泥淖，造成所謂的「第三世界債務危機（third world debt crisis）」。事實上，第三世界的債務危機也差一點毀掉華爾街銀行，造成國際金融體系的瓦解。為了避免危機的擴大，美國政府於此時介入，並為了確保墨西哥以及其他國家有能力償債，美國重新設計IMF，賦予IMF新的功能。在過去，IMF是用本身的經費來協助發展中國家處理收支平衡問題；但在債務危機之後，美國透過IMF來確保第三世界國家能夠清還私人投資銀行的債務。自此，布雷頓森林體系系統性地清除了凱因斯學派的影響力，成為新自由主義意識型態的喉舌。其計畫是，IMF提供方案來幫助發展中國家解決債務，惟附帶條件就是要求

---

[28] David Harvey, *A Brief History of Neoliberalism*. Oxford: Oxford University Press, 2005.

[29] Jason Hickel and Arsalan Khan, *A Brief History of Neoliberalism,* London: Oxford University Press, 2012.

發展中國家進行一系列的「結構調整方案（structural adjustment programs, SAPs）」。此一結構調整方案是這樣的：發展中國家必須完全解除市場管制，造就一個完全自由開放的市場，以此來提高經濟效率、刺激經濟成長，最後清償所欠債務。

可能有人會認為，那些發展中國家應該會抗拒吧？事實不然，有些發展中國家在執行新自由主義政策時比IMF的要求還要更徹底，譬如南韓不僅接受IMF紓困貸款所附帶的「結構調整方案」，還自行推出更徹底的新自由主義改革；IMF反倒成了南韓官員的政治籌碼，用來瓦解國內的反對聲浪；事實是，IMF「強迫」南韓做了政府本來就想做、但沒辦法做的事。[30]

這些國家也藉由削減各種預算如食物、健康照護、交通運輸補貼，來降低政府在公共領域的支出；讓公部門私有化；減少勞工、資源使用、人口等管制；並且掃除各國的貿易壁壘以創造有利的投資環境，以及開拓更多的消費市場。此外，美國政府也試圖維持低通膨，用以確保第三世界對IMF的一定債務，縱使這會削弱了第三世界政府推動經濟成長的力道。明顯的事實是，美國的這個計畫有許多政策是特別為跨國企業的利益量身打造的，它讓這些跨國企業有更多的自由去購買公共資產、投標政府建設、將所掠奪的暴利帶回美國繁榮國內經濟。[31]

除此之外，新自由主義思想也透過美國所操控的世界性經濟組織傳播到發展中國家。例如，世界銀行將發展計畫的貸款和許多經濟的附加條件（conditionalities）掛勾，強制那些貸款國推動市場自由化（特別是在1980年代）。換句話說，IMF和世界銀行將債務作為操縱其他主權國家經濟的槓桿。世界貿易組織（以及各式各樣的雙邊自由貿易協定，例如北美自由貿易協定）也藉由要求發展中國家撤除貿易壁壘換取進入西方國家市場來

---

30 夏傳位，〈新自由主義是什麼？三種理論觀點的比較研究〉，《台灣社會學》，台北，2014年6月，第27期，頁156。

31 Jason Hickel and Arsalan Khan, *A Brief History of Neoliberalism*, London: Oxford University Press, 2012. 以及王毅，《美國簡史》，合肥，安徽人民出版社，2013年。

推動新自由主義，而這讓那些窮國地方產業陷入破產。而這些組織沒有一個是透過民主機制來運作的，IMF和世界銀行的投票權，如同企業一般，是根據各國的財務所有權來分配。主要決策需要85%才能通過，美國在這兩個組織中握有大約17%的票，意味著她擁有實質上的否決權。在世貿組織，市場大小決定了談判權力，於是富國幾乎都能夠貫徹它的意志。若貧窮國家選擇不服從這些傷害他們經濟的貿易規則，富國動輒以貿易制裁來加以報復，這讓那些貧窮國家在其淫威下噤若寒蟬。[32]

最後，新自由主義全球化的最重要的臨門一腳，應該就是「華盛頓共識」（Washington Consensus）了。1990年，美國共和黨總統布希為適應國際金融壟斷資本全球擴張的需要，授意美國國際經濟研究所發起，召開了一個有關拉美地區80年代中後期以來經濟調整與改革問題的研討會。會議行將結束時，新自由主義經濟學家、曾任美國國際經濟研究所所長的約翰·威廉姆遜（J. Williamson）拋出了一份包含十條政策主張的所謂會議「共識」，後來被稱為「華盛頓共識」。[33]

「華盛頓共識」的主張中，除了新自由主義學者們長期以來鼓吹的「私有化」、「市場化」、「自由化」等內容外，還特別強調各國政府應開放商品市場、金融資本市場，放鬆對外資的限制和監管。「華盛頓共識」乃司馬昭之心，它為美國的國際金融資本通行全球開了綠燈，美國以此控制他國的金融、資本市場乃至整個經濟命脈，進而成為世界金融乃至世界經濟的霸主。自此，新自由主義的在「私有化」、「市場化」、「自由化」的內容上，又增加了「全球化」，全世界也因此美國化了。可見，「華盛頓共識」的出籠，標誌著新自由主義理論及其實踐模式邁向了一個新的階段：新自由主義從學院中的學術、理論而政治化、美國國家意識型

---

[32] Jason Hickel and Arsalan Khan, *A Brief History of Neoliberalism*, London: Oxford University Press, 2012.

[33] J. Williamson, A Short History of the Washington Consensus, Paper commissioned by Fundación CIDOB for a conference "From the Washington Consensus towards a new Global Governance," Barcelona, September 24-25, 2004.

態化，進而透過美國的國際操作成爲全球化。[34]

　　於是全世界就在美國強大影響力的挾制下，坐上新自由主義這列火車邁向深不可測的深淵。

　　然而，可悲的是，新自由主義在全球化階段的最終影響卻是造成全球廣泛的「逐底競爭」（race to the bottom）現象，這是在全球化的過程中，國際金融資本爲了尋找最高的投報率而在世界各地流竄，而那些貧窮的開發中國家爲了吸引國際大廠前來投資設廠，不得不競相以最低廉的工資與工人福利來犧牲本國勞動者。[35]

　　所以，各國競相追逐的這個「底」（the bottom）就是最底層的勞動工人及其最低的權益，這個「底」讓國際資本與國家得以用最低的成本取得最大的利潤。例如，中國雖然贏得「世界工廠」的美譽，對勞工的苛刻、對環境的破壞與對能源的攫取掠奪到無以復加的地步，同樣的情況也發生在美國，最底層的勞工總是受害最深的。[36]在中國發展的過程中，社會主義的成分正在逐漸消失中，國家政治經濟發展日益轉型爲新自由主義的發展模式，其中富士康模式即爲典型。[37]

　　由於跨國企業在國際間到處流竄找尋「最佳的」投資環境，此時，那些發展中國家必須競相提供最廉價的勞力和資源，甚至提出完全免稅讓外資自由輸入，來吸引外資的投入。這對追求最大利潤的西方國家或貿易大

---

[34] 何秉孟，〈新自由主義的源流與本質〉，《中國社會科學報》，北京，2015年5月27日。

[35] Davies, R. B., & Vadlamannati, K. C. 'A race to the bottom in labour standards? An empirical investigation'. *Journal of Development Economics* (2013) (103) 1-14.

[36] Jeffrey D. Sachs原著，廖月娟譯，《文明的代價》（*The Price of Civilization: Reawakening American Virtue and Prosperity*），台北，遠見天下文化，2013年，第六章。

[37] Jenny Chan and Ngai Pun. 2010. "Suicide as Protest for the New Generation of Chinese Migrant Workers: Foxconn, Global Capital, and the State." *The Asia-Pacific Journal*. Vol. 18, Iss. 37, No. 2. p. 5. And Andrew Kipnis, "Neoliberalism Reified: Suzhi Discourse and Tropes of Neoliberalism in the People's Republic of China," *Journal of the Royal Anthropological Institute*, Vol. 13, Iss.2 (2007), pp. 383-399.

國的跨國企業來說無異是個美麗天堂。[38]

　　然而正是在此一市場邏輯中，新自由主義的結構調整方案不再是原本幫助貧窮國家的美意，反而成了摧毀貧窮國家的夢魘。數據顯示，在1980年代以前，發展中國家人均收入成長率還超過3%，但是實行新自由主義方案後，成長率減半，只剩1.7%。撒哈拉沙漠以南非洲也展現出同樣的衰退趨勢。從1960年代到1970年代，人均收入成長率1.6%。但是當新自由主義政策從1979年強制在塞內加爾登陸執行後，南非洲人均收入開始下降為0.7%。非洲國家平均GNP在結構調整的新自由主義年代萎縮了10%。結果，非洲掙扎在貧窮線以下的人數從1980年以來急遽上升了100%。同樣的劇情也在拉丁美洲上演。結果是，當一個國家從IMF那裡獲得愈多的結構調整貸款，其經濟崩潰的可能性就愈大。[39]

　　那麼，新自由主義的自由市場美夢為何會成為貧窮國家的夢魘呢？

　　根據席寇等人的分析，這是因為西方新自由主義的主張存在著雙重標準：西方決策者要求發展中國家經濟體必須自由化以利成長，但在西方世界經濟發展的歷程中，他們自己做的卻是完全相反的事。從歷史上看，任何國家都是透過保護主義的經濟措施讓自己富有起來的，實際上直到今日，美國和英國還是世界最具侵略性的保護主義國家，他們通過政府補貼、貿易壁壘、智慧財產權限制等措施建構自身的經濟力量──而這些措施卻都是新自由主義所嚴厲譴責的。[40]

　　可見新自由主義下的自由市場，本質上是大型財團壟斷的經濟體系，目的在為大財團快速累積驚人的財富，並不是為了要實現大多數人的真正自由。下面這些數據更能證明上述判斷：在新自由主義政策的影響之

---

[38] Jeffrey D. Sachs原著，廖月娟譯，《文明的代價》（*The Price of Civilization: Reawakening American Virtue and Prosperity*），台北，遠見天下文化，2013年，第六章。

[39] Jason Hickel and Arsalan Khan, *A Brief History of Neoliberalism*, London: Oxford University Press, 2012以及何秉孟，〈新自由主義的源流與本質〉，《中國社會科學報》，北京，2015年5月27日。

[40] Jason Hickel and Arsalan Khan, *A Brief History of Neoliberalism*, London: Oxford University Press, 2012.

下，地球上最富有的358人握有和全球最窮的45%人口（約23億）同樣的
財富。更驚人的是，世界前三大億萬富豪擁有的財富，相當於最低開發國
家（Lowest Developed Countries）人口總數6億人財富的總和。這些統計數
據代表著大量的財富和資源從窮國轉移到富國。今日，占世界人口僅僅
1%的富人控制了全世界40%的財富，最有錢的10%人口控制85%的世界財
富，而最窮的50%人口只擁有1%的財富。這些統計數據代表著大量的財
富和資源從窮國被轉移到富國。對這種情形，美國哈佛大學經濟學家普雷
切特（Lant Pritchett）將其形容為「大離散」（divergence, big time），就
是說現代經濟發展的主要特徵是富裕國家與貧窮國家之間人均收入的離散
程度較大，如今此一差距還在繼續擴大中。[41]

四、高等教育的休克療法

　　新自由主義對美國教育的最直接影響就是高等教育產業化，而高等教
育要產業化首先的要求就是高等教育普及化。

　　其實美國高等教育的普及化不是在1980年代新自由主義崛起之後，
而是在1940年，特別是凱恩斯理論提出後，高等教育與大學生數量迅速上
升。1940年美國高等教育總數量為1,800所，1965年為2,230所，1978年增
為3,360所。1940年，美國大學生為150萬人，到了1975年就突破1,100萬大
關。1955年研究生為25萬名，到了1975年則接近85萬名。據學者分析，在
第二次世界大戰後到1970年間，西方高等教育的擴張與國家對於總體勞動
政策有密切關係；從勞動力的素質來說，政府透過投資高等教育，培養了
更多高技術的勞動力，高等教育就成了勞動力市場的活水源頭。從量的方
面來說，在政府經濟計畫中，大學生數量的增加代表了勞動力進出市場的
總量管制獲得了較大的伸縮與調節空間，對於戰後的西方社會而言，大學
就成了國家調節勞動力進出市場的蓄水池（reserving pool）。[42]

---

[41] Lant Pritchett, "Divergence,Big Time," *World Bank Policy Research Working Paper*, No. 1522, 1995, (Washington).

[42] 吳挺鋒，〈新自由主義高等教育「改革」及其批判〉，發表於《2006年大學基礎教育》國際學術研討會，桃園，開南大學通識中心，2006年。

依照史密斯（David N. Smith）的研究也顯示，從1950年到1970年，勞工屬性分類成長最迅速的便是「專業與技術勞工」（professional and technical workers）這一階層，而這毫無疑問是對應了大學擴張與其就業人口大量化的供給。這便是戰後出現的「新中產階級」（New Middle Class），這一批新創造出來的「中層群體」的流動模式並非仰賴父祖餘蔭而得的財富累積，而是依靠個人知識與聲望的「專業認可」取得較優勢的社會位置，而有別於傳統藍領的生活方式。[43]

然而，大學教育的普及化還不是高等教育產業化；應該說，高等教育的擴張乃是現代工業發展的內在需求，然而，這種需求卻造成國家在經費上龐大的壓力，進而也排擠了其他預算。再加上，戰後大學教育的擴張後，大部分公立大學的經營與資源的運用因為官僚主義的扭曲，造成國家有限資源的大量浪費與閒置，屢屢遭到各界的檢討與攻擊。因此，美國政府也嘗試尋求各種方案對沒有效率和巨大浪費的高等教育進行改革。最後它們在史丹佛大學（Stanford University）身上看到改革的契機。

所以真正的高教產業化還是源自1980年代的史丹佛大學的產業化。

1891年10月1日，史丹佛大學正式開學。創辦人李蘭・史丹佛（Leland Stanford）在開學典禮上說：「生活歸根到底是實際的，你們到此是為自己謀求一個有用的職業。這包含著創新、進取的願望，良好的設計和最終使之實現的努力。」正是史丹佛的這一實用教育精神，創造了後來的矽谷傳奇。如果說1920年史丹佛大學還只是一所「鄉村大學」，但到了1960年她便名列前茅，到1985年已被評為全美一流大學。它的關鍵是1951年由當時的副校長弗瑞德・特爾曼（Frederick Terman）教授創建了史丹佛科學園區，開啟了高等教育產業化的先河，特爾曼後來也被公認為「矽谷之父」。到了1980年代，史丹佛不僅吸引了學術人才和創業高手，同時，科學園區對學術市場化的操作模式還催生了一種有利於孕育新企業的經濟環境，正是這種高科技、高風險但高利潤的經濟環境在吸引著各種各樣的

---

[43] David N. Smith, *Who Rules the University? An Essay in Class Analysis.* New York: Monthly Review Press, 1974.

創業者。[44]

　　史丹佛大學的崛起為矽谷（Silicon Valley）電子產業創造了條件，同時，矽谷的發展也幫助了史丹佛大學，使她得以有今天的成就。史丹佛大學發展的這種模式使得大學、科學園區和企業之間建立固定的聯合體，把三者的優勢變成一個總體優勢。這種模式更有利於研究一些重大的綜合議題，特別是現代產業發展都必須是跨領域的研究。而且大學向企業轉讓先進的科技成果，為企業提供定期諮詢或技術指導，為企業培養人才，有利於縮短新技術由研究到投入生產的週期，克服產學落差，也保證新技術企業獲得長期穩定的發展。在這種情況下，公司和企業也都願意向大學投資。史丹佛大學發展的模式讓世界知道，科技是生產力，知識是科技的基礎，大學是生產知識的最重要的地方，這一系列的邏輯關係推動著大學把知識投向工業，使工業以科技取得發展、創新。這種邏輯關係正是美國「實用教育」觀念的體現。

　　保持持續不斷的大學—產業的合作關係，這是史丹佛大學的傳統，為提升學術水準和致力於公共服務重要模式。這種做法得到了美國政府的贊許和支持。在1983年5月，美國總審計局向國會提出的報告就指出，在他們所造訪的科學園區中，發現有兩種方法可以把大學與工業保持持續的聯繫和維護大學傳統職責與目標結合起來。第一種方法是制定大學的發展規劃、政策時，把與工業的合作關係作為提高和保持大學高水平的學術、研究與開發計畫的一部分。第二種方法是開辦科學園區，並把它列為大學公共服務職能的一個部分。據統計，美國矽谷60%-70%的企業是史丹福大學學生和教授創辦的，1986年至1996年，矽谷總收入中至少有一半是史丹佛大學師生創辦企業貢獻的。美國其他大學也開始了如此產學合作模式，例如，根據美國波士頓銀行歷時七年的研究報告，僅就麻省理工學院（Massachusetts Institute of Technology）一校來說，自1990年以來，該學院的畢業

---

[44] 老錢，〈矽谷傳奇——矽谷之父：弗里德里克‧特曼（Frederick Terman）〉，《老錢文集》發表於2014年2月5日。引自lao-qian.hxwk.org/.../老錢：矽谷傳奇——矽谷之父：弗里德…

生和教師平均每年創辦150家新公司，單是1994這一年，這些公司就僱傭110萬人，創造了2,320億美元的經濟規模，對美國特別是對麻塞諸塞州的經濟發展做了重要貢獻。[45]

自此，史丹佛大學等美國高等教育開創的高等教育產業化的作法，特別是矽谷的成就與MIT產學合作締造驚人的經濟規模，在全世界掀起無限的風雲，更吸引無數來自世界各地優秀人才前往美國取經學習，優秀大學吸引秀異人才又形成另一種龐大教育產業規模，人才與大學的良性循環，羨煞其他國家。

2005年9月10日，英國《經濟學人》（The Economist）就曾以「腦力事業」（The Brains Business）為專題進行全球高等教育的調查與分析。在這個專題裡有多篇文章分別對不同地區（美國、歐洲、開發中國家）的大學模式與發展現況做出了優勝劣敗的評價，美國高教模式在此得到了極高的評價，其他地區模式都落入了敗部。就其中一篇〈成功的祕密〉（Secrets of success）一文，便指出了美國大學之所以能脫穎而出的三個組織原則：第一個原則是聯邦政府扮演一個有限的角色；第二個原則是強調競爭；第三個原則是大學的實用模式而非封閉在學術象牙塔裡頭。透過這三個致勝原則，美國高等教育產業化模式得以大放異彩，成為自由經濟學家眼中引領世界風騷的楷模。[46]

除了這三個原則成為世界各國進行高等教育改革的依循方向外，學者更從美國高等教育發展的經驗中，得出幾個結論：一、高等教育要量化寬鬆，特別是要開放私人興學，如此才得以創造出自由競爭的市場；二、政府教育經費預算逐年遞減，強迫大學開源節流，有效經營；三、開放調漲大學學費，以市場機制提高教育品質；四、使用者付費，學習者要分攤教

---

[45] Bank of Boston, MIT. *The Impact of Innovation. Economics* Department, Bank of Boston, Boston. 1997.

[46] The Ecomomist, The brains business: A survey of higher education, The Ecomomist, Sep 8th, 2005. www.economist.com/node/4339960

育成本；五、提供弱勢學生予以學費補助，維護社會正義；[47]總之，就是高等教育的私有化與自由化，讓高等教育成爲競爭性市場的產品。

其中特別是在調漲學費方面，讓一般人感受最爲深刻，像台灣漲幅算是最小的，比起二十年前來，大學學費大約三到四倍，即便如此，國人還是深感痛苦；其他國家漲幅更是可怕，例如日本國立大學的學費平均金額從1975年度的3萬6千元日圓，漲爲2014年的53萬5,800日圓（約16萬台幣），漲幅高達15倍之多。[48]在高等教育產業化下，中國的高等教育學費漲勢也是擋不住，以2006年的統計來說，最近十八年來，國民人均收入增長也不過幾倍，但大學的收費卻從200元（人民幣，下同），提高到5千多元至1萬多元之間，達到了25到50倍之驚人幅度。[49]

在美國，由於近二十年來，一般人民對教育投資帶來的所得回饋不斷提高，導致對高等教育的需求增加。如此一來，不僅推動了美國大學學費的快速增加，也提高了原本就十分激烈的競爭程度。在過去十幾年中，美國高等教育學費的漲幅高達消費者價格指數的三倍。依照《美國新聞與世界報導》（U. S. NEWS）在2015最新公布美國各大學的學費，大約都落在每年4萬美金到6萬美金之間，[50]如果加上書籍費、住宿費、生活費等等費用相加，最節省的學生，一年也要花上個5到6萬美金，四年下來，20萬美金跑不掉，這使得美國人近年來，貸款讀書非常普遍，以致個人債臺高築，無力償債的情形亦所在皆是。[51]即便是公立的大學，從1980年代以

---

[47] 鄭淑華，《1990年後大學學費政策之比較研究──以我國、美國及德國爲例》，台北，國立台灣師範大學碩士論文，2005年。

[48] 編輯紀錄，〈爲了脫離貧窮而升學──學生面臨的卻是高漲的學費與沉重的學貸負擔〉，《孤島黑潮》，2014年12月28日，引自https://www.facebook.com/tw.antimonopolynea/.../765817056842845:0

[49] 麥可思研究院，《2006年：中國教育的轉型與發展》，北京，社會科學文獻出版社，2007年。

[50] 劉松林編，〈2015年USNEWS美國大學綜合排名及學費一覽表〉，《新通留學網》，2015年8月17日，引自http://www.igo.cn/2010/news/lxxw/dxpm/2015/08/17/162236.shtml

[51] 蕭霖，〈美國大學學費與資助措施對台灣學費政策的啓示與影響〉，《教育行政研究》，台北，2015年6月，第5卷，第1期。

後，由於各州政府的財務補貼持續減少，州立大學不得不每年增加學費和雜費，自從1982學年至1983學年起，學雜費每年的漲幅大約為5%。[52]

不過，縱然有些小問題，美國高等教育產業化還是普受推崇，近年來，更由於蘋果、facebook、Google創業的模式「太成功」了，更令世人普遍深信美國高等教育模式就是唯一王道。[53]在經濟強勢下，其他所衍生的問題似乎都只是枝節細末，瑕不掩瑜。從此，在新自由主義的主導下，高等教育領域發生了一系列重大變革，經濟邏輯取代了教育邏輯，企業邏輯取代了大學邏輯，資本邏輯取代了學術邏輯，高等教育日益走向市場化、產業化和商業化。

在新自由主義全球化的過程，台灣也不可避免地被捲入其中，數十年來台灣歷任政府與知識界完全奉自由化之名進行各種改革。新自由主義更主導了台灣近來的教育政策，讓台灣教育幾乎完全緊貼著資本主義的脈動。[54]

例如，我國行政院就特別期望「讓史丹佛建校傳奇，在台灣現起」，2014年行政院邀請台大教授陳良基所做的報告中就指出：

> 　高等教育在教育服務業中最具國際市場競爭性，符合「自由經濟示範區」的核心理念——「自由化、國際化、前瞻性」，對國內大學而言，不但可藉引進創新經營模式提升自主性、決策品質及效率，因應內外部環境變遷，更能提供高品質教育服務，對外輸出創造效益，促進人員自由流動。[55]

---

[52] 於時語，〈美國大學生貸款：下一個債務泡沫？〉，《北京新浪網》，2015年06月5日。http://news.sina.com.tw/article/20150605/14491150.html

[53] 李侑珊，〈創新創業教育　陸比台灣晚20年〉，《中時電子報》，台北，2015年11月25日。

[54] 楊志良，〈近三任總統的錯誤——信仰新自由主義　害慘台灣〉，《天下雜誌》，台北，2014年10月20日。

[55] 陳良基，大學科研產業化與價值創造，行政院第31次科技顧問會議上的報告，行政院發言人辦公室整理撰述，〈讓史丹佛建校傳奇，在台灣現起〉，103年05月13日。引自www.edu.tw/FileUpload/1075

　　台灣教育爲何深受新自由主義的影響？

　　這就要說到二次大戰之後，國際情勢的演變，地緣政治的影響，決定了台灣的命運，也讓台灣學術教育受到美國新自由主義的主宰；話說在二次世界大戰之後，民主、共產兩極對立世界體系逐漸形成，尤其是韓戰的爆發更是快速形塑了全球性冷戰體制。在東亞地區，爲了圍堵蘇聯共產主義集團向外輸出革命，美國建構了資本主義世界的反共防線，分別與西太平洋各國進行軍事合作，將日本、南韓、琉球、台灣、菲律賓等地納入其亞洲第一島鏈線軍事防禦聯盟之中。不僅如此，在1960年代，亞洲經濟勢力開始發展，尤其是香港、台灣、南韓，紛紛加入以全球市場爲基礎的貿易體系，幾乎完全開放的市場，並極力爭取美國、歐洲和日本等國家的資本家，設立出口加工區，建立以出口爲導向的生產體系。[56]

　　然而，數十年的冷戰秩序，美國與世界各國並非只是在軍事及國際政治的層次運作；由於長期施行反共親美政策，台灣與美國在軍事、政治與經濟多邊的合作與交流，致使美國價值深入人心，對台灣的政治、社會、文化造成深遠的效應，甚至深入我們的思想、身體與欲望當中。特別是在文化上，台灣地區在戰後的冷戰結構與國共內戰的延續，加上執政黨強烈的親美反共情結，及韓戰後南北韓分裂的確立，特別是在1972年中美建交、1976年台美正式斷交之後，台灣快速地喪失國際活動空間，美國得以透過其軍事、經濟與政治影響力幾乎完全操控台灣，使得美國成爲處於國際孤立的台灣唯一主導性的對外關係。根據教育部公布的統計數字，在1990年以前，台灣80%-90%以上的留學生是留美的，在當時是美國最大的外籍學生群體，這些人回台後所帶來的是美式的學術生產風格，其中的規章、知識分類、論文格式等無不效法美國。因此，戰後的台灣高級知識分子菁英大部分有過美國讀書生活的經驗，在政治上美國式的自由民主成爲台灣主要的想像；除了大眾流行文化的市場被好萊塢所籠罩之外，就連反對文化，都本能地以美國馬首是瞻。總之，戰後台灣的美國化，或是說對

---

[56] Jeffrey D. Sachs原著，廖月娟譯，《文明的代價》（*The Price of Civilization: Reawakening American Virtue and Prosperity*），台北市，遠見天下文化，2013年，第六章。

於美國的深度依賴，是總體而全面性的。台灣的學術生產與高等教育，就是在此一國際洪流中被迫納入了美國的系統。[57]

　　也正是在此一洪流下，台灣自1990年代開始了一場教育改革，在那場教改中，表面上是順應了社會運動及家長們普遍的期待，普設高中、大學，解決當時升學不易的問題，以致從早期的22所大學，短期內膨脹到將近170所大學，實際上，那場教育改革即源自1980年代以來歐美國家新自由主義的教育改革，此全球資本主義世界的普遍現象，於1980年代後期，在台灣正好遇上解除戒嚴的歷史時刻；[58]當時，在政治、社會與文化各領域都針對威權體制進行徹底的批判，要求社會的解放，而在教育改革中充滿了「自由化」的論述，批判焦點也是戒嚴時期國民黨黨國教育的思想枷鎖。它強調，數十年的黨國填鴨式教育壓抑了人格的正常發展，需以「自由解放」的教育理想加以改革。[59]所以就如學者所指出的，解放論述幫忙拿走了黨國教育的鐵蓋，然後，新自由主義順勢而為地為教育注入市場競爭的活水。[60]

　　有學者指出，這股新自由主義思潮其實深受福柯（Michael Foucault）的影響，[61]特別是福柯對「主體」觀念的詮釋與傳統的自由主義有所不同，在其《生命政治的誕生》（*The Birth of Biopolitics*）一書中，福柯詮釋新自由主義的主體更多的強調的是主體「自我管制」（self-governmentali-

---

[57] 陳光興、錢永祥，〈新自由主義全球化之下的學術生產〉，載反思會議工作小組編，《全球化與知識生產：反思台灣學術評鑑》，台北，唐山出版社，2005年，頁3-30。

[58] 陳政亮、林敏聰，〈關於高教市場化的批判〉，《台灣社會研究季刊》，台北，2012年12月，第89期，頁272。

[59] 陳政亮、林敏聰，〈關於高教市場化的批判〉，《台灣社會研究季刊》，台北，2012年12月，第89期，頁270。

[60] 陳政亮、林敏聰，〈關於高教市場化的批判〉，《台灣社會研究季刊》，台北，2012年12月，第89期，頁273。

[61] 周祝瑛，〈新自由主義對高等教育之影響——以紐西蘭為例〉，《教育研究月刊》，台北，2005年，第136期。

ty）和自我規訓。[62]其實這個觀點接近康德對自由的界定。

　　在此一理念底下，在當代資本主義社會中，政府不再像傳統自由主義那樣扮演守夜者的消極角色，而是要積極地去保護或創造自由市場競爭的各種條件，政府成了企業的守護神，因此，個體被建構成資本主義社會中「人力資本」，於是，主體的建構變成培養個體的溝通能力和社會關係。也就是說，資本不再僅限於剝削勞動力，而是透過創造和溝通的能力來穿透社會關係，主體的建構是自我技術的產物。[63]

　　簡單地說，傳統自由主義對工人的期許是工廠式集中化規訓，它要求個人像機械般地服從、精準、勞動，像常見的紡織工廠工人皆是如此；但當代這種新的管制方式是分散的、彈性的、開放的控制，它強調個人必須整合自由、風險、權力、責任與角色，個人被建構爲要主動承擔就學、就業、選擇和責任的各種風險，並努力開發自己的潛力；易言之，在這樣的一個當代資本主義社會，每一個體都被訓練成爲配合著資本主義企業邏輯的自我管理與自行生產的小機器，最典型的就屬高科技產業界裡的「責任制」，那些所謂的「科技新貴」科技工程師，在「責任制」的壓迫下，「自主地」無限地加班，直到在時限內完成他被交付的「責任」。

　　這種新的管制技術表徵著新型態的權力和主體結合的誕生，擴展了經濟理性的範疇，將原本在市場中的競爭意識滲透到生活的每個領域之中，個體也被形塑爲必須爲自己的行爲和選擇負責，並將所有可能的風險和後果合理化爲實現個人自由所必須要付出的代價。從這個角度來看，原本屬於政府和國家管制的經濟領域被「個體化」了，交由個人自我負責，即問題的解決方式落在發展個人的倫理方面。個體「必須」表現出理性、積極、能夠自由選擇、自我管理、自我創造、自我約束的人格特質，與此同時，自由選擇的權力和自主性也就成爲建構主體的核心。個體有義務通過

---

62 Michel Foucault, trans. Graham Burchell, Palgrave Macmillan, *The Birth of Biopolitics: Lectures at the Collège de France* 1978-1979, Basingstoke and New York, 2008.

63 Michel Foucault , trans. by R. Braidotti. 'Governmentality', *Ideology and Consciousness*, 6 (autumn), 1979. pp. 5-28.

自己的選擇提高自己的生活品質，「在這種新的『自我觀照』中，每個人都應該對自己瞭若指掌，將自己的人力資本發揮到最大的限度。」這也意味著資本主義已經發展到了無限地開發主體的潛能、傳播溝通能力、思考創造能力、感受能力並將之轉化爲生產力的新的階段，主體的建構不僅僅是由國家和經濟決定的，而是個體的自我管制，是個體將國家與企業規訓與常規內化爲自我的一種表現。[64]

在這種新自由主義下國家統治就展現爲一種學者所稱的「智性治理」（Governmentality），即政府試圖塑造最適合國家政府政策的公民，統治者系統化地透過它所掌握的國家機器，從心態、技術等各方面訓育人民成爲公民，最終讓這些合格的公民接受政府管理。[65]

學者認爲，在狹義上，智性治理可以用來描述政府存在是爲看到執政權力優化、使用，培育作爲社會群體成員的個體及政府的理性觀念，「智性治理：在一廣泛的各式背景下，要求我們學會如何管理別人和自己……。」若要分析政府就要分析那些試圖塑造、動員和操縱——透過個人和群體的選擇、慾望、願望、需求和生活方式——的機制。此時智性治理提供對權力新的詮釋和理解，權力包括在紀律體系中的社會控制形式（如學校、醫院、精神病院等）以及知識的形式（意指意識型態等）。[66]

簡單地說，這種新自由主義認爲政府就是要去塑造個人的觀念來配合當代資本主義的自由市場需求，所以政府必須確保教育系統能將它所想要的觀念植入每個人的腦海之中，將每一個人都培育成企業家眼中有用的「人力資本」。

這種新自由主義趨勢表現在高等教育裡，就是前教育部長楊朝祥所說的「教育產業化」趨勢，即利用市場手段擴大教育資源、利用市場機制經

---

[64] 史唯、劉世鼎，〈新自由主義的主體：澳門賭場荷官的矛盾體驗〉，發表於成功大學舉辦的2010年台灣文化研究年會（文化生意：重探符號／資本／權力的新關係）。引自 www.csat.org.tw/paper/C2-2

[65] S.A Mayhew, *Dictionary of Geography*, NC: Oxford University Press, 2010.

[66] M. Dean, *Governmentality: Power and Rule in Modern Society*, London: Sage, 1999.

營教育各項措施，並且將學校教育的知識和技術優勢直接轉化為社會生產力的教育潮流。[67]

　　然而，台灣高等教育產業化的實施模式卻與歐美相反。

　　在歐美，是高等教育帶著產業走，在台灣，是產業主導了高等教育的發展。實際情形正如學者所說：「由產業老闆以就業的需求來指導大學的發展，大學教育成為企業發展的跟屁蟲，所謂人才的培育窄化成就業技能的訓練。」[68]在美國，史丹佛大學、麻省理工學院、哈佛大學等名校根本不用提倡高等教育產業化，各大學以其龐大人才隊伍與研發能量，企業界莫不期待從它們身上汲取養分，其產學合作自然水到渠成。反之，在台灣，政府不斷強調「所有的」大學，不論大小、不論好壞、不論大學屬性、不論有沒有能力都要產業化，加速高等教育與產業的結合，由於在台灣高等教育中，具有國際競爭力的高等研發能量的大學只有台、清、交等少數幾所，但在教育部政策的強迫下，結果絕大部分院校都只能著眼於學生的短期就業，最後讓大學成為各種證照補習班、職前訓練中心，矮化了高等教育的格局與氣度。[69]

　　不僅如此，為了確保大學訓練學生就業技能的品質，近幾年來，教育部並仿效美國與產業界的作法對高等教育進行各種評鑑，高教評鑑中心道出評鑑的本質內涵即：「結合『全面品質管理』的概念，導入系所評鑑實施的認可機制，……我國的大學評鑑制度能以『品質保證』為依歸。」[70]

　　這實際上就是把教育當企業在經營，學校等同於一個學歷製造工廠，學生在教育中只是一種商品，大學評鑑的目的就是要確保大學所製造出來

67　楊朝祥，〈台灣高等教育的挑戰、超越與卓越〉，《教育資料集刊》，台北，2009年，第44期，頁1-28。

68　邱天助，〈大學教育技術化的隱憂〉，《科學月刊》，2013年4月1日，引自http://sci-month.blogspot.tw/2013/04/blog-post_1.html

69　本刊，〈大學產業化的危機〉，《通識在線》第39期，2014年04月22日。http://www.chi-nesege.org.tw/geonline/html/page4/publish_pub.php?Pub_Sn=30&Sn=1289

70　編輯部，〈確保優質學習環境建立從系所專業到整體校務發展的大學評鑑制度〉，《評鑑雙月刊》，台北，2010年1月，第23期，財團法人高教評鑑中心出版，頁8。

的學生之品質是否能爲企業所用、令企業主滿意。爲此，各大學裡各種重要會議按教育部規定務必增業界代表若干人，這些會議包括，校務評鑑委員會、校院系所各級諮議委員會、校院系所各級的自我評鑑委員會、校院系所各級的課程委員會……，其中包括，教育目標、學生核心能力與基本能力、課程架構這些教育相關重大議題，業界代表的意見都是左右會議決議的依據；此外，各校每年也都一定要做「雇主滿意度調查」，追蹤畢業學生的職場表現，並據以爲調整系所教育目標、課程架構、師資、教學與課程內容等等之重要依據，並做成詳細資料與研究結論，以備教育部的視察與評鑑學校是否能依每年雇主反應及時調整相關校務。

這從以下的事實得到確證：最近幾年來，台灣各大學幾乎都把企業主滿意度當作辦學最重要的指標，民間雜誌如《遠見雜誌》每年也都會調查各大企業對大學所培育學生的滿意度，並加以公布藉以激勵各大學辦學要重視教育中的資本意志，例如2015年最新公布的結果是「成功大學重新奪冠，台北科技大學首度超越台灣科技大學，位居第二，台灣大學意外跌出三名外，僅獲得第四。」[71]

此即學者所批判的，台灣的高等教育在國家的政策主導下，向短期企業利益靠攏，教育目標是以提高學生就業競爭力爲唯一指標，教育部透過各種計畫、評鑑、補助款不斷要求大學必須進行「產學合作」、加強學生的「實作訓練」，各大學爲了獲得教育部的補助，從整體校務運作、教育目標的訂定、課程架構、課程科目等等重大教育工作都聘請實務界、企業界來指導，讓大學淪爲「職業訓練所」，而非知識、文化與精神的堡壘，更非社會的良知了。[72]

---

[71] 《遠見雜誌》新聞稿，〈調查：企業最愛大學生　台大首次跌出前三名寶座〉，《遠見雜誌》，2015年2月13日，引自www.gvm.com.tw/webonly_content_4458.html

[72] 邱天助，〈大學教育技術化的隱憂〉，《科學月刊》，2013年4月1日，引自http://sci-month.blogspot.tw/2013/04/blog-post_1.html

五、新自由主義的自由假象

綜合以上，新自由主義認為，為促進經濟發展，必須有一個完全開放自由競爭的市場，對此一市場不應給它任何管制，更不應有任何藩籬阻礙資金的流通。這個新自由主義看似強調「自由」此一普世價值，如果認真深究起來，實際上只是一種它蓄意製造出來的假象。

表面上，新自由主義相當強調個人自由與自由競爭的資本主義制度的維護，標舉了自由這個理念，實質上，新自由主義是一種經濟自由主義在當代的復甦形式，它是一種當代資本主義的政治與經濟哲學，它跟古典自由主義一樣，強調自由市場的機制，反對國家對國內經濟的干預、對商業行為和財產權的管制。[73]

而在國際市場上，新自由主義透過當代的條件，做到了古典自由主義無法到達的境界，它現在可以透過國際組織與條約（如聯合國或世界貿易組織等）對它國施加多邊的政治壓力，甚至用經濟、外交壓力甚至是軍事介入等手段來擴展國際市場，達成自由貿易和國際性分工的目的；在經濟上，新自由主義主張私有化，反對由國家對經濟生活的干預和企業的生產活動；此外，為提高生產效率，新自由主義反對社會主義、貿易保護主義、環境保護主義，認為以上這些保守意識型態都會妨礙經濟發展與民主政治。[74]

但是，新自由主義的這個自由市場主張是個美麗的謊言，因為，那些新自由主義者都只是選擇性地使用有利於經濟強權的自由市場原則，自由市場對他們而言不是信仰，而是獲取暴利的手段。

美國決策者一方面向外大力推銷市場自由，因為這能讓他們的企業剝削海外廉價勞工、瓦解工會組織；但實際上，另一方面，他們卻拒絕WTO要求他們放棄的大量農業補貼（這扭曲了第三世界的比較利益），

---

[73] 何秉孟，〈新自由主義的源流與本質〉，《中國社會科學報》，北京，2015年5月27日。

[74] 引自維基百科，新自由主義https://zh.wikipedia.org/zh-tw/新自由主義

因爲這將違反國內有影響力的遊說團體的利益。2008年金融海嘯時，美國對銀行救濟的行爲也是另一個雙重標準，因爲眞正的自由市場會讓銀行爲他們自己的錯誤付出代價，新自由主義在此時就變成國家介入拯救富人、而把自由市場留給窮人。[75]

此外，自由市場理論背後有一個假定：那就是市場上大多數的決策者都是理性的，自由市場似乎是資本主義的所有優點中，最爲人所稱道者，我們看看從1980年代開始世界各國社會主義掀起了改革運動，紛紛引進了市場經濟來增進其經濟活力，例如，中國大陸總結其改革經濟後成了「社會主義市場經濟」，由此可見市場經濟的魅力；也是在金融海嘯當年，台灣一位經濟學者投書爲資本主義所作的辯護，在其中他就高度評價市場經濟，他說：

> 必須強調，市場經濟的主體是千千萬萬活生生、有靈魂、會思考的「個人」，而在人類有人與人之間互動以來，爲了追求生活的最大滿足，致「治理這地、生養眾多、遍滿地面」的境界得以達成並維繫，發現市場經濟是最好的制度。[76]

這裡強調「市場經濟的主體是千千萬萬活生生、有靈魂、會思考的『個人』」，此爲自亞當‧斯密以來的「經濟理性」，這個觀點也是當代自由經濟學理論的前提，正是假定所有人都是能夠進行理性判斷的主體，自由經濟學家才敢振振有詞地說，資本主義市場經濟是人類有史以來最好的制度。

新自由主義另一分支理性預期（Rational Expectations）學派也正是立基於這個理性主體，因而相信人們在理性的情況下，針對某個經濟現象（例如市場價格）進行的預期，他們會最大限度的充分利用所得到的資訊

---

[75] Jason Hickel and Arsalan Khan, *A Brief History of Neoliberalism*, London: Oxford University Press, 2012.

[76] 吳惠林，〈問題不在資本主義　在市場倫理〉，《聯合報》，台北，2008年10月24日。

來作出行動而不會犯系統性的錯誤。有的學者甚至認為政府面對這樣的市場經濟應該垂拱而治，聽任市場經濟的選擇。[77]

可是，市場經濟所假定的這個理性的主體是有問題的。

例如，當代心理學研究即表明，現實生活中的個人往往不是按照自由經濟學家所想像的那樣「理性」行事；人們的行為不僅不符合自由經濟理論的預測，而且各種非「理性」的行為是經常性的、系統性的。[78]不僅如此，晚近興起的行為經濟學（Behavioral Economics）也關注到人的行為有非理性的面向，並將其引入其經濟分析框架，它們共有：(1)認知不協調—C-D gap；(2)身分—社會地位；(3)人格—情緒定勢；(4)個性—偏好演化；(5)情境理性與局部知識。[79]

不過，最有名的就是馬克思主義，他認為，個人在市場中其實是盲目的，他說道：「資產階級社會的癥結正是在於，對生產自始就不存在有意識的社會調節。合理的東西和自然必須的東西都只是作為盲目起作用的平均數而實現。」[80]這個觀點反映在中共當代所實施的社會主義市場經濟政策上，正是對市場仍抱持著高度戒慎恐懼的心態，所以強調政府必須經常性地對市場經濟進行宏觀調控，用以避免市場人們自利行為失控時所造成的「市場失靈」以及「看不見的手」的無所適從。[81]

最明顯的例子就是中國國有企業在實施社會主義市場經濟之後並沒有完全消失，原本老舊、沒有效率的國有企業經過整併重組，形成了由國家掌控的超級企業集團，並占據了許多上游、關鍵性、戰略性的位置，在諸

---

[77] 黃國石，〈理性預期學派的經濟理論與政策主張〉，《廈門大學學報》（廈門），1997年，第3期，頁36-40。

[78] 鄭毓煌、蘇丹，《理性的非理性：誰都逃不過的10大心理陷阱》，台北，智勝文化，2015年。

[79] Sendhil Mullainathan & Bichard Thailer, "Behavioral Economics", *MIT Dept. of Economics Working Paper*, (September 2000), pp.1-27.

[80] 馬克思：《致路·庫格曼》（1868年7月11日），《中共中央黨校教材：馬列著作選編（修訂本）》，北京，中央黨校出版社，2011年。

[81] 劉文瑞、孫祿見，《經濟行政法教程》，北京，清華大學出版社，2005年，頁27-30。

如金融、電力、水利、鐵路、電信、石油（能源）、礦產、或高科技等經濟部門形成了壟斷性的產業結構；此外，在各系統各層級的政府單位下產生了新的國有企業，由官方設立各種公司，以直接投資、轉投資、持股、合資、或委託經營等多樣方式，以各種混和的所有制，參與一般的經濟活動。所以中國的國有企業，並沒有因為實施所謂「社會主義市場經濟」而不見或弱化，相反地，在市場經濟條件下，它以更有效率、更有力量的方式參與市場經濟的競爭，並以官方的地位取得整個經濟發展的支配權，也形成了中國對市場經濟宏觀調控的主要手段。[82]由於中國對自由經濟的這般態度，所以強調中央政府對市場經濟進行宏觀調控的重要性，有人認為，這或許是中國經濟體為何能逃過2008年金融風暴衝擊的原因。[83]

當代經濟學家布羅利（Dniel W. Bromley）也認為，對於市場「自發秩序」的盲目崇敬正統治著當代資本主義世界，並成為當前愈演愈烈的資本主義體制危機的深刻根源。他認為，市場經濟這種盲目的自發協調並不是集體非理性的，而是一種薄弱的集體理性（thin rationality），其中最為典型的就是亞當·斯密（A. Smith）關於市場這雙看不見的手的論證，它假設理性的主體自利行動，最終將自動促進社會整體利益的實現，後來海耶克（Friedrich von Hayek）等人更進一步將這一種協調方式概括為「自發秩序」，在其理論中，價格協調機制就如同經濟學中的一台永動機一樣，可以自發的永遠運轉下去。[84]其實，這就是從雷根以來新自由主義所奉行的「涓滴效應經濟學」，涓滴不僅從未實現，有人甚至稱它是「史上最具破壞性的用語」（The most destructive phrase of all time）。[85]事實上，它之所以深具破壞性，正如索羅斯（George Soros）所說的，在市場這個無形

---

[82] 徐斯儉，〈為何不能對房間裡的大象裝可愛？中共黨國資本主義與服貿〉，引自芭樂人類學 http://guavanthropology.tw/article/5831

[83] 石鏡泉，〈中共怎應對2008金融海嘯〉，《經濟日報》，香港，2011年6月2日。

[84] Daniel W. Bromley, Sufficient Reason: Volitional Pragmatism and the Meaning of Economic Institutions. Princeton, NJ: Princeton University Press, 2006.

[85] George Leef, "Trickle-Down Economics" — The Most Destructive Phrase Of All Time?, Forbes, Dec 6, 2013.

的手之後潛伏著政府這個有形的手。市場和政府都是不可靠的，這也是為什麼在它們的相互作用下會出現自反（reflexive）現象，[86]即市場與政府的作為發生了自我對抗的結果。

這種情況在2008年金融風暴以及2012年歐債風暴中一再得到印證。我們在第七章中也會詳細分析施行高等教育產業化政策出現的自反現象。

可見，自由經濟所預設的理性主體固有其爭議。我稍後將針對此一理性主體進一步深入考察其虛幻性。

六、結語

綜合本文上面論述與學者評論，高等教育產業化的推向全球，是過去數十年來，美國將新自由主義作為全球戰略的意識型態武器向外輸出的結果，而新自由主義者及其擁護者也樂得透過美國強大的國力與政經影響力，在全球進行更大規模、更大範圍的市場化與商品化，藉以擴大其操控版圖，高等教育只是其中的一個環節。它所造成的結果就是將教育視為一種市場商品、組織模式的創新與國際自由貿易對象，進而造成了教育的社會性和公共性的全面潰堤，讓教育成為產業界的奴才。這種結構性關係的演變並非僅止於高等教育領域，高等教育體制毋寧只是社會、文化各領域被產業殖民的其中一個領域而已。因此，我們必須深刻理解，高等教育產業化絕非僅是一個技術性的「教育問題」，而是一個牽涉極廣的國際政治經濟與國內政治經濟互相糾纏的複雜過程。[87]

因此，不論從理論與現實層面來說，我們面臨這樣極具爭議性的資本主義市場經濟就應如履薄冰、小心應對，特別是它關乎到脆弱的人性、地

---

[86] 索羅斯這裡所講的自反現象，reflexive所指的應該是「自我對抗」（self-confrontation）的意思。George Soros, The Future of Europe: Remarks delivered at the Global Economic Symposium, 10/01/2013 in Kiel, Germany. http://www.georgesoros.com/interviews-speeches/entry/the_future_of_europe/

[87] 吳挺鋒，〈新自由主義高等教育「改革」及其批判〉，發表於《2006年大學基礎教育》國際學術研討會，桃園，開南大學通識中心主辦，2006年。

球的生態體系及我們萬代子孫最基本的生活方式的選擇，尤其在人類的教育系統中更應自覺地去回應它可能造成的問題，教導我們的下一代知道如何應對。

然而，可惜的是，在政治經濟力量團結一致並強而有力的推動下，原本只是在市場經濟裡運作的企業利潤原則，現在居然也變成我們高等教育的指導原則了。

教育原本是春風化雨作育英才，讓人類的文化得以傳承、釋放學生潛能的神聖工作，然而，高等教育產業化卻要求教育必須配合產業經濟發展，進而以效率、績效、市場原則建構高等教育體制與高等教育內涵；這讓我想到當代醫療商業化之後，醫療也跟教育一樣，逐漸喪失其傳統懸壺濟世的志業，成了特定集團謀取龐大利益的產業。

第3章

量化的腦袋

一、前言

2014年12月新當選的台北市長柯文哲發表演說，說他是個知識決定論的人，「所以我最討厭人家跟我講『聽說』，全部用數字回答」，因此他希望大家用數字來回答問題。[1]篤信數字，用數字來管理一個現代化的都市，柯文哲不愧是一個重視效率的不折不扣留學美國明尼蘇達大學的科學家。

科學家都相當重視效率，視效率爲第二生命，所以凡是有違此一原則者，都令他相當討厭。「效率」更是新自由主義者所以主張自由經濟的最大理由，而評估效率的最具體、最直接的方法就是用數字回答。

所以，如果我們說，新自由主義或當代資本主義的根本精神在於效率、在於唯量是問的科學精神，應該不爲過。而這也是當前教育對各大學進行各種評鑑的「教育績效」（educational performance）的概念；尤其是，在新自由主義全球化的當下，高等教育可說是知識型產業之發展基地，[2]特別強調大學教育在「知識經濟」中的重要關鍵作用，而知識經濟之驅動力來自於知識產業化，其最大特色在於必須以知識結合科技應用來達到交易目的。[3]在新自由主義論述中，高等教育體系就是強調學校應引進企業機制，提升學校辦學績效，尋求知識產出之產業化效能，進而將學校教育之產出物「知識」成爲經世致用之學。[4]

其實早在三十年前，我對於這種唯科學是問的美國文化已有深刻體會，當時我一位至交到美國密須根大學攻讀政治博士學位，結果去國二

---

[1] 劉奕霆，〈和局處首長誠實互信　柯P：每人可騙我一次〉，《新頭殼newtalk》，2014年12月21日。

[2] 吳思華，〈知識經濟、知識資本與知識管理〉，載於吳思華（主編），《知識資本在台灣》，台北，遠流，2001年，頁11-50。

[3] 溫源鳳、湯凱喻，《知識管理：科技、研發、資訊與績效》，台北，普林斯頓國際公司出版，2005年。

[4] 成群豪，〈知識產業化對大學治理之啓示與探究〉，《第二屆兩岸高等教育論壇》，2009年。

年，中途又回台補習，問他為何？他說，美國政治學早已不是傳統質性研究，而是量化研究，所以回台惡補統計學。

美國人深信人類的一切都可以數字化，這就是科學，政治學如此，經濟學更是如此，即便最為複雜細膩、無可言諭、無法形容的愛情亦復如此。這便是深信科學、深信理性，自1950年以來受歐洲邏輯實證主義所影響的美國實證主義精神。

目前台灣高等教育受新自由主義左右，大學被定位為在知識經濟產業中的關鍵環節，要在全球競爭中脫穎而出，更是要重視此等科學精神，有時甚至以科學作為教育的唯一指標。

此種幾近教條的實證主義教育態度的量化腦袋，為本文反省的主題。

二、教育與科學

現代人對科學的崇拜幾已到迷信的地步，這種情況也表現在教育領域，在網路上鍵入「現代教育」四個字，首先出現在網頁的是「百度百科」告訴我們：「現代教育的核心是科學教育。教育的內容是科學的，教育的方法也是科學的。」[5]

事實是，現在大部分教育工作者無不以科學為人生信念，用「精確的（自然）科學方法」來研究教育問題被奉為金科玉律，如果誰要研究教育教學，必然要用歸納研究的方法和統計學的技術。

在當代，教育與科學似是連體嬰，怎麼分也分不開，科學不僅是學校教育成敗的關鍵，這兩者甚至關係到整個國家的競爭力，例如以下的報導：

> 根據歐洲工商管理學院（Insead）的最新研究報告，去年全球最具創新能力的經濟體，正是遭到金融海嘯吞噬的冰島。而亞洲地區最具創新力的經濟體是香港，排名第三。台灣排名全球第25。

5　baike.baidu.com/view/714911.htm

依照歐洲工商管理學院與印度工業聯合會（CII）調查的2010年度「全球創新指數」（GII），美國從原本的冠軍地位掉到第11名。香港則取代原本亞洲居冠的新加坡，成為亞洲第一。新加坡今年排名全球第七。

這項調查依照專利件數、科學期刊發行量、研發支出比重、教育程度以及創新能力如何支撐社會福利、競爭力與經濟成長的各項要素，綜合給出分數與排名。

美國排名在本年度大幅下降的原因，主要是因為基礎教育水準不佳（全球第22）、科技基礎建設不佳（全球第22）以及出口與就業狀況不佳（全球第24）。

相對地，本年度居冠的冰島儘管因金融海嘯而在商業技能上排名不佳，但在教育以及科技基礎建設上表現良好，整體公共建設品質更是全球最佳。[6]

觀看裡頭所指的專利件數、科學期刊、研發、國民教育程度、創新、競爭力和經濟成長……每一樣幾乎都離不開科學和教育。當然，其中最重要的關鍵詞是：量。

最令人疑惑的是在2008年金融海嘯受創甚深，整個國家幾乎崩潰的冰島卻因為「教育以及科技基礎建設上表現良好，整體公共建設品質更是全球最佳」而位居世界之冠。

我們先來看教育程度這項指標。

為何冰島可以獲得如此高的評價？說到底，就是國家免費讓每一位國民都能讀到大學，所以教育一項拿到很高的積點。

可是，這個獲得「全球最具創新能力的經濟體」的冰島，更因此贏得全球最宜居住的國家之美譽，在金融海嘯中國家卻瀕臨破產，國內三大銀行的資產，在危機發生後全收歸國有，冰島克朗兌歐元匯價貶值63%，在

---

6 記者陳家齊，〈全球創新力　冰島第一　台灣全球第25〉，《經濟日報》，台北，2010年3月6日。

國際市場上一文不值，信用破產，各國不接受冰島克朗，還凍結冰島銀行海外的資產。

冰島之所以如此，究其根本原因是，全國人民都在玩金錢數字遊戲，冰島把全國的銀行全盤民營化，採行高利率來吸引熱錢，其造成的結果，讓冰島銀行快速擴張，金融產業規模，居然是全國GDP的10倍，當時的冰島，只有四個字可以形容——「富可敵國」，只是冰島銀行大舉對外拆借融資，大膽投資，人口僅有30多萬的冰島，銀行流動資產僅僅40億歐元，外債卻高達4,000億歐元。

不過，有識之士卻以為冰島破產，其實是有好處的，據一位《冰島評論》的編輯布雅尼布里恩約夫松（Bjarni Brynjolfsson），指冰島以前跟挪威、芬蘭、瑞典一樣平等，不過使用金融魔法讓經濟起飛後，教師、護士這些以前備受尊敬的工作，卻成為只有失敗者才會選擇的工作，只有金融工作者才是受到追捧推崇。[7]

在人人皆是大學畢業生的冰島，教育這個指標使他們成為經濟強國，每個人沉溺於金融遊戲，累積了龐大財富，也使得社會道德淪喪，普及化的高等教育提高了人們的生活水準，卻完全沒有提升人民的生命價值，人人沉迷於金錢數字之中。冰島現象實在值得追求將高等教育產業化的台灣警惕。

再來看看所謂的「科學期刊」這個指標。

在2014年台灣發生了一件轟動全國的教育大醜聞，事涉當時的教育部長。情況是這樣的：屏東教育大學副教授陳震遠7月被檢舉他所發表的許多論文都有問題，陳震遠涉嫌利用偽造人頭自己審查他所投稿的論文，並遭到英國SAGE期刊撤銷60篇論文，因而引發論文詐審醜聞，當時任教育部部長蔣偉寧因多篇論文與陳震遠一起掛名，受到波及而下台。

當時許多人堅信教育部長蔣偉寧自己所辯稱是因不察、甚至不知被掛名而遭連累，但是，經過科技部近3個月調查後，科技部學術倫理委員會

---

[7]　引自劉林李，〈冰島破產後，生活如常〉，2012年9月7日。《十分專題》部落格：
http://series888.blogspot.com

發現，蔣偉寧一篇掛名共同作者的論文，涉嫌自我抄襲另一篇在2010年就發表的論文，兩篇論文有許多段落一字不差，卻未註明內容是引用以前的研究成果。由於論文抄襲相關事證明確，初步決定對蔣偉寧祭出停權三年的處分。[8]

其實，投稿科學期刊共同掛名是台灣高等教育日常普遍的現象，特別是自然科學相關研究強調團隊合作與資源共享是可以理解的；然而，這一項評比國家創新力與競爭力的科學期刊論文，在台灣卻演變成高等知識分子的一場詐術，究其原因就是各大學在教育部的主導下，過度重視學者的研發能量，特別是這個發表的「量」關乎到一個教師的升等、研究計畫多寡、升遷、優良教師、獎金、薪水以及特聘教授、講座教授這樣的榮寵與待遇，於是每個大學教授夙夜匪懈的工作就是要把論文的量衝到最高；在這種情況下，找人掛名或互相掛名就不足爲奇了，特別是自然科學研究原本就強調團隊合作的精神，理所當然地、正大光明地掛起別人的名字，資源共享，利益均霑。卻也因此衍生了諸多弊端，陳震遠案只是這種高等教育產業化的冰山一角。

高等教育重視科學期刊的另一弊端是重理工而輕人文，因爲原本自然科學的期刊數量就比人文社會的期刊多很多，所以從事自然科學研究者就有許多發表的舞台，特別他們強調團隊相互掛名成爲理所當然，於是理工領域的教授每年發表幾十篇論文是很平常的，而一個人文社會領域的教授再會寫再能寫，一年能有三、五篇就算很了不起了，一般認眞的研究者通常都只能有一、二篇；於是，在台灣高教育學府裡，80%-90%的研究獎金都被理工科教授拿走，被聘爲特聘教授、講座教授的教師也幾乎清一色皆爲理工領域教師，當然，國家、高等教育學府裡絕大部分經費也都用在他們身上，因爲他們的設備、儀器與材料都相當昂貴，有些動輒數億。

對自然科學的論文，我們也很好奇，究竟哪裡那麼偉大，需要那麼多的經費、那麼多的人合作才能完成？這樣的好奇心，終於在我個人受邀

---

8 本報訊，〈論文涉自我抄襲　蔣偉寧恐停權3年〉，《自由時報》，台北，2014年10月16日。

參與某一學校的學術審查委員會時揭開了，那一次是該校學術著作獎金獎勵審查，其中有一篇食品營養科學相關論文，由於是一篇名列世界前1%的頂尖期刊，按規定，這一篇論文可以申請20萬新台幣的獎勵金，該篇論文只有二頁，只有幾個公式演算，我是真的看不懂，這個學問在哪邊，竟然掛名合作的老師有17個之多，其中有許多外校的教授，但也有幾名校內的，我們發現有一位審查委員就被名列其中，於是大家就問他：為何是他申請而不是你申請？他的回答讓我事後回想起來也很奇怪，他似乎是百思不得其解，摸著自己的頭這樣地回答的：奇怪？我怎麼不記得我有發表過這篇論文呢？大家的善解是：他的著作真的多到自己都記不清了。

不過，這也讓我們真正理解到為何當初教育部長蔣偉寧說自己不記得有與陳震遠共同掛名發表論文此一說法。

我們納悶的是，科學期刊論文發表的量真的代表了這個國家的創新力、競爭力嗎？據我所知，在台灣高等教育界裡，每個教授對科學期刊論文的追逐幾乎已經無所不用其極了，能用的招術、不能用的方法都用上了。問題是，台灣高等教育在全世界的競爭力提升了嗎？事實告訴我們，非但沒有進步，而且是不斷地倒退。

難道我們學校教育的成敗、國家國際競爭力的成長真的離不開這樣的科學研究、奠基在這樣的科學期刊論文上嗎？我認為，問題的關鍵就在於我們對科學的理解與態度。

以下我進一步嘗試從思想的層次上來反省科學，尤其是針對教育制度裡的科學態度——實證主義——做一深層的反思。

三、科學的質變：對科學邏輯的反省

工業革命以來，人類科學技術的發明與進展使得經濟發展欣欣向榮，相對地，社會變遷也加速，傳統價值與習俗在現代化衝擊之下，幾乎崩潰殆盡；甚至在人類的經濟生活上，主流經濟學也嘗試運用牛頓定理，透過引入均衡的概念來解釋社會性現象。這樣的方式需要精巧的思維運作。它從完全自由競爭開始，假定所有的資訊都已知，並且由理性預期和有效市

場假說支持。

時至今日，有許多思想家對這樣的發展提出他們的憂心和反省，其中特別是歐洲工業文明重心——德國思想界。

更或許是出自於對第二次世界大戰希特勒對世界造成的傷害深刻的反省，德國這些思想對科學對人類社會的影響大都持謹慎的態度，他們特別聚焦於高度科技化與工業化社會這個命題，希望從整體上認識和理解人類的社會生活、全面把握人類社會發展的歷史與未來。

針對科學對世界造成的影響這個問題，首先發難的是在第二次世界大戰期間，當時逃避希特勒政權追捕到美國的霍克海默（Max Hork-heimer），他在1937年所發表的〈傳統理論與批判理論〉（Traditional and Critical Theory）一文，在該文中，霍克海默對「理論」進行了一些反省，他以為，自古以來，哲學與科學同源，但自笛卡兒起，哲學開始效法笛卡兒，即通過歸納演繹，把握世界秩序，一切理論無不夢想成為普世真理，譬如胡塞爾（Edmund Husserl, 1859-1938）《邏輯哲學》，便將現代哲學歸結為「完整體系、統一推理」；社會學領域中，涂爾幹（Émile Durkheim, 1858-1917）、韋伯（Max Weber, 1864-1920）的權威研究，也反映一種系統化科學的追求。

霍克海默認為，由於科技進步，使科學理論日益抽象化，到最後甚至化約為一種「純數學符號系統」，一如上述所舉科學期刊論文裡的公式演算的例子。霍克海默指出，這樣的科學理論之弊表現在：

1. 所有的研究者熱中迷信科學邏輯，排斥社會歷史。而這些研究者研究所得與狹隘認識，卻在世界各地不斷被「提升為普遍範疇、世界精神、永恆的邏各斯（logos）」；

2. 順應資本主義發展，科學家們一方面標榜科學的價值中立，另一方面則以此征服自然、操縱經濟；

3. 到了晚期資本主義階段，科學作為一種生產力、生產工具，乃至文化資本，對於社會現狀的鞏固有其重要的貢獻，乃至凝結為「物質化的意識型態」，即以一種精巧的「非歷史方式」，抵制社會變革、維護資本秩序。

　　霍克海默認為，對科學的反省，必須落實在歷史進程中社會整體（social totality），包括文化、經濟、政治、社會等等脈絡上；當代社會號稱平等、自由、民主，有識之士就是要透視事物的世界、穿透物底下的人，並揭開當代社會的假象。[9]

　　霍克海默所開啓的這股思潮，有人稱之爲「社會批判理論」，[10]其中許多觀點皆值得吾人深思與借鑑。

　　整體而言，這樣的批判理論源起於對西方社會「現代性」（modernity）的反思。他們是接續著自十九世紀末到二十世紀初的哲學家、社會學家馬克思、韋伯、胡塞爾等人對人文社會的運作提出「現代性的危機」的思想脈絡，流露出很深刻的人文關懷；特別是第一次、第二次世界大戰對歐洲人文思想的衝擊，更進一步讓他們對傳統理性主義的進步史觀產生了強烈的質疑，也逼迫人們必須反思自啓蒙運動以來所高舉的理性大纛。

　　1930年代，法蘭克福大學社會研究所學者們運用現代性與社會理論間的辯證，社會批判理論逐漸成形。縱使這些當代思想家以悲觀的論述檢視世界，然思潮隨著時空脈絡而漸進成長，在第二次世界大戰的刺激下，社會批判理論各家的思想更加波瀾壯闊，蔚爲當代思想奇觀。

　　可以這麼說，這股思潮的崛起乃是從各方面反思現代性及其結果。

　　首先是對傳統科學理論的反思，霍克海默就以爲傳統科學理論活動特點「不管是像在歷史學和其他具體的描述性學科裡那樣，問題在於綜合大量資料並獲得普遍規律，學者特有的主動性（即理論活動）都是接受、改

9　Max Horkheimer. "Traditional and critical Theory". *Critical Theory*. New York: The Seabury Pr., 1972(68). 曹衛東譯，〈傳統理論與批判理論〉，載曹衛東編，《霍克海默集》，上海，遠東出版社，2004年。

10　一般說來，批判理論有時也稱爲批判的社會理論（critical social theory），有廣義與狹義兩種。狹義的批判理論是指法蘭克福學派（The Frankfurt School）的社會理論；而廣義的批判理論則包括：批判理論（法蘭克福學派）、後現代主義、女權主義、多元文化主義、文化研究等。它們都或多或少地具有西方馬克思主義的理論背景，具有理論批判的基本性格。金元浦，〈批判理論的再興——新一代西方馬克思主義批判理論家及其理論〉，《國外理論動態》，2003年，第10期。

造實際知識，使它合理化。」[11]

在霍克海默看來，傳統科學理論是產生於現存社會制度並把現存社會制度作為自然的、永恆的東西接受下來的理論，它以維護現存社會制度為宗旨。它在對歷史事件加以解釋時，以為與操縱物理自然過程相似，都要求累積一大批知識，甚至是一套經過整理的假說提供的知識。由於積累知識的需要，科學理論的概念總會被絕對化，變成了具體化的意識型態範疇，而理論的批判功能卻因此與它絕緣了。[12]自此而言，德國的這些思想家對這種已然轉化為意識型態的傳統科學理論保持著一個相當大的距離。

其次，從系統化面向檢視當代社會的發展。霍克海默期望，當代知識分子必須獨立於現存社會制度之外，把現存社會制度理解為一個系統的過程。在對現存社會秩序的批判中破壞一切既定的、事實的東西，證實它們的不真實性，從而加以否定，他說：「批判理論關注的是作為一個整體的社會」，它不在於揭示某些社會弊病，並提出救世良方，而是把一切弊病看作現存社會結構的組織方式必然造成的，它拒絕承認現存社會結構中具有任何有用的、適宜的和富有價值的因素。[13]在這個意義上來說，批判理論乃是對當代社會系統化發展的絕對否定。稍後我們將繼續探討系統化問題。

第三，他們也對傳統馬克思主義的侷限作出深刻的反省。社會批判理論的架構來自於法蘭克福學派所發展的理論，初始為研究馬克思主義，鼓勵階級鬥爭以求改變與解放。但西方勞工階級對資本主義抗爭的失敗，使得批判理論者包括法蘭克福學派霍克海默、阿多諾（H. Adorno）、馬庫色（H. Marcuse）、哈伯馬斯（J. Habermas）等馬克思主義的信奉者，紛紛援引精神分析學、存在主義與當時的文化理論為馬克思主義作修正與補

---

[11] Max Horkheimer. "Traditional and critical Theory". *Critical Theory*. New York: The Seabury Pr., 1972 (68).

[12] 論文網蒐集整理，〈「社會批判理論」是「批判」的終結〉，www.66wen.com

[13] Max Horkheimer. "Traditional and critical Theory". *Critical Theory*. New York: The Seabury Pr., 1972 (68).

充；他們發現，傳統馬克思主義過於傾向社會結構「決定論」，社會批判理論者對這種機械論的、經濟決定的馬克思主義不滿意，認為以往的馬克思主義者過度地運用決定論的角度詮釋馬克思，未能對人的心理結構作深層分析，忽略人在社會中主觀意識的自主力量，因為影響個人思想意識的社會因素不只是經濟，而是文化。[14]也因為社會批判理論的重心期待將人們的眼光與努力轉移到文化上面，所以有時亦被稱之為文化批判理論。在這個意義上，我們可以說，批判理論乃是當代條件下的對馬克思主義的一種修正。

　　最後，我們必須指出的是，德國這些思想家雖然強調必須對啟蒙運動以來的理性進行反思，有些人如阿多諾甚至以否定的辯證觀點對現代性予以否定，然而，整體來說，他們仍然對理性有所期待，哈伯馬斯的溝通理性即為明證，即便是阿多諾都還希冀「非辯證結構」的主體之自覺；換言之，他們認為，解決現代性危機的答案還是在於擁有理性的「主體」，這展現在他們對文化的寄望上；社會批判理論由於反對傳統馬克思主義的經濟決定論，特別強調文化面向的重要性，在某種程度上也就高揚了「主體」的地位，這也是社會批判理論對社會學非常重要的貢獻，如雷策爾（George Ritzer）、古德曼（Douglas Goodman）就強調，社會批判理論著眼於主體性的探討，這有助於我們理解文化層面與個體的社會生活的「主體主觀性要素」——這是來自於馬克思主義的黑格爾根源，部分學者強調，馬克思早期的作品顯露出此特性——這也使得批判理論著重於文化上層建築，而非經濟基礎建築。[15]

　　就批判理論而言，深刻地理解文化上層建築或許就是當代社會危機的解答了。

---

[14] 李瑋宸，〈批判模式——Giroux之課程理論〉，引自《網路社會學通訊期刊》，2006年。www.nhu.edu.tw/~society/e-j/54/54-13.htm

[15] George Ritzer & Douglas Goodman，柯朝欽、鄭祖邦譯，《社會學理論》（上），台北，巨流出版社，2007年，第八章：各式各樣的新馬克思主義者。

四、對科學意識型態的批判

　　法蘭克福學派在哲學思想傳統上繼承了青年黑格爾派施蒂納（M. Stirner）等人的傳統，並且受到叔本華（A. Schopenhauer）、尼采（Friedrich Wihelm Nietzsche）和狄爾泰（Wilhelm Dilthey）的非理性思想影響，他們也接受新康德主義、韋伯的「文化批判」和社會學思想的洗禮，採用馬克思早期著作中的異化概念和盧卡奇（Gyorgy Lukacs）的「物化」（reification）思想，[16]提出和建構了一套獨特的理論，旨在對資本主義社會中科學技術統治的意識型態進行「徹底批判」。

　　在《否定的辯證法》（1966）一書中，阿多諾賦予「否定的辯證法」以否定任何肯定事物的普遍否定性的地位，認爲它是一切可能的社會認識之基本原理，進而在哲學上爲法蘭克福學派確定了認識論根據。[17]

　　法蘭克福學派的觀點在歷史哲學、社會理論和社會認識上都與現代社會學具有緊密關係，它的社會理論觀點被看作是批判的社會學。作爲一種社會理論觀點的批判理論，本身就是「工業社會」理論的一種特殊形式，其中包含著一個現代人如何看待這個社會以及如何行動的具體綱領。作爲

16　「物化」（德文中的 Verdinglichung）這個概念是盧卡奇從馬克思的商品拜物教（Commodity Fetishism）理論發展出來的。馬克思分析資本主義中的過程，在其中人類之間的關係（即人類在市場裡商業交換的相遇），顯得像是事物之間的關係（因此人類之間的關係變成由似乎內含於所交換的商品裡的性質〔交換價值〕來支配），這就是馬克思的「商品拜物教」概念。對盧卡奇而言，這種翻轉呈現在一切社會關係裡（而非僅是經濟關係裡），「物化指的是將人與人之間的關係轉化成物與物之間的關係」，例如在逐漸理性化與官僚化的社會裡，人際關係中那些有品質的、獨特的與主觀的部分都喪失了，因爲現在是根據官僚與管理者的純粹量化考慮來治理。Georg LuKacs, History and Class Consiousness, Cambridge, MA: The MIT Press, 1971. Andrew Edger and Peter Sedgwick (eds.) *Key Concept in Cultural Theory*. London & NY: Routledge. 1999. pp. 323-333.

17　Theodor W. Adorno, *Negative Dialektik*, in *Gesamelte Schriften,* Bd. 6, Suhrkamp Verlag, 1997. 趙海峰著，《阿多諾「否定的辯證法」研究》，黑龍江人民出版社，2003年。張亮，〈時間川流中的「否定的辯證法」──阿多諾《否定的辯證法》的歷史性注釋〉，載於《現代哲學》，2002年，第2期。

一種意識型態的一般批判，批判理論涉及意識型態的起源、形成和社會功能等諸多知識社會學問題，它本身又是一種特殊類型的知識社會學體系，並對當代有影響的知識社會學家曼海姆的觀點產生了影響。作為一種社會認識方法論，批判理論繼承了德國人文科學的精神傳統，它從創始之初，就把批判的焦點放在支配整個社會學的實證主義方法論。

德國的這些思想家把認識批判和文化批判看成一體兩面；它既提出了總體性的理論認識的要求，卻同時又從根本上否定了這種認識的可能性；例如，阿多諾就認為，「否定的辯證法」既包含著對「虛假事物」的「肯定」陳述，同時也包含著對人與自然的實在關係以及對歷史進程的「肯定」陳述。這是因為否定的前提乃在於肯定，人們建構虛假事物的基礎還是在於歷史實在。正因為如此，他們並不執著於客觀的技術決定論的宿命觀點或主觀的唯意志論的自由觀點，這種認識論的兩難抉擇困難，被他們的社會辯證所解消了。因此，他們與實證主義社會理論針鋒相對，主張文化社會的批判理論，推崇批判，強調整合性研究。[18]

首先，他們就針對影響對當代社會頗深的工具理性（Instrumental Rationality）或科技理性（technical Rationality）提出他們的反思。

當代科學研究中，如數學形式等自然科學範疇所具有的量化與預測等理性計算的手段，用於檢測生產力高度發展的西方資本主義社會人們自身的行為及後果是否合理的過程，德國學者韋伯把它稱做「工具理性」。其涵義具體說，即通過實踐的途徑確認工具（手段）的有用性，從而追求物的最大價值的功效，為人的某種功利的實現服務。[19]

在操作上，我們可以把「工具理性」視為一種科技理性的思維，它以既定目標（Given Goal）為主，行為處事以目標導向操作（Goal-oriented Operation）為原則，凡是與目標追求無關的其他因素應予以去除不加考慮，重視達到目標最有利的方法，工具性的行為把手段關聯於目的，把技

---

[18] Theodor W. Adorno, *Negative Dialektik*, in *Gesamelte Schriften*, Bd. 6, Suhrkamp Verlag. 1997.

[19] 尼格爾·多德，陶傳進譯，《社會理論與現代化》，北京，社會科學文獻出版社，2000年。

術關聯於目標，不去思考這些目標本身是否合理公正。

這是一種源自當代社會生活的特定思維方式，因爲在當代社會中，由於科學技術的發達，人類在工、商業生產活動中大量使用各種科學技術，由於科技的應用成就了利益的極大化，故應促成科學的相關技術全面地運用，於是，科技的發展不只在產業的運作上扮演有力的配角，在當代社會中，它更成爲了發展的靈魂，支配著工業、商業的成長步伐。推動整個工具理性的發展的是科學技術的不斷推陳出新，所以有時我們也將它稱爲「科技理性」。

霍克海默與阿多諾在《啓蒙的辯證》中首先就指出，隨著資本主義的日益發展，在當代社會中，理性已經被逐出道德與法律領域，因爲當宗教——形而上世界觀的崩潰時，一切規範標準在唯一保留下來的科學權威面前都信譽掃地了，最後甚至連科學已經完全被工具理性所同化了。[20]霍克海默語重心長地說：

> 啓蒙哲學以理性的名義攻擊宗教，其最終結果是，它所征服的不是教會，而是形而上學和客觀的理性概念本身，而這卻是它自己的一切努力的力量源泉。最後，理性作爲把握事物的眞正自然的機構，作爲確定我們生活的主導原則的機構被看作是過時了。思辨和形而上學同義，形而上學與神話、信仰同義。人們會說，從古希臘開始直到今天的理性和啓蒙的歷史已經導致這樣一種狀況，理性這個詞本身受到了懷疑，並同時，顯示了某種神話的本質。[21]

馬庫色認爲，因科技的發達與廣泛應用，在促進人類生活的種種進步的同時，「這些進步的成就對意識型態的控告或辯護都採取無所謂的態

---

[20] 霍克海默、阿道爾諾，《啓蒙的辯證法》，上海人民出版社，2003年，頁4。

[21] Max Horkheimer, *Gesammelte Schriften,* band 6, Fisher verlag, Frankfurt ammain, 1991, s.39.

度；在它們的法庭面前，合理性的『虛假的意識』成了眞正的意識。」[22]

這種發達工業社會的產物，隨著科技的不斷高度發達，人們同強制他們接受的存在狀況愈來愈一致，並從中獲得了生命的發展和種種需要的滿足，表面上，這似乎是人的主體性的進一步發展，實際上，「這種實在構成了更爲異化（alienation）的階段」；[23]工藝與科技的高度發展所造成的異化，即使人們在勞動中成爲機器的附屬物，也使他們在生活中成了他們所需要的物的工具，「人們在自己的商品中認出了自己；他們在自己的汽車、高傳眞的音響設備、疊層式的住宅和廚房設備中發現了自己的靈魂。」[24]

在馬庫色那裡，現代科學技術那種得以安身立命的東西，實質上就是科技理性。它雖然拓展了人們對自然的認識和提高了人們的物質生活水準，但人們的精神卻相應地萎縮了。人並沒有由此獲得解放，相反，它製造了一個使人對自然的統治和人被社會奴役同步增長的世界。這種科技理性也就是一種工具理性，它是操縱性的，最後必定導致手段目的化的結果。

在哲學上，阿多諾也在歐洲的形而上學傳統中找到技術統治的原型（Urform），他認爲：「啓蒙運動從柏拉圖和亞里斯多德形而上學的遺產中卻發現了某種古老的力量，並且對普遍的眞理要求頂禮膜拜」；[25]他又說：「塵世的、歷史的東西是與傳統形而上學當作先驗性來強調的東西相關聯的。」[26]所以，現代性的本質在於，形而上學的目標成爲了統治的工具，或者直接成爲了統治權力本身。啓蒙運動以前，人們在中世紀時因爲相信教士及教會的教導，所以把自己視爲上帝的奴僕，人只是實現上帝意

---

[22] Herbert Marcuse, *One-dimensional Man,* Boston, 1964, p.11.

[23] Ibid.

[24] Ibid. p.9.

[25] 霍克海默、阿道爾諾，《啓蒙的辯證法》，上海人民出版社，2003年，頁4。

[26] Theodor W. Adorno, *Negative Dialektik*, in *Gesamelte Schriften*, Bd. 6, Suhrkamp Verlag. 1997., S. 354.

志的工具；在當代社會，人們因爲相信科學家以及學校教育，把科學視爲
存在於宇宙大自然間的唯一眞理，所以理所當然地應該服膺此一眞理，爲
此一眞理獻身。

阿多諾在「否定的辯證法」中，進一步把認識論觀點與社會歷史觀點
融合在一起，進而形成一種激進的批判主義觀點，即科學和技術在現代工
業社會中是一種「統治」和「意識型態」，它通過支配自然界而實現對人
的支配。因此，要在工業社會和有組織的資本主義制度內拯救人的精神價
值是毫無希望的。[27]

不過，這並不是說阿多諾自此滑向後現代主義的觀點。後現代主義對
形而上學的批判過程中，首當其衝的是近代的主體性範疇，學者將這些批
判概括爲一句話，那就是「主體已死」。[28]這是繼尼采宣布「上帝已死」
之後的又一個深深震撼著形而上學基礎的口號。在宣布了主體的死亡之
後，當代社會也就進入了某種「無主體」的狀態。儘管否定辯證法對近代

---

[27] Theodor W. Adorno, *Negative Dialektik*, in *Gesamelte Schriften*, Bd. 6, Suhrkamp Verlag. 1997. S. 320.

[28] 這是法國思想家傅柯（Michel Foucault）從對權力的透視，進一步理解到「主體已死」
的觀點。傅柯認爲權力不單是一種遏制性的力量，因爲權力也可以去創造和生產的，這
往往是透過主體（subjectivity）的建構而實施的，而且這種權力往往更有效。傅柯相信
「不存在獨立自主、無處不在的普遍形式的主體。……主體是在被奴役和支配中建立起
來的。」在這意義上他宣告「主體已死」！所以「個人不是一個被權力的實施抓牢的
預先給定的實體。其身分和特性是權力關係對身體、運動、慾望、力量施展作用的產
物。」「個人是權力的運載工具，也是權力的主要效應，而不是權力實施的對象。」
「恰好是一種理性化的過程構成了一個或多個主體。我把主體化稱爲一種程序，透過這
種程序，我們獲得了一個主體的構成。」因此傅柯催促我們去「拒絕接受我們自己（的
身分）」我們應該拒絕現代社會加諸於我們身上的身分，它們都是壓迫性的，例如我們
應該抗拒人文科學所宣告的「眞理」、將我們主體化的現代政府形式和甚至似乎是自主
的自我界定。我們要去提倡新的主體性形式。見福柯著，嚴鋒譯，《權力的眼睛——福
柯訪談錄》，上海：人民，1997年，頁209、233、119。以及Michel Foucault, "The Subject
and Power." *Afterword to Michel Foucault: Beyond Structuralism and Hermeneutics*, by Hubert L.
Dreyfus and Paul Rabinow. Brighton: Harvester Press, 1982, p.216.

主體性哲學的批判之激烈程度並不亞於後現代主義，但「無主體」的狀態對阿多諾而言卻是無法想像的。在阿多諾看來，主體與客體乃是所有辯證法賴以展開的「非辯證結構」。[29]易言之，雖然阿多諾一再強調，要在工業社會中拯救人的靈魂是毫無希望的，但他還是始終在主體身上看到一絲微弱的光。

德國這些理論家們，還分析了現代文化對人類的影響。他們認為，目的理性或者工具理性逐漸消解了文化的批判與反思之功能。文化變成了純粹的消遣，失去了批判性特徵。

阿多諾指出，文化特別是大眾文化，存在著以下嚴重的弊端：一是呈現商品化趨勢，具有商品拜物教的特性；二是文化生產的標準化、齊一化，扼殺了個性；三是文化逐漸演變成一種支配力量，具有了強制性。文化愈來愈屈從於工具理性的需要，以至於完全成為了一個「文化產業」，成為了即時滿足的工具。現代文化禁錮了人們的想像力，束縛了人的反思能力。在這種文化中成長起來的人，在組織管理中也逐漸喪失了個人的主見和思考，變得愈來愈隨波逐流，沒有責任感，耽於聲色之滿足。[30]

這樣的諍言放在二十一世紀網際網路與多媒體充塞的年代，顯得格外地醒目。

哈伯馬斯深刻揭示了科技理性對人進行控制的表現形式，這種科學主義與客觀主義甚至進一步演變為「科學的政治觀」；所謂的科學的政治觀指的是，科學知識能夠客觀地解決一切政治問題和道德問題。科學主義和科學的政治觀，實質上就是科技理性開始毫無限制地僭越到政治系統並進而侵入生活世界的具體體現。

---

[29] Theodor W. Adorno, *Negative Dialektik*, in Gesamelte Schriften, Bd. 6, Suhrkamp Verlag. 1997. S. 176阿多諾雖然抨擊當代社會的主體的非同一性，但主體性的殘餘仍在阿多諾的思想中揮之不去。經由客體優先性的提出，阿多諾並無意要取消主體；反而他視承認並尊重客體的優先性為達成主體與客體和解的前提。就像李歐塔（Jean-François Lyotard）指出的，對主體的鄉愁仍彌漫在阿多諾的作品中，主體的範疇仍毫未被批判。Jean-François Lyotard, "Adorno come diavolo" in: Intensitäten, Berlin: Merve, 1978, s.46.36。

[30] T.Adorno, *The Culture Industry: Selected Essays on Mass Culture*, London: Routledge, 1991.

當科技理性侵入了生活世界之後，科技理性就已經變異為現代的意識型態，它幾乎已成為我們判斷事物的準則，在日常生活中、在重要判斷裡、在政府決策中、在各種辯論中、在教科書上，它以各種樣態與形貌出現；霍克海默指出：「理性愈失去力量，它就愈容易受到意識型態和蠱惑人心的宣傳的支配。在這樣的情況下，雖然人們也要遵循理性的原則，但是按照理性的原則在意識型態的支配下，甚至可以為農奴制度的合理性辯護。」[31]這番話講的真是一針見血。

哈伯馬斯則從另一個側面來描繪科技理性這種意識型態的力量：

　　一方面，與以前所有的意識型態比較起來，技術統治的意識是「更少具有意識型態性的」，因為它並不具有一種只顯現為掩蔽利益實現的不透明的力量；另一方面，它作為今日占統治地位的，更細緻的背景意識型態（Hintergrundideologie），使科學成了比舊的意識型態類型更難以抗拒的、更具深遠影響的偶像。[32]

但是，哈伯馬斯認為，物的世界與人的世界是根本相異的。科技理性只適用於物的世界，如果強行將其擴張到整個世界，就勢必導致科技理性的獨斷和強制。

不過，哈伯馬斯認為，儘管這種悲劇發生了且有愈演愈烈之勢，但人類並不是束手無策了。哈伯馬斯面對這樣的困境引入「溝通理性」（communicative reason）來重建理性概念，以此抗衡並涵化「科技理性」。

溝通理性是哈伯馬斯的溝通行動理論的基石。溝通理性與以滿足個人慾望為目的的工具理性根本不同，它強調相互理解和溝通，強調批判和反思。溝通理性發生在日常生活領域，通過溝通行為表現出來，具有語言

---

[31] Max Horkheimer, *Gesammelte Schriften*, band 6, Fisher verlag, Frankfurt ammain, 1991, s.45.

[32] J. Habermas, *Technik und Wissenschaft als "Ideologie"*, Frankfurt am Main, 1989 (1968). pp.88-89.

性、互主體性、程序性、開放性、可批判性等特點。溝通理性的提出，既是由於批判工具理性的普遍化，也是為了回應現代性危機，哈伯馬斯期望藉此能建構一個能全面統攝自然、社會和人的具有廣泛說服力的理論。

五、對科學主義與客觀主義的反省

實證主義在二十世紀80年代風靡全世界，當時台灣學界深受影響，尤其是在殷海光的引介下，教育界無不奉為圭臬，以為講學、研究的準則，很多人並視之為人文社會領域的「科學」救星。[33]

即便到了二十一世紀的今天，台灣教育界對實證主義仍有莫名的崇拜，如有學者仍認為實證主義「使我們有能力預測和控制學校歷程，經由一些資訊獲得支配法則，以使操縱某些變項，而獲得最佳的成果。」[34]然而，我以為，針對流行於當代自然科學與社會科學領域的這種實證主義，我們應該從文化層面上進行反省批判。

當代實證主義文化在學校教育上的表現形式為極力崇拜科學的科學主義（scientism）以及認定人有能力認識外在客觀世界的客觀主義（objectivism）。

科學主義是近代西方社會自然科學繁榮的產物，它的內涵豐富而複雜。雖然不同的研究者對科學主義表述的側重點不同，但其觀點大體都認同科學是處於至尊的地位，可以用來獲得真實可靠的知識。科學主義崇尚理性思維，信奉科學知識的客觀性，並且深信這樣的科學和科學方法應該推廣至一切領域。這種觀點認為，人作為自然存在物，同其他自然物件一樣，皆受自然規律的支配，因此，包括人類在內，任何事物原則上都不能存在於科學說明之外。

總之，科學主義的一個重要特徵就是科學崇拜，唯科學至上。受這種科學主義理性思維的影響，從二十世紀50年代開始，教育研究中的教學設計在美國的軍事與工業培訓中開始萌芽，隨後在美國著名的心理學家桑代

---

33 章清語，《殷海光》，台北，東大，1996年，頁254。
34 陳國彥，《社會領域課程與教學》，台北，學富文化，2001年，頁167。

克（E. L. Thorndike）、史金納（B. F. Skinner）等人的心理學實驗中發展起來。

在這一時期的美國學校教育以史金納的程式教學設計為主流，史金納把教育學習視為一種「刺激—反應」的心理連結，因而教育的最主要任務，就是設法促進這種連結的產生，從事教育者必須設計一個完整的、有次序、可控制的教育過程，以有利於學生的知識習得。基於這一思路，史金納設計出了程式教學機器，把教學內容規劃分割成許多小單元，然後通過不斷強化引導學生一步一步地依序學習知識重點，從而完成整個教學內容的學習，達到預期的效果。從其思路可以看出，這樣的教學設計從一開始就與線性的、可預測、可控制的科學主義客觀認識論緊密相連。[35]

最近幾十年來，美國心理學家加涅（R. M. Gaňe）在行為主義的基礎上，更進一步指出人的認識不是由外界刺激直接給予的，而是外界刺激和認知主體內部心理相互作用的結果，進而提出了認知資訊加工模式。加涅認為學習發生的條件有兩個：內部條件和外部條件，並認為學習進行的內部心理過程和外部教學事件是相對應的。教育就是安排外部條件，促進學習內部過程，進而形成學生學習的內部動機。而且，不同的學習任務必須對應內外不同的學習條件。[36]

根據這種觀點，教育設計的主要任務被認為是合理安排可靠的外部條件，以支持、激發和促進學習者內部條件的完善。圍繞這個核心思想進行的教學設計包括一系列的過程，具體步驟如下：(1)分析學習者特徵；(2)確定教學目標；(3)進行教學內容分析；(4)選擇和運用教學策略；(5)開發和選擇教學媒體；(6)進行形成性評量和總結性評量。[37]這個觀點比史金納更進一步全面掌握教育——學習結構中各種要素的合理程序設計。

---

35 張燕麗、辛繼湘，〈科學主義教學設計方法論的反思〉，《教育與現代化》，2009年，第1期。

36 R.M.加涅、L.J.布里格斯、W.W.韋杰著，皮連生、龐維國等譯，《教學設計原理》，上海，華東師範大學出版社，1999年，頁4-6。

37 烏美娜，《教學設計》，北京，高等教育出版社，1994年，頁53。

　　至於客觀主義，依學者的見解，由於客觀主義認爲世界是客觀存在的，這個客觀世界獨立於人之外，是不受人類經驗所支配、不以人類意志而轉移的，但是它可以爲人們所認識。人類通過其思維來反映客觀現實，從而獲得客觀世界的意義，這種意義（即知識）根植於客觀世界，是客觀的、相對穩定的。這種知識的眞僞存在客觀的判斷標準，即這種知識是否爲眞取決於其是否與客觀現實相符。正因爲如此，客觀主義假定知識是可以通過教師或技術傳遞給學習者並被學習者獲得的，它因而強調知識的傳遞與接受，主張透過結構化的教學內容、授受式的教學方式以及單向式資訊傳遞手段等，來設計教學活動。[38]

　　以上便是實證主義的主要內涵：科學主義與客觀主義。

　　事實上是自啓蒙運動以來，實證主義的傾向逐漸在社會理論中占統治地位，社會學的創始人孔德就明確認爲，社會學應該成爲一門「社會物理學」，它像自然科學描述「自然規律」一樣描述所謂「社會法則」（social law）。在社會批判理論看來，這種觀點把「社會現實」凍結爲「本體論的冰塊」，把資本主義、種族主義、性別歧視（sexism）以及對於自然的統治等模式看作是不可避免的與必然的。[39]

　　西方世界從孔德以來的實證主義事實上有兩個預設：其一，實證主義者相信透過一套科學方法可以用來研究所有的研究領域，這套科學方法是以物理學爲所有其他學科確定性與精確性的標準；其二，實證主義者相信知識是內在中立的，這反過來造成「科學不應該爲特定的社會行動辯護」。

　　關於第一個預設，論者以爲，此爲實證主義學者將社會生活給物化的結果，從而無視於社會生活中有無數的「行動者」存在的事實，這是因爲，實證主義把人化約成「受到『自然力量』的被動實體」；而對於知識

---

[38] 張廣兵，〈教學設計範式重構：客觀主義與建構主義的融合〉，《教書育人》，2010年，第6期。

[39] 金元浦，〈批判理論的再興——新一代西方馬克思主義批判理論家及其理論〉，《國外理論動態》，2003年，第10期。

中立的這個預設，實證主義過度強調形式理性，卻未對目的本身從事相同的理性判斷，造成了政治的保守性。正因為基於這兩個預設，當代社會學保守地固守在科學主義上，全然忽略個體與社會的互動，這也使得當代社會學理論無法「對政治變化提出有意義的回應」，當代的社會學理論在此情況下，不但沒有變成批判的工具或社會更新的酵素，反而變成了整合既存社會秩序的一部分。[40]

在上述這種觀念影響之下所形成史觀便是一種的形而上學史觀，即把人類社會的歷史視為一種必然性的領域，排除掉人的主體創造性可能性。

我們要知道，歷史雖然受過去與現在的制約，但不受過去與現在的支配。解放的基礎乃奠基人們對於歷史性的意識，而對於歷史性的意識即對於統治的非永恆性非必然性的意識。

實證主義將經驗科學看成是人類知識的唯一形態和最恰當的表述，這是一種徹頭徹尾的永恆性的霸權意識。這樣的實證主義具有三個根本缺陷：(1)人在實證主義的經驗研究中變成了物，人的主體性喪失殆盡。(2)割裂事實與價值的聯繫，導致了知識與興趣、理智與情感的分裂。(3)實證主義的經驗科學所揭示的世界只能是一種死板的、無意義的世界。[41]

從方法論來說，實證主義社會學的方法論，將自然科學的模式移植到社會上來，實證主義本質上起到了為現實辯護的作用。在《啓蒙的辯證法》一書中，霍克海默和阿多諾認為，自啓蒙運動以來整個理性進步過程已墮入實證主義思維模式的深淵，在現代工業社會中理性已經變成為奴役而不是為自由服務。據此，他們判定無論「高級」文化還是通俗文化都在執行著同樣的意識型態功能。意識型態的批判不能只是針對某一領域的批

---

[40] George Ritzer & Douglas Goodman，柯朝欽、鄭祖邦譯，《社會學理論》（上）第八章，台北，巨流，2007年，頁394-395。

[41] 陳蓓潔，〈霍克海默對實證主義的批判及其存在論基礎〉，載於《雲南大學學報（社會科學版）》，2005年，第4卷，第6期。李雋，〈霍克海默的社會批判理論及其思想特色〉，《理論探索》，2005年，第6期。

判，而是對整個意識型態的批判。[42]

　　從整體上來看，孔德的結構功能社會理論把現代社會視為有機的整體，這樣的實證主義在政治上便表現為新自由主義立場。針對這個有機體社會觀，弗洛姆（Erich Fromm）在《健全的社會》和馬庫色對現代工業社會的論述中都不約而同地指出，現代社會不是一個健全的機體，而是一個病態的機體，為此，不能把偏離這一社會的規範、標準的行為視為反常現象，反之應看成比病態社會標準更為正常和健康的現象。據此，他們指出西方社會學必須正視「價值重估」的問題。實證主義社會學將事實與價值分離即「價值中立」時，實際上實證主義這樣的看法，正是助長現代科學技術是一切剝削、壓迫和奴役的最深刻根源思想溫床。[43]

　　綜整本節論述，實證主義文化為當代社會同時引發兩種合併症——科學主義與客觀主義，所謂的「科學主義」就是把自然科學知識看成是一種最客觀的知識典範，社會研究及其所有的知識都應以自然科學為楷模，易言之，科學相信自己，認為我們可以不將科學視為諸種可能知識中的一種，而是直接將科學與知識同等起來，也因為如此的心態，科學知識跨越於其他知識之上，其他種知識被視為不平等對待，這時知識論被簡化為科學哲學，而科學哲學則成為科學方法論，完全忽視認識主體的能力；而客觀主義則是將世界當做是一個客觀自存的結構，其所包含的都是一些事實以及事實與事實之間的規律性關係，科學知識所要描繪的就是這種事實的結構，因此，真理成為命題與事實之間的相符合；這樣的思考卻無法透視科學研究的對象或者事實構成的問題，從而將事實給絕對化了。[44]

　　簡單地說，科學主義及客觀主義者深信科學乃放諸四海而皆準的客觀真理，凡不符科學要求的知識與信念就是非科學、不科學、不客觀、錯

---

[42] 霍克海默、阿道爾諾，《啟蒙的辯證法》，上海，人民出版社，2003年，頁4。

[43] 不過，有時這種價值取向也把弗洛姆、馬庫色他們推進到左派激進主義和極端主義的立場。見埃利希‧弗洛姆，歐陽謙譯，《健全的社會》，北京，中國文聯出版公司，1988年。Herbert Marcuse, *One-dimensional* Man, Boston, 1964.

[44] 吳坤銓，〈哈伯馬斯與學校教育〉，《教師之友》，1997年，第38期，頁9-13。

誤、落後、愚昧與無知，只有科學才能拯救世界，所以任何領域皆應科學化。

六、結語

西方近幾百年來的科學發展雖然取得長足的發展，卻也偏向強調科技理性的邏輯實證主義，特別是在當代美國學術界為甚，他們將人類理性無限地擴張，時至今日，他們甚至以此作為他們進行高等教育改革的依據，似乎忘記了康德（Immanuel Kant）再三叮嚀我們人類理性能力的有限性，如果我們無限地擴張理性必然會導致二律背反的惡果。[45]而這也是胡塞爾在一百多年前就已警告西方所面臨的科學危機之根本原因。[46]這一、二百年來，西方許許多多有識之士紛紛致力反省科學，特別在當代的普及教育體系中的科學內涵，這是值得我們深刻警惕的。我也相信，美國之所以富強，並不單單是他們重視科學、重視數據，他們也相當重視文化藝術、人文社會的發展，這從他們一流大學如哈佛大學、耶魯大學等綜合大學都是各領域均衡發展的情況可以略窺一二，紐約更是世界藝術之都，他們的籃球、棒球等各種運動也是舉世聞名，足見美國的富強乃在於包容多元價值從而激發出各種創意、發想。

然而，在華人世界裡，情況就不是如此，從民初五四運動以來，在胡適等知識領袖的引導下，許多人都堅信只有科學才能拯救世界，在國家衰敗、民族衰落的處境下，它甚至深化、內化為科學救國的信仰，時至今日，在知識分子全面鼓吹下、在理性的偏執下，它再度演化、簡化為科技救國的意識型態，試觀在此種科技救國意識型態氛圍下國內學者的認知：

---

[45] 傅佩榮，〈西方哲學心靈：從蘇格拉底到卡繆〉第二卷，台北，立緒文化，2014年。以及吳文成，〈試談理性認識的侷限之二〉，2003年5月11日。引自life.fhl.net/Philosophy/phil02/rational02.htm

[46] Edmund Husserl, translated by David Carr, *The Crisis of European Sciences and Transcendental Phenomenology: An Introduction to Phenomenological Philosophy*, Evanston: Northwestern University Press, 1970.

「不論自然或人文科學的研究都必須經歷一個理性的過程：觀察、分析、試驗、定義四個步驟」，[47]果眞如此，那麼，一首李白的《長恨歌》又要如何透過觀察、分析、試驗、定義理性過程去研究呢？這就是在我們教育體系底下訓練出來的典型量化的腦袋。

　　正是在這種量化的思維下，當前我國高等教育改革也走向了市場化，一廂情願地認爲美國的富強來自其科學與高等教育的完美結合，以美國高等教育產業化爲師。殊不知美國許多一流大學，如威廉瑪麗學院（The College of William and Mary）仍然堅守其320年來的「博雅」（liberal arts）傳統，以及達特茅斯學院（Dartmouth College）也一直堅守其200年來照顧印地安人的傳統。

　　教育當局或許以爲，在全球化浪潮底下，高等教育產業化似乎是不得不然的選擇，然而徹底的產業化也有其在思想與實踐上的弊端，既然要借鑑於美國的模式，我們不但要考量本身的文化特質，更要吸取美國高等教育中均衡發展人文理工、重視多元價值等諸多優點。

---

[47] 夏周，〈惡性升學競爭損害了教育品質〉，《民衆日報》，台北，民國74年6月25日。

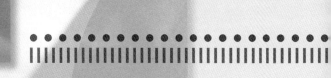

第四章

奴化的大學

一、前言

最近坊間出版一本書，叫《過勞之島》，[1]根據作者高有智自己說：

> 台灣工時長，是國際間的普遍印象，但實際上的勞動情況，恐怕更加惡劣，充斥不同類型的「隱藏性工時」。所謂「上班打卡制，下班責任制」早已是檯面上公開的祕密，甚至還有「通訊加班」的新興工作型態。
>
> 由於智慧型手機、行動載具蓬勃發展，各種即時通訊軟體不斷推陳出新，這些科技應用工具為生活帶來便利，卻也成為企業主管遙控員工的手段。主管們常利用手機通訊軟體、電子郵件等交辦工作，造成勞工半夜也得隨時待命，即刻回覆主管的指令，衍生出「通訊加班」的新興型態，加劇勞工過勞的風險。[2]

現代社會拜科技發達之賜，讓我們工作更有效率，生產的速度更快，然而，高強度的工作也威脅到我們的生命，過勞就是由於科技的發達導致現代社會高度系統化而傷害到人類本身的典型例子，以哈伯馬斯的話來說，這是人類被科技「殖民」了，用我的話來說，就是人類被科技給綁架了，人類成了科技之奴。

對現代社會系統化反省得最為深刻的莫過於哈伯馬斯，其溝通理論的提出就是有鑑於當代社會生活世界因為系統化面臨相當嚴重的「殖民化」（colonization）問題，也就是說，人類的生活在現代系統化的催促下，每個人都陷入了一種沒有差異、沒有個體性地視勞動力為抽象普遍的商品的困境。[3]這種把人商品化的最典型的例子，大概就屬荷蘭阿姆斯特丹「紅

1　黃怡翎、高有智，〈《過勞之島》導讀序〉，載於黃怡翎、高有智，《過勞之島：台灣職場過勞實錄與對策》，社團法人台灣職業安全健康連線出版，2015年。

2　高有智，〈高有智：過勞之島的累痕〉，《天下雜誌》，台北，2015年5月1日。

3　J. Habermas, *The theory of communicative action vol.2: Lifeworld and system: A critique of func-*

燈區」色情行業裡的「櫥窗女郎」，據官方資料，她們每年可創下1億美元以上的驚人「產值」。

　　哈伯馬斯所說的「殖民化」現象目前正具體表現在我國高等教育產業化之中，高教產業化讓我們的高等教育被科技綁架成為奴化的大學，值得吾人省思借鏡。

二、科學系統化對生活世界的滲透

　　在哈伯馬斯的理論與分析中，他把人類的社會生活看做是一個整體，對這樣的整體他則以「系統」（system）與「生活世界」（lifeworld）所共同組成的社會模型來加以解析。[4]

　　「系統」與「生活世界」是他診斷現代西方社會的合法性危機所使用了一種「雙重的社會概念」。按，系統和生活世界之間的區分是建立在馬克思關於社會勞動理論之上的，依馬克思主義的觀點認為，只有勞動而且是活勞動才能創造價值，無論剩餘價值還是其他形式的利潤、利息、地租等均來自於僱傭工人的剩餘勞動，其他物質性生產要素，如土地、房屋、機器設備等，雖在價值形成過程中發揮作用，但所有價值的源頭只有一個，即活勞動，也就是人的勞動。[5]

　　在哈伯馬斯的理論中，勞動不僅為人類的再生產提供物質條件，而且為人類世界提供知識源泉，哈伯馬斯比馬克思更進一步，他將勞動視為帶目的性的行動，即帶目的的工具理性（purposiverational），它總是要通過計算來達到一定的目的，隨著科技的發展與廣泛運用，這種工具理性的勞動更逐漸具體表現為技術統治，相對的，「技術問題以合理性的、指向目

---

　　tionalist reason. T. McCarthy (Trans.) Boston, Massachusetts: Beacon Press. Habermas, 1987, p.335.

4　顧忠華，〈溝通行動理論與系統理論〉。《中國社會學刊》（1993年後改為《台灣社會學刊》），台北，1990年，第14期，頁195（187-213）。

5　馬克思，《馬克思恩格斯全集》，第32卷，北京，人民出版社，1975年版，頁11-12。

標的組織手段和合理化的工具選擇的形式出現。」[6]

　　一般人都以爲工具、技術、手段都是價值中立的，比如像是一把刀、一把斧頭，在好人手中，它就成爲利益別人的工具，在壞人手中它就可能會傷到他人；而它的價值來自人的選擇；又比如如果我要切菜，當然選擇用刀而不是用斧頭，因爲用刀在技術上最能切菜。所以選擇刀是最合理的，這個選擇是由我做出的，因爲我是理性的判斷，所以才做了用刀而不是斧頭的決定，我的決定之所以是合理的，那是因爲用刀確實解決了我切菜的問題，所有的經驗告訴我，它可以最快、最有效地達到我的目的。

　　在切菜這麼簡單的問題中，工具似乎是中立的，不帶任何價值的；但是在高度現代化的社會，事實上就不是如此，因爲工具問題是高度複雜的、高度專業的，並不是像上面切菜那麼簡單，所以，只能交給專家來解決。譬如，電腦有問題了，一般人都束手無策，不知問題在哪裡，那就只能交給電腦工程師來解決，手機有問題，我自己就修不了，馬上要送到維修站。愈是現代化、愈是科技化，系統愈是複雜，工具的選擇愈是複雜，這時愈是要仰賴專家的技術，這就是哈伯馬斯說的工具理性，當我們愈是追求精密、分工，到了最後在每個系統中，只有精於該系統的專家才能操控，到頭來，科技社會就是由專家控制的社會，也就是由技術控制的社會。專家就是透過複雜化的現代科技，對現代社會進行技術統治。

　　在當代社會，這種工具理性形成一種更具威力的科學意識型態，哈伯馬斯如此描繪這種意識型態的力量：

　　　　一方面，與以前所有的意識型態比較起來，技術統治的意識是「更少具有意識型態性的」，因爲它並不具有一種只顯現爲掩蔽利益實現的不透明的力量；另一方面，它作爲今日占統治地位的，更細緻的背景意識型態（Hintergrundideologie），使科學成了比舊的意識型態類型更難以抗拒的、更具深遠影響

---

[6]　J. Habermas, *Theory and Practice*. Trans. John Viertel. Boston: Beacon Press. Habermas, 1973, p.3.

的偶像。[7]

「系統」領域主要是由工具理性行爲主導，哈伯馬斯將以權力和金錢爲媒介的政治和經濟系統作爲它的基礎，而將系統與工具理性行爲連接成一個整體即資本主義的發展，而且這種工具理性正不斷擴張甚至侵犯了生活世界領域。這裡，哈伯馬斯深刻揭示了科技理性對人進行控制的表現形式，前一章說的科學主義與客觀主義在此甚至進一步演變爲「科學的政治觀」；所謂的科學的政治觀指的是，科學知識能夠客觀地解決一切政治問題和道德問題。科學主義和科學的政治觀，實質上就是科技理性開始毫無限制地僭越到政治系統並進而侵入生活世界的具體體現。在此，政治「系統」所指的便是人類社會對其複雜環境的操控能力逐漸制度化的表現。社會的「生活世界」是由溝通行爲主導的，哈伯馬斯提出的溝通行爲包括文化傳播及再生產，社會一體化及社會化。人們的共同目標是共同的社會整合，生活世界是人們進行日常溝通的基本結構。[8]

哈伯馬斯認爲人類社會的環境可分爲三個部分：外部自然（客觀世界）、社會系統（社會世界）、內部自然（主觀世界）。[9]「社會系統」的出現即是社會用符號把自己與其環境區分開來，而同時與外部自然及內部自然發生關係的過程：人們在生產過程中占用外部自然、榨取自然資源，並把所釋放的能量轉化爲使用價值；而在社會化過程中占用了內部自然，把系統成員變成能發揮作用的主體。[10]顯然哈伯馬斯所說的「生活世界」便是內部自然，即主觀世界，是上述的系統功能、溝通行動得以運行的視域（horizon），這個視域是由文化所傳遞、語言所組織而再現出的各

---

7   J. Habermas, *Technik und Wissenschaft als "Ideologie"*, Frankfurt am Main, 1989 (1968). pp.88-89.

8   J. Habermas, *The Theory of Communication Action Vol.2 Lifeworld and System: A Critique of Functionalist Reason.* Trans. T. McCarthy. Boston: Beacon Press, 1987, pp.332-377.

9   哈伯馬斯（J. Habermas），陳學明譯，《合法性危機》，台北，時報，1987年，頁120。

10   哈伯馬斯（J. Habermas），陳學明譯，《合法性危機》，台北，時報，1987年，頁16-17。

種詮釋模式。[11]

在生活世界中有兩個最重要的元素，即文化與語言，文化是意義的來源，而語言則是意義得以實踐的規則；文化與語言是社會成員間得以相互瞭解的媒介；亦即，透過語言的言說活動，不同的主體對特定情境所擁有的共同認定，便是交織在生活世界之中。生活世界可理解爲人類生活於其中的社會文化背景，是由溝通結構而成的人際關係網路。也可以說，生活世界便是我們所共享的各種概念與價值觀。但這並不是說一個社會的生活世界是永恆不變的，相反的，生活世界時時在變化，當我們對生活世界作「理論性的反思」時，它便又被察覺爲一個狀況（situation）而對其作討論與重建，如此循環往復，因此它是一個各種價值與觀念不斷再製（生產）的世界，社會的整合與溝通也因此得以繼續。[12]

哈伯馬斯所說的「系統」可大致把它理解爲市場上的經濟運作和行政機制，「系統」的出現原本是人們面對極度複雜的社會時，爲自己找出了一個以簡馭繁的方式來組織、處理與外部自然及內部自然的關係，以制度化的運作模式主宰社會功能的運作，進行協調和供需。但在社會發展高度分化的情況下，制度化的子系統產生了自我操控的運作邏輯，那便是以一個足以協調各個社會行動間溝通往來的中心化媒介（如權力、金錢）進行普遍化運作。這是系統的自我膨脹，讓它自己成爲普遍的邏輯；於是，在哈伯馬斯看來，現代社會中的「系統」，便成了以非語言的媒介，取代具有規範結構的語言溝通，進而引導成員的社會行動之制度化運作邏輯，[13]於是社會成員的關係逐漸地被那些媒介所介入並宰制。

原來在系統領域內，並不重視對主體的言語使用與互動，或達成意義

---

[11] J. Habermas, *The Theory of Communication Action Vol.2 Lifeworld and System: A Critique of Functionalist Reason.* Trans. T. McCarthy. Boston: Beacon Press, 1987, p.124.

[12] J. Habermas, *The Theory of Communication Action Vol.2 Lifeworld and System: A Critique of Functionalist Reason.* Trans. T. McCarthy. Boston: Beacon Press, 1987, pp.133-134.

[13] 簡妙如，〈系統或生活世界？從大眾傳播媒體的社會角色再論哈伯瑪斯的「系統與生活世界」〉，引自ccs.nccu.edu.tw/UPLOAD_FILES/HISTORY_PAPER_FILES/951

的理解與共識，相反的，現代社會的系統體現技術性的活動，著重以科學化手段、有效地與準確地達成目標。而生活世界則遵循著溝通理性原則，強調主體之間的論辯與反思過程，著重溝通與實踐性的活動。可以說，系統體現著目的──工具理性行動，而生活世界當中則體現著溝通理性行動，分別以自然科學知識以及反思性知識作爲其認識範疇的代表。

　　哈伯馬斯認爲，現代社會的演化狀況一方面是系統這邊的複雜性不斷地升高，另一方面則是生活世界爲因應這些複雜性也開始提升其理性化（rationalization）。[14]社會的複雜化導致系統必須不斷地分化，以致成爲具有自主性的組織（autonomous organizations），最後脫離了與生活世界之語言的聯繫，而以其他非語言的媒介（如貨幣），作爲系統自行運作的機制。這使得社會中的活動往來大量地與規範、價值脫離，而成爲由目的理性所引導的經濟與行政活動。於是生活世界也被系統所入侵，開始不斷地朝向理性化的方向發展，最後導致生活世界被系統化了。[15]

　　依哈伯馬斯，系統與生活世界的分離原本是社會進步的標誌，這種分離有合理性，是現代化的必要過程。比如說，在高度專業高度壓力的現代化科技公司上班，在付出一整天的勞動之後，我們當然要回家好好地休息放鬆，公司就是我們的系統，家就是我們的生活世界，我們在公司勞動賺錢，我們在家休息繁衍下一代，系統是金錢的邏輯，生活世界則是人情的世界，兩者當然要分開。

　　因此，就哈伯馬斯來說，當代社會的危機並不必然表現爲系統與生活世界的分離。當代社會的眞正危機在於，系統無法遏止自身的膨脹，日趨分化和複雜化的系統肆意侵蝕、干擾和控制生活世界，以致讓社會陷入了困境。

　　哈伯馬斯認爲，理性化是在系統世界和生活世界兩個層面同時進行

---

[14] J. Habermas, *The Theory of Communication Action Vol.2 Lifeworld and System: A Critique of Functionalist Reason*. Trans. T. McCarthy. Boston: Beacon Press, 1987, p.153.

[15] J. Habermas, *The Theory of Communication Action Vol.2 Lifeworld and System: A Critique of Functionalist Reason*. Trans. T. McCarthy. Boston: Beacon Press, 1987, pp.154-155.

的，而不是韋伯認爲的只在社會行爲領域發生。生活世界事關文化、社會和人格的再生產，生活世界的失敗就導致意義的喪失和無所適從、社會失範、沒有社會團結、種種心理疾病。而系統世界就是韋伯所說的社會制度的理性化，它的運作有它自己的邏輯，非個人所能決定，他說：「當次系統（經濟和國家）通過媒介（金錢和權力）從被嵌入生活世界境域公共機構系統中徹底分化出來時，形式上組織起來的行爲領域就產生出來，這些行爲領域不再通過相互理解的機制得以整合，它們脫離生活世界的脈絡，凝結成一個無規範的社會性。」[16]

這種困境，用哈伯馬斯的話說就是「生活世界的殖民化」（colonization of Lifeworld），它意味著生活世界的社會整合功能，也轉變爲系統性質的整合，實踐問題被誤認爲技術問題。[17]此時「私人經濟生活的自主性，被市場經濟消費欲求所左右，而公民政治生活的自主性也轉化爲對政府權力的消極盲從。」[18]

在歐美社會，特別是從1980年代新自由主義興起以來，市場機制與功利主義以大學治理之名更堂而皇之地進入歐美高等教育裡頭，並且很快地成爲學術行政的主導力量，而使從事高等教育者愈來愈難以辨識學術的本意與界限，甚至對「學術自由」也愈來愈無所謂了。[19]在高等教育產業化之後，許多批評者甚至認爲，當代的大學已經棄守學術倫理，變成跟企業一樣的利益團體。[20]

在台灣，當前許多社會組織事實上也都普遍存在著這個問題，例如

---

16 J. Habermas, *The Theory of Communication Action Vol.2 Lifeworld and System: A Critique of Functionalist Reason*. Trans. T. McCarthy. Boston: Beacon Press, 1987, pp.156-172.

17 M. Deflem, "Introduction: Law in Habermas's Theory of Communication Action". In Mathieu Deflem (Ed.) *Habermas, Modernity and Law*, London: Sage, 1996, pp.1-20.

18 曾慶豹，《哈伯瑪斯》，台北：生智，1998年，頁214。

19 I. Bleiklie, "On Justifying the Different Claims to Academic Freedom." *European Journal of Education*, (1998) 33(3), 299-316.

20 H. Etzkowitz,. "The Rise of the Entrepreneurial University." *International Journal of Contemporary Sociology*, (2005) (42)1, 28-43.

學校運作，原本應以教學即師生關係為主體的教育社群，在現代化、資訊化、網路化及國際化……發展趨勢下，學校組織不斷分化下，最後導致行政肥大症，也就是學校行政部門組織愈分化愈多、人員數額愈來愈龐大、權力與資源愈來愈集中，使得原本以教學為主的教育組織到最後轉變為教育行政主導下的教育困境，尤其在完全電腦化的校園裡，教育問題，現在完全變成由專家所操控的技術問題了；在大學校園裡，這種系統化情況在高等教育產業化的高教評鑑中更形惡化，在目前的高等教育評鑑作為中，原本被《大學法》賦予教學研究自主的大學教育已淪為教育行政機關的附庸。[21]

生活世界的理性化的表現有：傳統不斷遭到批判和更新，生活用品規格化，人際關係金錢化，行為功利化，生活世界是在人際溝通中進行的；系統世界的理性化的表現有：系統複雜性增強、組織化程度加強、技術愈來愈先進複雜、職業分工愈來愈細、個人對組織的影響愈來愈小、組織運作成本居高不下，系統世界是靠金錢和權力來調節的。

然而，在現代社會，生活世界愈來愈受到系統的擠壓，系統愈複雜，生活世界就愈空洞。金錢和權力的領域愈凌駕於秩序之上，生活世界對於協調行為就愈沒有意義。系統世界對於秩序的追求使得系統的機制深入到了文化、社會、教育領域，在所有文化、社會、人格領域也是權、錢所決定，權和錢的機制代替了人類相互理解協調獲致共識的機制，這就是物化。

我們可以斷言的是，當今世界人類和社會的主要威脅不是經濟剝削或政治專制和意識型態，而是經濟和行政系統侵入生活世界、社會的各種關係中，生活世界的結構受到破壞並由此失去其獨特的人性。溝通的生活世界不斷屈服於獨立的、組織嚴密的行為系統的過程，此即生活世界的殖

---

[21] 東吳大學物理系教授劉源俊表示，各大學為了獲得教育部的補助經費，大學必須滿足教育部紛亂複雜的評鑑機制，更嚴重的是，一旦拿了錢，學校就必須聽教育部的指揮。見呂苡榕，〈高教解放系列3：沒評鑑沒經費　大學難逃干預〉，《台灣立報》，2011年12月13日。

民化。比如說，在高等教育裡，一個科系的存在是看它的產值即創造的利潤，而不是它的文化意義與價值。

生活世界的殖民化意味著日益膨脹的系統優勢破壞了溝通結構，意味著市場機制和科層化的權力不斷侵蝕著那些原本屬於私人領域和公共空間的非市場和非商品化的活動，也意味著生活世界愈來愈金錢化和官僚化，愈來愈變成與商品和行政管理的關係。其中，原本被人類社會寄予厚望，冀望用以維持社會善良與公義的高等教育領域，如今在市場經濟需求膨脹與行政官僚領導下被迫產業化為最令人痛心者。高等教育的系統化，進一步也將人類及其社會系統化了，如哥倫比亞大學（Columbia University）的安德魯・德爾班科（Andrew Delbanco）教授評論美國高等教育問題時就指出，在學費上漲和畢業後就業前景渺茫成反比的現實下，家長、學生和社會愈來愈傾向於把教育當做一件「關乎盈虧的事」。[22]

於是，資本主義社會異化表現為生活世界的媒介化，金錢和權力作為抽象的溝通媒介取代語言的相互理解，侵入到它不該進入的領域。這就是晚期資本主義新形態的異化。[23]

在現代資本主義社會，由於工具理性的片面發展，理性被等同於目的─手段的關係。依學者詮釋，「技術官僚意識」（technocraticconsciousness）不同於以往古典自由資本主義時期以市場主導的思想，後者會掩蓋階層之間的關係，而在新自由主義時代，技術官僚意識會壓制生活世界中的道德意識。這種統治的缺點是，問題本身的合理性成了解決問題在內容上是否正確的判斷，最後演變成了對一種解決方法是否正確的判斷。它將人的生活領域和人際關係中的一切納入資本主義官僚機構的管理範圍，進而抹煞了個性的自由和個體間的差異。

技術官僚的管理建立在「效率」的基礎上，金錢和權力成為決定性的關鍵，這導致了一連串的惡果：即善與惡、真與假、美與醜的意義的解

---

22 Andrew Delbanco, College: *What It Was, Is, and Should Be*, Princeton University Press, 2012.

23 汪行福，〈「新啓蒙辯證法」──哈貝馬斯的現代性理論〉，www.studa.net/xifang/060526/17042967-2.html

體，判斷事物標準的模糊，以及人與人關係的破壞。如此，經濟、政治、司法、教育等行政管理領域形成了各自特有的規則，已經與最初的宗旨發生異化，它們愈來愈深入、具體地干預家庭生活、人與人的關係、甚至個人生活領域，而無所不在的工具化管理和法制化強制地規定了人的行為規範。原來建築在人與人之間相互協調和理解之上的價值在全面的外部干預下逐漸喪失，生活世界的合理結構被嚴重侵蝕。[24]

　　哈伯馬斯通過生活世界殖民化的闡述，來揭示晚期資本主義文明危機根源。在此，他援引韋伯的看法，認同社會現代化就是社會合理化；但是，他進一步把社會合理化分為生活世界合理化與系統合理化兩個層面，前者是指溝通行為合理化，後者是指工具理性行為合理化。哈伯馬斯指出，現代文明的危機，關鍵並不在於現代化或合理化本身，而是在於現代化的破碎化、合理性的單向度化，也就是說，系統與生活世界脫節並因而造成的生活世界殖民化，才是晚期資本主義文明危機的真正原因。[25]

三、台灣教育的科學化危機

　　現代人動不動就把「科學」掛在嘴邊，認為科學無所不能，事實上，大約從十八世紀開始，歐洲就瀰漫著這種科學萬能觀，經過了數百年的發展，到了二十一世紀的今天，人們對科學的崇拜似乎不減反增，這不僅表現在我們周遭的生活中，科學及其應用無所不在，也表現在當前的教育內容中，科學是教育的核心價值。

　　科學很重要，但也不必到崇拜的地步，我們知道科學關係到國家的發展，但國家發展的好壞也不必然都繫於科學，特別在教育中，科學應有什麼樣恰當的分量以及教育者對科學應有何態度，更關係國家對科學是否過度依賴的重要關鍵。

---

[24] 楊立雄、楊月潔，〈生活世界殖民化、話語商談與福利國家的未來〉，qkzz.net/.../acd-da2c0-ab02-4aab-b08f-5a6313e7ffc4.htm

[25] 王鳳才，〈如何克服晚期資本主義文明危機？〉引自www.ynce.gov.cn/ynce/site/main/ar-ticle002.jsp?ArticleID=15692

我們都知道，德國是世界上科學發明最好的國家之一，德國的科學工藝也是深受人們信賴的產品，然而，正是在這樣的國家裡，在德國土生土長的法蘭克福學派對科學意識型態的反思才更具說服力，他們的觀點一如前一章所述。簡言之，科學並非無所不能，人們也不能對它過度依賴。

但是在高等教育領域中，台灣學界卻深受號稱科學的實證主義所宰制。

它首先表現在大學治理上。

台灣高等教育的治理乃模仿歐美各國的新管理主義（New Managerialism），用來追求高等教育的經營效率，新管理主義者奉行三個「E」：效率（efficiency）、效能（effectiveness）、卓越（excellence），他們期望在此三E的前提下把握大學治理的原則，增進高等教育競爭力。[26]

其中效率和效能的規範主要是考量政府對高等教育的投資愈來愈少，不能用以往仰賴政府預算的揮霍無度的態度來面對高度競爭的世界，而且民眾對大學的績效責任有更高的期盼與要求。至於卓越指的是學術的卓越，按照楊朝祥的意見，大學學術卓越有三種功能，研究、教學、服務，學術的卓越應是多元的，以研究創造新知識，以教學培育專業人才，以服務貢獻社區與學術社群，大學應酌酌自身的條件，確定辦學宗旨，建立特色，追求卓越。[27]

而在大學治理中，最重要的就是大學校長的聘任。因為有什麼樣的校長就有什麼的治理。

根據輔仁大學教授戴伯芬的研究，台灣高等教育的大學校長聘任有二種：「第一，來自於美國理工背景的大學校長，大多數有博士學位，甚至有美國的工作經驗，帶來市場化的經營邏輯。第二，則是學術官僚系統來自師範體系，承襲早期黨國控制的氛圍，解釋了為什麼高教出現很多管理

---

[26] 林玎霖，《新管理主義對大學治理模式影響之研究》，新竹，交通大學教育研究所碩士論文，2009年。

[27] 楊朝祥，〈高等教育理想價值與市場邏輯的爭議〉，國家政策研究基金會研究報告，2007年，引自www.npf.org.tw/2/1715

主義。」[28]而據台灣高教工會調查，近二十年來，教育部部長、次長、司長、主祕等級要員在離開教育部之後，大都前往私立大學擔任校長、講座教授等領導階層。[29]似乎也印證了戴伯芬教授的說法。

因而，此種大學治理，實際是一種延續政府官僚化的治理機制，是一種假高等教育改革之名進行所謂的「現代化」的高教治理，並運用扭曲的大學評鑑制度，迫使大學盲目地追求學術聲望、世界排名；多數的大學在產業化的拉動與大學評鑑的壓迫下，教師與學生已經變成高教制度底下學術生產線的勞動者；再加上，為了擴張高等教育，教育部鼓勵大財團開辦、接手那些經營不善的大學，[30]高等教育被期望以企業方式來營運，增進效益，於是各校名正言順地成立利潤中心，一切向錢看的結果，讓高等教育真的就成了企業經營了，以致目前有許多不論國立或私立大學多以建立分校為名侵占農業擴張校地，甚至形成國家、財團、地方政治派系以及高等教育聯手炒作土地，危害生態環境、斲傷土地正義、擴大社會階層的不平等。[31]

當代管理大師杜拉克（Peter Ferdinand Drucker）曾在《卓越成效管理者的實踐》一書中簡明扼要地指出：「效率」（Efficiency）是「以正確的方式做事」，一般而言，能在最少的投入下創造最大產出，謂之效率，效率乃關乎方法的抉擇；而「效能」（Effectiveness）則是「做正確的事」，一般是指最終產出的結果，是否達到或滿足組織的目標，效能乃關乎結果是否正確。這是兩組並列的概念：效率和效能，「正確做事」和「做正確的事」。在現實生活中，無論是商業行為，還是個人的工作方法，多數人都把重點放在：效率和正確做事。但實際上，最重要的卻是效

---

28 引自李又如，〈台灣三成私立院校　國民黨辦的〉，《新新聞周刊》，2015年12月2日。

29 引自李又如，〈台灣三成私立院校　國民黨辦的〉，《新新聞周刊》，2015年12月2日。

30 陳至中，〈複製中信管院模式　教部找企業救大學〉，《中央社》，2015年12月4日。

31 戴伯芬主編，《高教崩壞：市場化、官僚化、與少子女化的危機》，台北，群學，2015年。

能而非效率，是做正確的事而非正確做事。正如杜拉克所說：「對企業而言，不可缺少的是效能，而非效率。」[32]

　　在當前的大學治理上，各大學校長大都相當重視行政效率，校務中凡事皆制定「標準作業流程」（SOP），用以追蹤考核行政人員的辦事效率。加上相關會議、物件都輸入電腦系統統一管理，在校務處理上大約都能上軌道。

　　然而，在教育中，如同杜拉克所說的，真正重要的卻是效能。問題是，教育效能關乎學生的人格、涵養與態度的養成，絕非短期可見的，而且往往無法被量化，因此，在目前教育行政中，對教育效能的要求往往偷偷置換為教學效率；也就是說，教育大都被操作化（operationalized）為一組可運算（calculable）及總結性（summative）的「評量」所取代。學者分析，當代學校行政教育沿用技術官僚式（techocratic）及審核性（auditive）的監控方式，造成了標準化的霸權（hegemony of standardization），所有教育現場的教育活動都被演繹為數據化的可度量性，在實證主義知識典範下，老師的教學、教師的專業實踐及專業精神，均被壓抑為簡單的遵從標準化的操作，教師不再需要研究構思其教學，只需按表操課趕進度，教育的量化於是成了教育的物化及異化。在學生學習方面，在這樣一種品質管理機制下，學習亦被一種工具主義所取代，即學習就只是追求標準化、量化的公開考試成績及制度化的證書，其結果成就了一種考試領導教學、「證照主義」及「文憑主義」。以致我們可以在各大學、各學院、各系所校門口、公布欄或跑馬燈上，隨處可見諸如「考取證照的比率」、「研究所榮譽榜」、「××檢定通過率」、「連續十年獲得教育部教學卓越大學獎助」、「××全國第一」、「榮獲頂尖大學」等等醒目的廣告，這就是把高等教育推向市場商業行銷的大學治理。[33]

---

[32] Peter Ferdinand Drucker, *The Effective Executive in Action : Managing for Results, Innovation and Entrepreneurship, the Effective Executive*, New York, Harper Collins publisher, 1996.

[33] 鄭偉謙，〈批判教育學論綱（八）新自由主義，新公共管理主義政策及量化的教育體系〉，2013-08-07。引自http://www.inmediahk.net/node/1017569

　　第二，實證主義思維更具體表現在高等教育評鑑制度上。

　　嚴格來說，當前高等教育中的各式各樣的評鑑也是大學治理的一個環節，而且是最重要的一個環節，因為評鑑是確認大學治理中效率、效能、卓越之品質是否達到優質標準的重要手段，它與大學治理同樣都是科學教育思維下的產物。

　　在各種大學評鑑中，第一要務便是確立一些評鑑指標，據高教評鑑中心執行長云：之所以建立這些指標是因為「評鑑是針對特定人事時地物，進行系統化資料蒐集與評估，以做出價值判斷，提供有用回饋的程序。所以，評鑑需要指標做為判斷受評單位成就與價值的準據，以及蒐集和處理評鑑資料的指引。」[34]除了少數的質化指標外，這些評鑑指標大多數都有共同特徵便是：量化。

　　在教育評鑑中各種評鑑指標的量化，正是為了要彰顯教育的科學與客觀。然而，根據學者研究指出，為了表示辦學績效與評鑑成績的公正客觀，高教評鑑中心與各大學往往過度地大量使用量化數據，因而陷入「工具主義」的牢籠而不自知，因而產生眾多評鑑指標，包括學生「基本能力指標」、學生「核心能力指標」，有些指標甚至是「把不可量化的東西量化」，如學生認真學習用功讀書的程度，也有把「不可相加的數量相加」，一切都「只為獲得評鑑委員的青睞」。[35]

　　在高等教育產業化中，科學化、量化最嚴重的大概就是教師評鑑，特別是教師研究這部分，因為它關係到大學的各種排名，至關重要。

　　首先是大學的世界排名，這是教育部最最關心的，只要台灣高等教育在世界大學排名中稍稍下滑，教育部就會直接要求各校透過各種方式要求老師大量發表國際科學期刊論文，因為它是國際認證的，英美各國的世界

---

34 李隆盛，〈評鑑指標既要多元也要精簡〉，《評鑑雙月刊》，台北，2012年11月，第40期。

35 邱天助，〈打開「第三隻眼睛」：高等教育評鑑的適切性與公正性之評析〉，載世新大學人文社會學院主編，《市場邏輯與高等教育理念》（人文社會科學的卓越神話研討會論文集），2012年10月，世新大學人文社會學院出版，頁120。

大學排名評量也是以此為依據，所以這種國際科學期刊的發表「量」及引用「量」是最重要指標，在教育部壓力下，各校無不卯足全力催促老師們盡一切可能性發表這類科學期刊論文。

其次，它關乎學校在教育部評鑑中的優劣，研究績效好的學校可以獲得更多的補助，或者甚至像五年500億頂尖大學奢華等級經費，或者經評定合格者得由技術學院升格為科技大學，為此，許多技職院校大量聘請具有寫作科學期刊論文能力的博士，為的就是升格，不過，在此同時，台灣的技職院校也逐漸大學化了，喪失其培育技術人才的優勢與特色。

再次，科學期刊論文還關乎老師個人在學校的權力與地位，因為學校的講座教授、特聘教授、優等教師等頭銜與每個多幾萬元的加給是根據科學期刊發表的論文多寡來審定的，這也形成了台灣高等教育的怪現象：幾乎所有的講座教授、特聘教授都出自理工學院，因為人文社會領域這類國際級科學期刊極為稀少，他們自然在學校裡沒有權力、也沒有地位，甚至因為少子化等等問題，每個人都人人自危，不知哪一天自己的系所要關門，以上情形都讓大學裡的人文社會領域學者逐漸被邊緣化。

科學期刊對一個學校與教授的重要性由此可見，為此，當然有許多老師就不擇手段追逐這樣的期刊，不止如此，還要進一步把餅給做大，也就是把發表的期刊數「量」膨脹到最大，最常見的方法就是一篇文章裡有十幾、二十幾個教授共同掛名，不管被掛名者有無貢獻，只要被掛上名，那個人就可以在學校裡多了一份貢獻，他的業績就多一個點數，特別是理工自然領域，因為講求團隊合作，因此，共同掛名被視為「理所當然」，一般小教授因而就會把大教授、自己親朋好友、特別是那些學界領袖的名字掛上去，掛了他們的名字有幾個好處：一是雨露均霑，大家會團結在一起，成幫成派，有事大家一起扛；二是期刊外審容易過，因為有大師在裡頭，審查者不看僧面，也要看佛面；三是大幅膨脹貢獻度，因為一篇期刊論文，假如有二十個人共同掛名，那麼，分布在不同系所、不同學校裡，這二十個教授每個都有貢獻，也都有點數，對台灣學界即大學的世界排名有貢獻，對自己所屬的大學亦有貢獻，當然也做了自己的業績，所以共同掛名成為惡習，愈掛愈多，可是大家習以為常。

　　2014年7月，當時的教育部蔣偉寧因屏東教育大學副教授陳震遠僞造科學期刊論文醜聞事件而黯然下台之事，說明了這種自然理工領域學術界科學化的嚴重病態，有一位前清大化學系的教授就如此評論這個事件，他說：

　　　　在論文上掛名，這已是學術界上非常普遍的現象。筆者認爲沒有實質的研究貢獻而掛名是不應該的；只是在今日的學術圈裡，所謂「老闆」的工作都已淪爲寫計畫爭取經費、及社交而已，哪有時間眞正參與研究呢。如果他們不掛名，那他們到底爲誰辛苦、爲誰忙？如果他們不掛名，那他們明年的研究經費可能就泡湯了！你能怪他們愛慕虛名嗎？大學早已走出象牙塔的陰影，它已不是培養人格與素養的地方了，而只是一個職業訓練所；教授也已不是一位崇高的學問追求者，而只有芸芸眾生的職業訓練師。大家均在追求「適者生存」的自然界眞理，不是嗎？[36]

　　這是一個身在學院數十年的老教授的評論，只是這樣的評論聽來著實令人痛心疾首，竟然連一個國家的教育部長也淪爲虛僞造假者的幫凶，而且是學界普遍的現象！足見台灣學界中毒之深。

　　台灣高等教育學術界之所以如此熱中國際科學期刊，學者認爲，這是台灣學術界自我殖民的結果，台灣學界普遍將美國的學術主張和規範奉爲圭臬，把自己關在殖民者的學術牢籠中成爲他者（others），這種以學術權威和理性包裝的作法，有如殖民者對被殖民者在文化上宰制，如此情況下，台灣高等教育儼然變成了美國的「學術殖民地」，學術界人士也普遍養成「自我殖民」的心態。[37]所以追逐國際科學權威期刊的肯認成爲學術

[36] 賴昭正，〈從陳震遠事件看學術界〉，《自然月刊》，台北，2014年9月，第45卷，第9期。

[37] 許振家、翁福元，〈APA學術殖民現象的後殖民論述〉，載於《台灣教育評論月刊》

界的全民運動，其中難免就有心懷僥倖者作弊造假以圖挾外以自重。

　　既然連審查如此嚴謹的科學期刊論文都可以造假了，那麼，其他的大學評鑑呢？

　　在目前的高等教育中，各種評鑑真是族繁不及備載啊！課程需要評鑑，教學需要評鑑，教師需要評鑑，系所要評鑑，學校要校務評鑑，教務要評鑑，學務也要評鑑，總務須評鑑……為了維繫教育品質，評鑑無所不在，評鑑也無所不能，在高教評鑑中心編輯部所寫的〈確保優質學習環境建立從系所專業到整體校務發展的大學評鑑制度〉一文中，高教評鑑中心道出評鑑的本質內涵即：「結合『全面品質管理』的概念，導入系所評鑑實施的認可機制，……我國的大學評鑑制度能以『品質保證』為依歸。」[38]

　　根據教育部的資料，一個大學總共需要接受的評鑑有三、四十種之多；在教育中，彷彿評鑑就可解決所有的問題。例如最新一期《評鑑雙月刊》裡所指出的：

　　　　為追求高等的教學卓越發展，各國多以具體手段加強學校的教學績效，如從系統的觀點進行評鑑校院課程的績效（如各國持續改善的規範），或者從過程（如申請ISO9002的品保系列標準認證）或學生學習的觀點著手（如國際工程教育認證系統或商管教育認證等）。此均彰顯出在新世紀中培育具有全球視野之高競爭力的學生，已成為各國高等教育突顯教育競爭力之努力方向。[39]

　　（台北），2014年3月(3)，頁10-15。以及黃光國，〈找回大學求是精神，建立自主學術傳統〉，發表於財團法人高等教育評鑑中心基金會「高等教育評鑑論壇」冬季場，台北，2010年12月。

[38] 編輯部，〈確保優質學習環境建立從系所專業到整體校務發展的大學評鑑制度〉，《評鑑雙月刊》（台北），2010年1月，第23期，財團法人高教評鑑中心出版，頁8。

[39] 林尚平，〈論技專校院系所評鑑與國際專業教育認證機制〉，《評鑑雙月刊》，台北，2010年1月第23期，財團法人高教評鑑中心出版，頁30。

　　一句話，高等教育要有競爭力，一要系統評鑑；二要學習成果認證，其實二者爲一，那就是績效。要求高等教育辦學績效，就是以評鑑方式強迫大學以企業經營方式來辦教育，事實正如學者所批評的：

　　　　大學也已成爲教育部分設各地的「經濟人力」培訓所，甚至是以「知識」爲產品的公司或工廠。校長是總經理，院長是各部門經理，系所主管是專司某項業務的課長或組長，教師是生產線上的領班或工頭，學生是實習的工人或學徒。從總經理到各級經理、課長、領班，最迫切的任務是針對搶錢遊戲與政府所「規劃」的「知識經濟」市場，撰寫各項計畫書，爲本「公司」多爭取資源。[40]

　　這裡便是把教育當作商品生產機制一般在管控所謂的「品質」。把大學當成工廠，把學生當作產品、商品在生產、管控，只要作業程序標準化、產品規格化，出廠的物件就有品質保證。

　　這種做法不只是在物化學生，而且事實上就是哈伯馬斯所批判的實證主義在當代社會的合併症——科學主義與客觀主義，並且也是現象學宗師胡塞爾所說的造成歐洲科學危機的根源，即物理學的客觀主義及其演變形式實證主義。[41]

　　這種量化與物化教育與學生的作法當然引起了教育學界相當多的批評，所以，教育部官員急忙表示，系所評鑑指標並未追求量化，未來研議讓評鑑指標更多元，讓學校有發展特色的彈性空間。[42]

　　高等教育評鑑中心則稱：辦理的一般大學校務與系所評鑑已與國際

---

[40] 顏崑陽，〈哀大學〉，《聯合報》，2003年3月28日。

[41] 曹典順，〈胡塞爾後期現象學方法簡論〉，《中國礦業大學學報》（社會科學版），2006年，第1期。

[42] 張鈿富，〈解讀大學評鑑去指標化的爭議〉，《評鑑雙月刊》，台北，2012年11月，第40期，財團法人高教評鑑中心出版。

先進國家同步，其中，評鑑標準採標竿方式設計，並無所謂的「評鑑指標」，而是提供「參考效標」供學校參考；參考效標都是問答題，並沒有必備之字眼，且明確說明為「一個共同參考架構，但非唯一架構」，學校可自行增刪效標，因此，校務評鑑與系所評鑑絕非單一的評鑑標準，也無統一固定的「評鑑指標」，反而希望學校自訂效標以彰顯學校特色。[43]

問題是，既然教育部的參考效標及參考架構都寫得明明白白、清清楚楚了，它就是用那個標準來評定學校辦學績效的，哪裡還有學校會那麼多事，再去尋覓讓自己有特色的效標，如果真的找到了自己的效標，還要多費口舌解釋老半天，何況還不一定能夠說服得了評鑑委員大爺們，那不是搬石頭砸自己的腳嗎？也因為如此微妙的心理，所以，在教育部雷厲風行的評鑑下，全台灣各高等教育長得一模一樣，真的像一般產業那樣，做到標準化了，標準化的流程、標準化的規格、標準化的課程、標準化的職涯藍圖、標準化的就業學程、標準化的商品……，要有多標準就有多標準。

此外，在市場自由競爭前提下，各大學為了在評鑑上獲得最大的績效，還爭相聘請那些對評鑑有影響力的教育部退休官員來校任教，據台灣高教工會追蹤，近二十年來，教育部部長、次長、司長、主祕在退休或下台後的去向，他們發現，這些退休官員有極高比例前往各私立大學擔任要職。依高教工會祕書長陳政亮指出，「2003年開始荼毒教師的評鑑制度，都是教育部想出來的。而這些官員瞭解評鑑遊戲規則，在補助幾乎都是競爭型經費的狀況下，請到退休官員，不但掌握了人脈，還有『錢脈』，『一有官員要退休，各校就搶著要，就像軍備競賽』。」[44]

以上是過去幾年在台灣各大學裡捲起無數風雲的各種大學評鑑。

第三，實證主義最具體的表現還在高等教育的市場化。

其實台灣的高等教育早在數十年前就走實用主義路線，如學者張春興

---

[43] 高等教育評鑑中心，〈評鑑中心對各界批評大學評鑑之回應〉，《評鑑雙月刊》，台北，2012年10月，第39期，財團法人高教評鑑中心出版，頁32-34。

[44] 引自李又如，〈台灣三成私立院校　國民黨辦的〉，《新新聞周刊》，台北，2015年12月2日。

所指出的：

> 我們的大學自始即未以純學術研究為主，而是由早期學術與實用兼顧，而走向近年來特重「學以致用」的偏途。學術研究是文化價值導向，學以致用則偏重功利現實。教育上，重功利尚現實，並無不當，但須配合學校的性質；用於專科與獨立學院則可，用於大學則難免有損其教育本質。從目前大學內「冷」「熱」學門與人才趨向看，我們的大學已偏離學術研究的導向，而益以實用人才培養為目的；學生的選擇是如此，學校的教學研究是如此，政府的政策也是如此。[45]

原本的大學教育還希望學術與實用能兼顧，但是，在教育產業化政策底下，高等教育的教育目標是以培育市場及企業所需的專門人才為宗旨的，此一目標的設定，導致了大學教育逐漸傾向成為一種職業教育，大學成了一個職業訓練所。

從2009年下半年開始，教育部又開始於民國101年在全國進行所謂「校務評鑑」，在評鑑原設計人王保進便點出：「高等教育全球化、國際化及市場化已成為當前高等教育發展之重要趨勢。」在評鑑項目一：「學校自我定位」中，他再次強調：

> 學校自我定位在確保大學校院能確認本身之優勢、劣勢、轉機與危機，說明學校發展方向及重點特色，界定學校之自我定位，進而擬定校務發展計畫，再依據校務發展計畫，開設適當系所及學程，並訂定學生之基本素養與核心能力，以符合教育國際化與市場化之趨勢，強化學校競爭力。[46]

---

[45] 張春興，〈民國39年以來學校教育的發展與檢討〉，載中國論壇編輯委員會主編，《台灣地區社會變遷與文化發展》，台北，中國論壇雜誌出版社，1985年，頁424。

[46] 王保進，〈以「整體學校評鑑」（whole school evaluation）為精神之大學校務評鑑〉，《評鑑雙月刊》，台北，2010年1月，第23期，財團法人高教評鑑中心出版，頁20-21。

　　這裡依然指出大學的「全球化」、「市場化」、「國際化」趨勢的不可違逆，用一般市井小民的話來說，「全球化」、「市場化」、「國際化」儼然是傳說中萬惡的罪魁「藏鏡人」：順我者昌，逆我者亡。這是當前教育部用評鑑——懲罰這種強而有力的方式來迫使台灣高等教育走向市場化。

　　另一方面，教育部也用獎勵的方式來鼓勵大學迎向市場化，這種獎勵包括許多手段，如獎補助款、專案計畫補助、產學合作獎勵以及教學卓越計畫等多方面多渠道進行；在教育部官網上查到教育部有關「大學教學卓越計畫」，教育部解釋它的緣起：

> 　　教育產出人才與企業期待不符，不在於科系專業是否配合產業，而是大學教育是否教導學生就業的核心能力。因此，教學內容及方法必須能促進學生的就業力，大學教育應開始注重學生的就業面需求，例如加強產學合作、提早實習等等。雖然大學無須為企業量身訂作產出人力，但在大學教育普及化發展的趨勢下，人才之培育應符合社會所需。[47]

　　言下之意，大學辦學方向、培育的人才，就是要符合企業需求，以企業為馬首是瞻；在教育部的這種邏輯下，它已淪為企業職前訓練所。這種思維體現在高等教育中，便是目前台灣各公私立大學在系、院、校各級單位皆需引進業界代表作為辦學方向、教育方針與課程設計的重要依據，教育部來評鑑時，校方不僅要呈現相關調查數據、研究報告、會議記錄，而且要依照標準作業流程的追蹤執行成效，各校對教育部、業界代表及評鑑委員的意見都有如小媳婦面對公婆般戒慎恐懼，唯恐不及；教育部甚至希望學校把學生帶到職場實地訓練、或提早實習、或者乾脆引進業師教導學生。於是，各大學能實習的課就提早實習，至於那些實在無法、無處實習

---

[47] 引自教育部網站〈第二期獎勵大學教學卓越計畫〉，http://www.edu.tw/files/list/B0039/附件-2第二期獎勵大學教學卓越計畫980312-.pdf

的課如中文系課程也居然都設計出實習課、引進業師教學，企業界產業界儼然是高等教育的救星。

實際上，這種教育市場化不是始自我們的教育部，而是最早源自美國。早在1980年代之後，美國就開始進行以市場導向的教育改革，自由選校以及私立、營利導向學校的基礎，亦是在雷根與布希總統任內形成的，並在《公元兩千年的美國教育法案》當中，彰顯市場導向。

當時他們之所以以市場導向進行教育改革，其最主要原因有二：一是，認爲政府機構所提供的服務無法滿足人民的需求；二是，認爲由於國家的專賣獨占缺乏市場競爭，是學校品質低落的主要原因。因此他們主張引進市場競爭的觀念，刺激學校間的競爭，並用以帶動教育革新。在美國教育改革中，市場機制受到相當的重視，因爲市場機制同時可以解決經濟競爭力的危機以及國家沉重的負荷，也就是說，強調市場導向的教育改革一方面將可增進學校的效能，而市場導向的教育改革在另一方面也減少國家在教育中的投入，朝向分權的方向，以消費者偏好的選擇作爲依據，形成市場這隻「看不見的手」來主導教育。簡單地說，教育改革的市場化，就是將企業經營的利潤與效率原則應用在教育，這便是強調市場競爭在教育中的重要，政府將不再運用管制和提供資源的方式來改革學校教育，而是透過市場力量來革新學校教育。[48]

其實，這種教育市場化改革的想法大部分是經濟考量，它最初來自經濟學家的建議，早在1955年美國當代著名經濟學家傅利曼（Milton Friedman）便撰寫〈政府在教育中的角色〉（The Role of Government in Education），初步提出教育市場化主張，在1962年的《資本主義與自由》（*Capitalism and Freedom*）這一本書中他進一步完整地論述了其教育市場化理論。[49]

---

[48] 李敦義，〈市場化理論分析及對台灣中小學教育改革的啓示〉，《教育研究資訊》（台北），2000年，8卷，6期，頁62-88。馬健生，《公平與效率的抉擇：美國教育市場化改革研究》，北京，教育科學出版社，2008年。

[49] Milton Friedman, The Role of Government in Education, in *Friedman, Milton & Rose D.* Capitalism and Freedom, *University of Chicago Press, 1982.*

　　原來當代新自由主義把自由作為社會的最終追求目標，他們一方面認為自由的基礎是私有財產，另一方面也反對政府權力的擴大以免傷到人民的自由。作為新自由主義的經濟學家，傅利曼主張把市場自由競爭機制引進教育領域，鼓勵私校的設立，如此可以讓人們在公私立學校之間自由選擇，這一方面能改變政府對教育的壟斷，另一方面也可以清除政府的官僚體制導致的教育腐敗，提高教育品質，一舉兩得。

　　所以傅利曼積極主張教育必須市場化，因為他目睹，美國公共教育制度由於缺乏必要的市場競爭的約束，導致行政效率低下，資源配置不當大量浪費，就此經濟效能而言，學校對學生，學生對自己的學習都不負責。傅利曼認為，以往的改革措施要改變這種教育狀況是無效的，唯一的出路是走上市場化；特別在高等教育領域，他認為無論是私立還是公立高等院校均應向學生收取全額學費；就連政府對公立院校的資源挹注也應儘量減少，他也主張必須採取教育券或貸款的形式，讓學生自主地選擇就讀的院校，等學生將來工作後再歸還所欠款項。[50]

　　許多學者都認為，美國的這種市場化的教育改革是經濟全球化背景下不可回避的議題，也就是說，教育終於走上市場化是必然的趨勢；它的好處是，以市場化手段打破教育資源的壟斷，引入市場競爭機制，也解放了學校內在的生產潛力，提高了教育資源的使用效率，的確能改善教育服務水準，在某種程度上促進了教育公平，美國這種教育市場化理念很值得借鑑。[51]

　　教育藉由市場化而能兼顧公平與效率，真是難能可貴，若果真如此，還有什麼可擔憂的呢？事實真的如此嗎？

50　Milton Friedman, The Role of Government in Education, in *Friedman, Milton & Rose D.* Capitalism and Freedom, *University of Chicago Press, 1982,* http://www.schoolchoices.org/roo/fried1.htm

51　薛湧，〈向美國學習大學市場化改革不能再拖了〉，《財經縱橫》，finance.sina.com.cn。薑德剛，〈美國教育市場化改革的現實借鑑〉，《教育在線》，2013-03-05，http://www.eduzx.net/politics/13677.html

從1980年代以來，美國高等教育的市場化已有三十幾年的發展，美國所有的大學、學院、社區學院，不管是公立、私立還是營利性院校，都為學生來源和財政經費展開激烈的競爭，先不要說其他的營利，光是為數高達數千所大學此等高等教育系統就是一個結構複雜、功能各異、競爭激烈的巨大市場，每年就能創造千億美金以上的經濟產值。[52]

但在此同時卻也產生了許多弊端，例如以營利為目的的，許多以營利為唯一目的的私立大學被稱為學歷工廠（diploma mill）者如雨後春筍般拼命吸吮高教市場這塊大餅，教育品質日益低落，而政府投入日益下降，導致大學學費高漲，一般人根本上不起，如果要勉強就讀就必得申請助學貸款，畢業後還得負擔平均10萬美元以上的債務。加州大學克利斯多弗（N. Christopher）教授甚至認為，如此這般的教育市場化的改革看不到光明的未來。[53]

再如前哈佛大學校長伯克（Derek Bok）以其二十多年校務經驗指出的問題，市場化雖然增加學校的收入，但是圍繞營利這個目的，學校推出許多新方案、推廣教育與計畫創造驚人產值，卻也滋生了很多無法克服的問題，諸如學術價值的淪喪、產學勾結、新科技的遠距教學應用缺乏師生交流、團體合作討論、同儕友誼與默契、網路教育淪為學校（行政部門）壓榨教授的新工具、高等教育淪為交易商品或攏絡權貴的工具、甚至高等教育因此成了阻礙階級流動障礙……諸多問題。[54]

在美國高等教育市場化之後，其中最大的問題，大概就是寒門子弟不可能上好的學校，這加速並擴大了社會的貧富差距。

這是因為美國超過3,500所的四年制大學，中間有1,800所以上都是私

---

52 姜德剛，〈美國教育市場化改革的現實借鑑〉，《教育在線》，2013年3月5日，http://www.eduzx.net/politics/13677.html

53 引自俞培果、王麗麗，〈當前金融危機下對美國高等教育市場化改革的反思〉，《比較教育研究》，北京，2009年，第9期，頁30-32。

54 德瑞克·伯克（Derek Bok），楊振富譯，《大學何價：高等教育商業化？》（Universities in the Market Place），台北，天下文化出版社，2004年。王力恆，〈《大學何價：高等教育商業化》一書評介〉，《通識在線》，22期，2009年5月，頁33-35。

立，對亞洲人來說，幾乎所有馳名的學校都是私立，包括所謂的常春藤盟校。而這些私立大學是按照私營企業來經營，必須保證收入大於支出，才有足夠財力擴建校舍、購買儀器、招聘教授、投資公司。在美國，只有公立大學必須公布招生錄取的資料（比如學生平均成績標準化測試分數等），而包括常春藤大學在內的私立大學是無此義務的。所以私立學校的錄取過程主觀性極強、透明度甚低。美國大學招生，尤其是這1,800所私立對於給校方提供大力捐款或者名人校友子女都有一定比例的名額預留，這是眾所周知的事實。至於比例多少，則看申請的是哪所學校了。

耶魯大學是屬於最極端的例子，其學生最多時超過一半是所謂的校友子女（legacy students），過去數十年隨著競爭的加劇，這類學生比例不斷減少，但至今也有30%。更令人吃驚的是耶魯有25%的猶太學生，每四個裡就有一個。以致有人批評，大家看到了解耶魯大學如此偏頗特定對象的錄取率，也就不難理解為什麼一個說話都錯字百出的人——小布希總統，當年都可以進入耶魯而且畢業了。[55]

整體來說，美國及台灣高等教育走上市場化其實就是科技理性思維下的產物，因為，唯有用「市場」來檢驗學校教育才能直接地、客觀地看到它的辦學成效，在此，「市場」代表的是可計算的「量」，「市場」代表著評量的客觀性，「市場」代表著實用取向，「市場」代表了顧客導向，「市場」代表教育必須取悅迎合企業，「市場」代表著學生的核心能力指標，「市場」更代表著學生與他人的「競爭力」，「市場」也代表了國家生產和競爭力的提升；簡言之，以市場化來檢驗學校教育純粹是資本主義的邏輯，同時也是實證主義的邏輯。

問題是，在教育市場化的同時，我們也把學生商品化了。

這也正是有識之士所憂心的結果。

---

55 小水瓶，〈美國教育體制有弊端：寒門難出貴子「美國夢」時代早已遙遠〉，http://www.guancha.cn/XiaoShuiPing/2014_01_06_196752.shtml

四、結語

不過，學界所憂心的問題，在我國的高等教育改革中，我們卻看不到主管全國教育的教育部有察覺這樣的問題，在主導大學變革的各項政策與作為中，深恐我們的高等教育還不夠科技理性化，一再透過各種評鑑與計畫引導高等教育走上科技理性這條路，彷彿在教育之中，除了科學與量化之外，別無餘物。

在此一思維定勢底下，台灣高等教育走上市場化，用「市場」來檢驗學校教育及其辦學成效，在此，「市場」就是用來測量教育的「科學」指標；要言之，以市場化來檢驗學校教育純粹是資本主義的邏輯，同時也是實證主義的邏輯。這種高等教育產業化是大學教育被科技理性奴化、被產業界奴化、被實證主義奴化的「文化自我殖民」。[56]總之，高等教育產業化就是奴化大學。

這讓我想到，在中國文化大革命時期，許多北京大學教師和學生被打成「黑幫分子」、「走資派」、「反動學術權威」，受到殘酷迫害。在這段期間，北京大學教師被抄家的有400多戶，冤假錯案1,000餘件，包括著名學者饒毓泰、翦伯贊、俞大絪在內的60餘人被迫害致死。1968年中國共產黨展開「清理階級隊伍」，全校大部分教職員工被強制集中食宿，失去行動自由。其後，單是北京大學一校就有7千名師生被下放到血吸蟲疫區江西鯉魚洲農場進行勞動改造，接受再教育，[57]他們也是在號稱「科學」的馬克思主義與毛澤東思想指導下展開革命和改造的，但眾人皆知，此處美其名的所謂「改造」、「革命」或「再教育」，不過是奴化人民的代名詞。

可見不論是現在的右派新自由主義，或是當時的左派共產主義，都有志一同地用科學來改造高等教育，高等教育和科學似乎始終只能是政治權力操弄下的玩偶。

---

56 顏崑陽，〈哀大學〉，《聯合報》，台北，2003年3月28日。

57 北京大學，〈「文化大革命」時期的北京大學〉，載北京大學編著，《北大簡史》，引自http://www.pku.edu.cn/bdsy/whdgm/index.htm

■第五章■■

假如我是真的

一、前言

2015年10月15日，台灣發生了一件小新聞，事關一位私立大學畢業生假冒清華大學學歷應徵科技公司，就職近一年，由於工作能力不足以擔任該職務，又提不出清大學歷證明，遭公司解職並提告求償。[1]

事實上，我以爲這個小小事件是整個台灣高等教育產業化的縮影。由於政府經由理性的評估，依新自由主義自由經濟理性原則，對高等教育進行產業化的改造，教育部認定，只要經過這樣大學的培育，就可以創造出更多高級人才，爲產業提升競爭力，從而促進國家的進步繁榮。而絕大多數人都信賴政府、信賴我們的高等教育，以爲，只要進了大學，取得了學歷證明，就可以獲得高薪以及社會地位，所以，當我們的大學擴張到169所時，幾乎所有的年輕人都一湧而上，錄取率幾近100%，高等教育當眞是達到普及化的盛況了。因爲他們相信政府政策及大學的理性運作，他們也理性地進了大學，當他畢業時，他也就相信了自己「眞的」具有這樣的能力了。

大約三、四十年前，台灣著名的歌手鄧麗君唱過一首歌就叫「假如我是眞的」，它原是一部同名電影的主題曲，那部電影描述中國文化大革命時期，一名被下放到鄉下的年輕人被人「誤認」爲中央高幹子弟，他也順勢配合，享受眾人奉承前呼後擁的尊崇，他甚至利用這個假身分申請調到大都市，當然，假的始終沒有辦法變成眞的，最後他被人揭穿了他的虛假身分。

本章借這首歌及這樣一個故事爲篇名，用以探問現代新自由主義，它認定市場自發秩序的最主要依據是相信人的理性，問題是，人眞的是理性的嗎？理性就那麼絕對無誤嗎？

當2008年美國華爾街爆發的金融海嘯掀起了經濟風暴，全球都被捲入，無一倖免，那時全世界有好幾億人陷入工廠倒閉後的失業痛苦深淵之

---

[1] 項程鎭，〈冒清大學歷領高薪　能力不足判吐薪水21萬〉，《自由時報》，台北，2015年10月15日。

中，在那之後，許多人都在憂心資本主義還有許許多多可能的危機；[2]的確，資本主義似乎眞有些問題，然而，我們要問的是，這種原本只是自由經濟學者所假定的理性主體，在我們社會中如何可能變成一般人的篤信不移的信念呢？如果新自由主義政策是有破壞性的，政治決策者們又爲何要採行？

我以爲，其關鍵原因，或許是在意識型態層次上。過去數十年來，新自由主義成功地將自己行銷爲典型的美國價值，美國學界也致力於宣揚唯有透過市場自由才能達成個人自由（individual liberty）。對他們來說，任何形式的國家介入都容易導致專制主義。尤其在海耶克（Frederich Von Hayek）和傅利曼（Milton Friedman）獲得諾貝爾經濟學獎之後，新自由主義的這種觀點得到世人廣泛認同與信任。[3]

因此，新自由主義從一種學院理論變成全球化的思潮，形塑了今日高等教育產業化趨勢，這個祕密就隱藏在當代的教育制度裡，即教育系統中所存在的意識型態。而這也是本文之旨趣。

二、教育如何可能免於意識型態

我記得，也就是剛好發生金融海嘯2008那年4月，時任東吳大學校長劉兆玄在內定出任閣揆之後，當他接受記者的訪問時，兩度提到對教育部長的期望，指教育政策應微調，不能搞革命，避免把孩子當白老鼠，「教育部長要對問題深入、不要有意識型態，應與選舉保持距離。」[4]

劉兆玄講這番話是有其歷史文化背景的，由於攸關本文主題，所以值得我們深入了解。

問題肇因於1970年代末期台灣意識的逐漸覺醒，剛開始是在1977年開

2　夭資編，《海外談資本主義危機》，2012年，香港，大風出版社。

3　Jason Hickel and Arsalan Khan, A Brief History of Neoliberalism, London: Oxford University Press, 2012.

4　林嘉琪、張錦弘、錢震宇，〈劉兆玄：教長不應有意識型態〉，《聯合報》，台北，2008年4月10日。

始的鄉土文學論戰，它原本只是關於台灣文學之寫作方向和路線的探討，特別是在1977年4月至1978年1月之間，關於這個議題的討論，更是達到了前所未有的高潮；鄉土文學論戰表面上是現代主義與鄉土文學之爭，但實際上是官方意識型態與反官方意識型態的衝突，但是此一意識型態衝突在1979年「美麗島事件」執政當局武力鎮壓群眾運動之後，鄉土文學中強調「台灣主體性」的言論，也暫時銷聲匿跡；不過後來隨著黨外運動的勃興，鄉土文學論戰進一步演變成1983年開始的「台灣意識論戰」。到了1984年1月15日文學家宋冬陽於《台灣文藝》86期發表〈現階段台灣文學本土化的問題〉，3月號《夏潮論壇》推出「台灣結的大解剖」專題加以反駁，於是一場原本鄉土文學之爭轉變為文化之爭，實際上那是一場藉文學討論為名，實則是附驥政權的文人與反當權的文人之間、左右意識型態的鬥爭，甚至再度引發台灣意識與中國本位意識型態之爭。

到了1990年代解嚴、開放報禁、黨禁等政治民主化政策後，由於渴望擺脫威權統治，人民真正當家作主，政治上的台灣意識逐漸抬頭，[5]但這與傳統教育中所主導的以反攻復國、民族大義式的中國意識大相逕庭，於是每遇選舉，這兩種意識便激烈交鋒，可是偏偏民主化之後台灣各式各樣的選舉繁多，因此一遇到選舉便有意識型態的衝突，許多家庭甚至因此而產生糾紛，一些朋友也可能因而反目。在政治生活上，當年那種意識型態甚至主導了憲政修改工程，比如那時就有這樣的評論：「前兩年修憲，廢除國大、考試院、監察院的理由無論如何充分，但堅守『五權憲法』不能改的底線，瞬間即剝奪了憲法朝國會體制明確化、總統向國會負責、國家統治權力權責對等的合理化機會，意識型態成為遁逃監督的屏障。」[6]可見彼時深植人心的政治意識型態深深影響了台灣人民的政治權力與生活，

---

5 論者稱，「『台灣意識』的形成與凝聚，是在反抗滿清與日本異族統治、反抗國民黨威權統治及反抗中共打壓的脈絡中，再交織著因為害怕被出賣的安全感需要，所凝聚形成之鞏固台灣主體性的『台灣意識』論述」。見何鴻榮、桂宏誠，〈論析台灣意識與文化認同〉，《中央日報》，台北，2002年10月26日，三版。

6 陳煒，〈意識型態分裂大台灣〉，《遠見雜誌》，台北，1995年3月號，第105期。

甚至主導著國家憲政及人民未來的命運。

　　由於一般人對意識型態總是從它的政治功能去理解，因而有這樣一種體認，認為：在一個控制愈是嚴厲的社會，其意識型態愈是鮮明而強烈，例如上述戒嚴時期的台灣，或者現在的北韓；相對的，愈是開放民主的社會，我們愈是感受不到意識型態的作用；依此而論，台灣自80年代民主化以來，歷經三十幾年的努力，儼然已是一個民主開放的社會，戒嚴時代那些限制人民各種自由的法律、集中全國力量反共復國那種漢賊不兩立的民族主義大義，早已在歷史巨輪下湮飛灰滅，因此不論就理論上講或現實上來說，都不「應該」還有意識型態的包袱。前述劉兆玄所稱的應是指這樣的政治意識型態。

　　其實不然，在民主開放的社會中，我們雖然感受不到戒嚴時期那種強烈的政治意識型態訴求，但並不代表意識型態不存在了，也不代表它已經弱化了；在經濟與社會生活領域，意識型態其實是相當清楚而強烈的。

　　尤其是在當代資本主義社會中，它所需要的一些價值觀、世界觀，也就是我們所說的意識型態，極為隱晦而微妙地潛藏在一般文化中，強而有力地指導著人們的生活；所以了解當代資本主義文化是解開當代文明的重要途徑。

　　若依當代通俗文化研究的巨擘費斯克（John Fiske）所說的，文化是我們從社會經驗中產製意義的過程，[7]而要了解意義如何產生、進行轉化、最後被個人與社會團體所吸收是文化研究最重要的關鍵，其中意識型態則是極重要的一個切入點。[8]而當代普及化的教育更是現代人接受系統性文化最主要的途徑。

　　就此而論，劉兆玄教授在就任行政院院長之前那段意味深遠之語，如果我們進一步推敲的話，其原意應該是說，在政黨政治的民主社會中，從

7　John Fiske, *Understanding Popular Culture*, Boston , Unwin Hyman. 1989.

8　杰拉爾德‧古特克（Gerald L. Gutek）著，陳曉端譯，《哲學與意識型態視野中的教育》（*Philosophical and Ideological Perspectives on Education*），2008年，北京，北京師大出版社。

事教育者應該中立，避免在課堂上宣揚自己的政治立場，也就是說，教育應該遠離政治意識型態，讓教育回歸教育本身。諷刺的是，2014年，教育部藉高中課綱檢核小組把高中歷史課綱進行「微調」並引起全台學生的群體抗議，抗議教育部以黑箱方式假借微調課綱，實則消滅了台灣史觀主體性，恢復戒嚴時期大中國史觀。[9]以此觀照劉兆玄講話，真令人感慨，教育確實與意識型態糾纏甚深。

事實上，教育能否免於意識型態則是個相當複雜的議題；姑且不論教育與政治意識型態議題，從當代資本主義經濟與社會生活來說，實際上，我以為，這個由當代國家機器所掌控的教育系統及深埋其間的意識型態，正是當代資本主義運作所以獲得那麼多人衷心擁護的祕密，揭開此一祕密是了解當代人類命運的重要關鍵，當然也是每個關心未來世代處境的人必須要深入的問題。

從當代的經濟發展以及人類的生產力角度來看，學者們普遍認為，隨著新的科學技術發展和產業結構的變化，當代資本主義在生產力方面取得了長足的發展，勞動生產率大幅提升，當代資本主義的運作展現了它有史以來最為順暢、最為強大的力量，它的成就甚至超越了工業革命時期；在工業革命之後，它還面臨各式各樣的社會主義的挑戰，而批判力十足馬克思主義則就像心頭上的一把劍，讓當時的資本主義備受圍剿與質疑；我以為，當今資本主義的這樣成就來自於它成功地將其競爭、效率與市場經濟等運作機制塑造為普世的價值，也就是它的意識型態已變成一般人認為理所當然的觀念。

這種新自由主義作為一種意識型態，基本上認為國家存在意義在於協助與擴大市場，所以它致力於譴責，以往帶有社會主義意義那種福利國家的「大政府」思維導致經濟衰退，那種僵化的官僚體制，封閉的保護主義，以及因太多福利導致的生產力下降等等，都是非市場力量不當地干預經濟活動的負面效果。若要除掉這種僵化機制，政府必須進行精簡並且對

---

9 許秩維，〈學團集結國教署　籲撤銷黑箱課綱〉，《中央社》，台北，2015年7月5日。

於市場鬆綁、政治力量退出市場。[10]其實，正如前面所說，近幾十年來，美國把新自由主義作爲其國際戰略的重要武器向外輸出。

必須強調的是，新自由主義此一新的西方文化霸權在當代資本主義運作下，不僅持續著，而且更加的精緻化和滲透化。正如阿帕杜萊（Arjun Appadurai）所指出的，一種由美國電子藝術所生產並襲捲全球的文化霸權（Hegemony），不僅持續助長著西方（特別是美國）民族想像共同體，而且還助長著新的全球流動政治下的帝國文化霸權。[11]

由此可見，新自由主義這種「普世價值」之深入人心實是令人讚嘆，就連一流的大學教授如前所述的自由經濟學家都爲之醉心不已。

於是攤在我們眼前的問題就是，現代資本主義的意識型態是如何爲人所接受並發揮其影響力的？我們作爲教育者，到底能否像上述行政院劉兆玄院長所期勉教育部長那樣「不要有意識型態」？教育能否眞的擺脫意識型態？了解這些問題，不僅能幫助我們反省教育內涵的正當性，更能進一步地理解我們所仰賴的資本主義制度及其潛藏的問題，爲我們下一代建構更好的生活願景。

有趣的是，當代許多研究者都不約而同地指出，在資本主義社會中，意識型態不僅存在，而且正是透過現代的教育制度，由資本家們掌握的國家機器不斷複製國民的意識型態，「說服」國民服從它的統治、進而確立其統治的合法性；在教育過程中，處處皆有意識型態的；有些學者從課程面向強調，學校課程內容對教師及學生灌輸了一種嶄新的控制方式，其中之一即是去技術化（deskilling）以及更理性化；而有些學者則從教育制度的面向強調，透過詮釋性的和選擇性的規則，教育的意義和實踐被教師和學生所「閱讀」，而那些規則受先前存在的形勢和組成的意識型態所影

---

10 陳政亮、林敏聰，〈關於高教市場化的批判〉，《台灣社會研究季刊》，台北，2012年12月，第89期，頁272。

11 阿爾君・阿帕杜萊（Arjun Appadurai），劉冉譯，《消散的現代性：全球化的文化維度》，上海，上海三聯書店，2012年。

響。[12]

以下，我們進一步來檢視當代教育中的意識型態研究。

三、公民社會與文化霸權的提出

關於當代意識型態與教育的研究，在眾多學派中旗幟最為鮮明的論者是新馬克思主義者，他們一再提醒人們，國家機器的掌握者有意識地再製人們的社會活動和社會結構。

在當代文化研究之中，意識型態被界定人們用以認識世界的集體思想、信念，一個思想信念的網絡（the network of ideas and beliefs）；在傳統的馬克思主義理論中，除了認為意識型態是一個經濟基礎的反映，受社會經濟力量所牽引之外，意識型態更有將現狀合理化、再製現狀的功能（naturalization and reproduction of the status quo）。[13]所謂的「現狀」指的是作為統治的資本家們掌握權勢的現狀，透過對這種現狀的合理化與再製，教育人們理所當然地接受他們的治理，也因此，在西方傳統思想中，意識型態向來被視為具貶抑、消極、控制和遮蔽真實的意義，它是一套粉飾太平的美麗謊言。

雖然在傳統馬克思主義那裡早已提出意識型態複製現狀的功能，但馬克思主義者都將它作為資本主義的罪行加以批判，在那裡，意識型態無疑是錯誤的代名詞，它是被批判的對象，縱觀馬克思恩格斯全集幾十卷的著作幾乎傾其全力都在揭露資本主義那種錯誤的、虛假的、具欺瞞性的意識型態，他們希望透過其強有力的批判以及社會主義革命運動來喚醒工人的自覺意識。

然而，從1848年第一國際的成立正式宣告共黨革命的誕生伊始，歷經幾近一個世紀，到了二十世紀上半葉，由於歐洲社會主義革命屢屢的失

---

[12] 參見Genry Giroux, *Theory and Resistance in Educaiton: A Pedagogy for the Opposition*. South Hadley, Mass.: Bergin & Garvey, 1983.

[13] Brett Farmer, "The Ideologies of Everyday Life", in F. Martin ed., *Interpreting Everyday Culture*, London: Arnold, 2003, pp.15-20.

敗，特別是受到極右派法西斯主義在義大利與德國興起的影響，共產主義革命運動受到前所未有的打壓，而那些以往總是被認為被壓迫得最厲害、最徹底的勞動者和婦女卻是法西斯最積極的支持者，這促使學者思考其根本原因。

　　其中義大利馬克思主義者葛蘭西（Antonio Gramsci）被墨索里尼捕捉入獄後，在獄中，他深切地檢討義大利的共產主義革命運動，認為以往社會主義革命所以失敗，其原因在於革命者將所有的力量都集中在經濟、政治鬥爭，因而忽略了文化領域的鬥爭，這是一個他稱之為「文化霸權」（Hegemony）或「文化領導權」的爭奪戰。

　　對葛蘭西來說，所謂文化霸權或文化領導權，就是統治階級基本上創造出一種社會上其他不同階級與團體都能接受的世界觀、哲學和道德觀點並取得他們的信任；也就是說，葛蘭西深刻地觀察到，在備受各種社會主義的圍攻，以及蘇聯共產集團政治革命的激烈衝擊之後，當時歐洲各國資本主義統治者之所以依然能夠強力地掌握國家機器的支配權（ascendancy），其主要是關鍵便是取得文化霸權，這種支配權是將資產階級統治者個別的世界觀轉化成普遍性與支配性的思潮，並以此指導日常生活之能力。[14]

　　葛蘭西於是認為，在西方資本主義社會，資產階級進行的是包括政治、經濟、文化在內的總體統治，面對這樣牢固的統治型態，他在獄中深刻反省，如果要進行無產階級的革命，不能只是一種側重推翻資階級統治的政治革命。[15]

　　葛蘭西著重從文化和意識層面揭示了公民社會（civil society）（也有譯為「市民社會」）中隱性存在的資產階級文化、意識的內蘊，闡明了發生在公民社會中的諸多變化，從而以其獨特的對社會生活的領悟力確立了

---

[14] 引自劉燕青，〈談網路控制〉，見http://ceiba.cc.ntu.edu.tw/demo_theo_prac/database/Gramsci_Antonio.html

[15] 衣俊卿等著，《20世紀的新馬克思主義》，北京，中央編譯出版社，2001年。

其頗具特色的公民社會理論。[16]

　　原來歐洲自十六世紀以後，隨著民族國家的出現和君主專制政體的建立，市民等級在君主王權所提供保護下有了從事經濟活動的自由，這就開啓了公民社會和政治國家的分離過程。但是隨著歷史發展的演進，兩者的分離卻不是那麼順利的，因爲不受法律限制的君主專制王權經常會不自覺地干擾經濟活動和侵犯私人領域，很自然地妨礙公民社會的健全發展。這要等到十八世紀末，法國大革命推翻了君主專制制度，建立了現代代議政治的民主法治體系，這才眞正地在一種法律和制度上保障了私人領域和經濟活動的自由發展空間，進而加速了公民社會和政治國家的分離過程。[17]

　　葛蘭西的公民社會概念繼承自黑格爾、馬克思以來的觀點，卻又有其獨到之處：他敏銳地觀察到了滲透於私人生活領域並且轉化爲私人生活重要組成部分的文化和意識，公民社會不僅僅是人們的經濟關係和私人領域而已；葛蘭西進一步擴大了公民社會的範圍與意義，包括教育、教會、工會、傳播媒體等各種民間團體，認爲它們都在配合著統治者進行對大衆潛移默化的馴化。[18]

　　葛蘭西理論對歐洲思想發展的重要性在於，它揭示了在歐洲進行社會主義革命，必須有不同的策略，在公民社會不發達的國家，如俄國，政治國家就是一切，取得政治革命的勝利就可以控制整個國家，所以革命可以採取「運動戰」（War of movement）；但在西歐這樣一個高度發達的公民社會中，社會關係網絡異常複雜，統治者的控制力量必須經由文化與意識的滲透來實現，當被統治者接受了這些文化意識，在某些意義上，他是被說服了，也同意了統治者的統治。這就是爲什麼在歐洲的社會主義革命，革命者不僅面對著資產階級敵人，它還必須面對飽含敵意的勞動階級的原因，此是西歐革命屢屢失敗的根本原因；因此革命的策略應改弦易轍，

---

[16] 波寇克著，田心喻譯，《文化霸權》，台北，1991年，遠流，p.43。

[17] Jean L. Cohen, Andrew Arato, *Civiil Society and Political Theory*, Cambridge: MIT Press, p.84.

[18] Antonio Gramsci, "Notes On Politics". *Prison Notebooks*, ed. and trans. Quintin Hoare and Geoffrey Nowell Smith. 1st ed. 1971. New York: International Publisher, 1999. pp. 123-205.

採行將改變社會的種子貯存、呵護發芽以致開花結果的「陣地戰」（war of position），因為革命不可能經由一次決戰完成，而是需長期醞釀並藉助新的「歷史性集團」（Historic bloc）。[19]在這樣的陣地戰中，葛蘭西認為，所謂的意識型態已不只是一種政治理念，在一般的社會生活中，它更具有物質力量，能夠「組織」群眾，讓人民進行活動並意識到自身的立場，他把這樣的意識型態稱為「有機的」（organic）意識型態。[20]

　　然而，我們必須知道的是，文化霸權的特殊性在於，它是一種相當隱蔽的文化宰制；第一，作為一種統治力量，文化霸權不只是一種道德和哲學的領導，它首先會展現為一種有限的強制性力量，在現實的社會、政治、經濟以及文化生活中，我們都可以清楚地感受到我們是被限制的，被控制的，有一個明確的強制力量非常強勢地告訴我們該如何去做，不可違反，在此，我們可以明顯地感受到我們是被壓迫的。可是，生活在此一社會的人們實際上也有某些相對自主的空間，比如法律規定且保護了勞動者的工時並提高其工資，這種相對自主性減緩了強制性、被壓迫性所帶來的痛苦；並且，由於統治階級握有的政治與經濟的優勢遠超過其他團體，所以它能運用一些策略，如協商、妥協、壓迫等方式，將其價值觀、信念、態度、行為模式等灌注於國家機器中，將大家所遵循的制度文化與生活信念，從而深信自己是一個自由的、自主的主體，一切是自主決定和選擇的結果，而事實上這是統治階級的文化塑造；在此，巧妙的是，統治者在此過程中的主控性卻被民主社會中，諸如個人主義、自由主義所宣揚的「自主性」所遮蔽，所以社會大眾並無法察覺存在於文化中所隱藏的意識型態。簡而言之，民主社會這種相對自主性將激烈的社會階級權力鬥爭轉換

19　Antonio Gramsci, "Notes On Politics". *Prison Notebooks*, ed. and trans. Quintin Hoare and Geoffrey Nowell Smith. 1st ed. 1971. New York: International Publisher, 1999. pp. 123-205. 所謂「歷史性集團」，是用以指涉在市民社會中能把各種力量的領導與對生產的領導兩者的結合並持續一整個「歷史時期」的新霸權階級。

20　梁濤、馮曉艷，〈市民社會、「陣地戰」和「有機知識分子」〉，《甘肅社會科學》（蘭州），2006年，第6期。

爲隱晦而神祕的文化宰制。[21]

再者，這種文化宰制是透過知識分子，特別是知識分子的教育與領導功能；在葛蘭西，資本主義意識型態之所以有強大支配力量的原因，其中最根本的原因在於知識分子（intellectuals），他把知識工作者分爲傳統知識分子（traditional intellectuals）和有機知識分子（organic intellectuals）；[22]這種區分不僅涉及知識分子的社會與政治功能，並且亦牽涉到知識分子與統治階級的密切關係，以及知識分子與被統治階級的關係。

我們要知道，大多數的知識分子是依附統治階級的，而統治階級的文化領導權大部分卻是透過知識分子在操控的，這些人就是傳統知識分子；但是仍然有少數知識分子堅持自我的理想，抗拒統治階級的收編，不幸的是，這些少數的抗拒者卻也與被統治階級有著高度的疏離性；因而無論是傳統知識分子或是具反抗意識的知識分子，都無法讓被統治階級清楚地意識到其被宰制的地位與情形並因而自覺地起而革命。存在於知識分子與被統治團體之間的疏遠距離使統治者的霸權政權得以鞏固，職是之故，因爲缺乏眞正知識分子領導作用，那種馬克思所期待的勞工階級的階級意識也無法被喚醒，因而無法發展出集體意識與行動來對抗統治階級的霸權，最終的結果當然也就無法改變被統治團體處於被宰制的地位。[23]因此，葛蘭

---

21 N. Poulantzas, *Classes in Contemporary Capitalism*. London: NLB. 1979, pp. 238-239.

22 這裡「有機的」有兩層意思：一是與特定社會歷史集團的「有機性」，即每一個社會集團都會產生與其保持緊密聯繫的知識分子階層，由此對葛蘭西來說，爲確保獲得爭取文化霸權的勝利，無產階級需要培養自己的有機知識分子，並且同化和征服傳統知識分子。知識分子有機性的另一層就是與大眾的「有機性」，這種有機性即知識分子與大眾的辯證關係。他指出，知識分子不僅僅教育和啓蒙大眾，其自身的發展，自身在數量和品質上得到壯大和提高，與群眾運動是緊密相連的。人民群眾進一步提高了他們的文化水準，同時也擴大了他們的影響力。參閱汪民安主編，《文化研究關鍵字》，南京，江蘇人民出版社，2007年，頁451-453。

23 潘宜協，〈試析葛蘭西的知識分子理論〉，《牡丹江教育學院學報》（牡丹江），2007年，第2期。

西強調無產階級革命要奪取國家政權就必須發展本階級的知識分子，葛蘭西稱之爲有機知識分子。

在當代的文化研究中，葛蘭西的文化霸權理論既是研究社會權力關係體系的一個切入點，同時也是探究文化與政治、經濟之間複雜動態關係的有力工具。

葛蘭西對意識型態的研究開啓了解釋變動的可能性，意識型態的權力是強大而變動的，不是固定附著於社會場域的，而且是必須爭取、妥協的。換言之，文化領導權是永遠處在衝突的動態平衡中，掌握它即是擁有了道德與知識的領導權。在文化霸權這裡，統治階級不能單靠武力維持其權力，統治者統治的正當性乃基於被統治者的同意，一方面統治集團必須生產語言或論述，使統治者的意識型態具體體現在人民的日常生活中，例如，民主與法治等價值觀念，讓人民知道「主權在民」，而政府只是「依法而治」，如此「培養」人民認可和同意，心甘情願地接受統治階級的統治；另一方面，統治者必須考慮被統治者的利益，注意他們的文化、價值觀，然後對人民作出「讓步」（concession），比如對少數族群文化的特意保護，甚或爲他們頒訂節日以示尊重。也正因如此，葛蘭西的文化霸權理論讓後人意識到公民社會的重要性。[24]

四、意識型態國家機器

但葛蘭西的理論卻沒有辦法清楚地指出個人如何被說服，個人如何接受文化霸權等問題，在這個問題上，阿都瑟（Louis Althusser）的公民社會理論有其特殊深刻的觀點。

阿都瑟繼承馬克思主義衝突論的觀點，認爲當代社會仍受到統治階層的主宰，他們掌控作爲訓練工人的上層結構或機器（the superstructure or apparatuses），阿都瑟用「意識型態國家機器」（ideological state appara-

---

[24] 佚名，〈再論Althusser意識型態理論與Gramsci文化霸權理論〉，引自www.wretch.cc/blog/sweetselina/21821662以及黃庭康著，〈葛蘭西、霸權、與教育社會學〉，《教育社會學通訊》，2001年，第27期，頁11-12。

tuses）來統稱那些從「公民社會」發展出來的各種社會體制，包括教會、教育、家庭、法院、政黨、媒體乃至於從文學藝術等領域發展出來的各種組織。[25]

　　阿都瑟在考察當代社會的意識型態時，首先將意識型態放在社會結構當中去理解，在初步揭示意識型態的外在特徵和社會職能之後，再進一步思考作爲表象系統的意識型態與個體「意識」的相互關係，他傾向於將意識型態理解爲一種先於個體存在的文化客體、社會結構、思想通道或政治無意識；之所以會如此，他認爲：

> 　　因爲意識型態所反映的不是人類同自己生存條件的關係，而是他們體驗這種關係的方式；這就等於說，既存在眞實的關係，又存在「體驗的」和「想像的」關係。在這種情況下，意識型態是人類依附於人類世界的表現……是人類對人類眞實生存條件的眞實關係和想像關係的多元決定的統一。[26]

　　簡言之，阿都瑟所說的意識型態：「是一個諸種觀念和表象（representation）的系統，它支配著一個人或一個社會群體的精神。」[27]這裡的表象系統其實就是人類社會文化行爲的再現系統，亦即人類使用語言、文字等符碼將存在於心中的情意具體地表現出來的系統性符號。

　　顯然阿都瑟在此仍然遵循馬克思主義的意識型態社會決定論的思路；而就歷來研究意識型態的社會決定因素而言，依學者分析，這裡實際上存

---

25 阿都瑟從職能上把國家機器分成爲「鎮壓性國家機器」（repressive state apparatuses）和「意識型態國家機器」兩種。鎮壓性國家機器包括政府、行政機關、軍隊、警察、法庭、監獄等，是由國家直接控制，並且能夠有效地使用強勢性力量；而意識型態國家機器則是從公民社會（civil society，這是相對於國家的私領域）中發展出來的各種社會制度。詳Louis Althusser. "Ideology and Ideological Apparatuses". in *Lenin and Philosophy and Other writings*, trans. Ben Brewster, New York: Monthly Review Press, 1971. pp. 121-173.

26 阿圖賽著、陳墇津譯，《保衛馬克思》，台北，遠流，1995年，頁202-203。

27 Louis Althusser. "Ideology and Ideological Apparatuses". op. cit., p.120.

在著兩種主要的路徑，它們分別是利益論和張力論；在前者看來，意識型態乃是一種面具或武器；而對後者來說，意識型態則是病症和處方。以利益論來看，意識型態的主張要在爭取優越的廣泛鬥爭的背景中加以考察；依據張力論，則是在修正社會心理失衡的漫長努力背景中來考察。在前一種背景中，人們是追逐權力，在後一種背景下，人們則是逃離焦慮。[28]用這個標準來看，阿都瑟是利益論的意識型態觀點。

阿都瑟在《意識型態和意識型態國家機器》書中，一開始就把意識型態放到社會生產關係當中去具體分析它的功能和存在條件。在阿都瑟，馬克思所說的再生產並不單是生產資料的再生產那麼簡單，事實上它還包括生產條件的再生產；而生產條件的再生產至少又包括兩個必要條件：一個是勞動力的再生產；另一個是現存生產關係的再生產。[29]

阿都瑟特別重視的是勞動力的再生產問題，因爲後者涉及到意識型態和主體構造這個更複雜的問題。阿都瑟說道：

> 勞動力的再生產不僅要求一種勞動力技能的再生產，同時，還要求一種勞動者順從現存秩序規範的再生產，即工人們對統治意識型態的馴服心理的再生產，以及一種剝削和壓迫的代理人們恰如其分地操縱統治意識型態的能力的再生產，這一切甚至在「話語」上都爲統治階級提供了支配權。[30]

從勞動力再生產角度考察意識型態所起的特殊功用，必然涉及主體的自我建構，涉及國家機器和社會教育機構的教化功能問題，這些正是阿都瑟意識型態理論的核心。

[28] Clifford Geertz, *The Interpretation of Culture,* New York: Basic Books, 1973, p.201.

[29] L. Althusser, *Lenin and Philosophy and other essays*, trans.by Ben Brewster, New York: Monthly Review Press, 1971, p.128.

[30] L. Althusser, *Lenin and Philosophy and other essays*, trans.by Ben Brewster, New York: Monthly Review Press, 1971, pp.131-132.

　　阿都瑟認為，意識型態國家機器所傳遞的馴服性，正是再製社會分工體系中所必需的勞動力，以往這種「再製」乃是由生產體系本身進行，但是，在當代資本主義社會裡，此種再製並非發生在生產本身，而是由學校扮演主要的催化角色。雖然在當代社會，人們並不把工資視為作為再製勞動力量的物質條件，但是它卻是一種作為撫育及重建這些勞動力的工具，為了在複雜生產體系過程中賺取工資，這些工人必須用不同工作與職位所需的各種技術去互相競爭；而這些不同的技術是在學校所習得的，除了學習到如何在生產部門生存的勞動技術，學生亦習得在資本體系生存所需的一整套態度、價值與法則。

　　就學校的作用來說，阿都瑟認為，教育制度作為一種意識型態國家機器的目的在於資本主義生產條件的再製，其中包括生產力的再製與生產關係的再製。在學校教育中關於生產力的再製，其主要的方法就是用學校教育來培育學生的專業能力與技能，讓他們成為能夠為企業所用的各種人才。當代的資本主義高等教育就充分體現了阿都瑟所說的這種生產力的再製，特別是台灣目前的大學教育可以說是企業的職前訓練所，教育部還用所謂的「教學卓越計畫」來主導高等教育的方向，因為以教育部的認識是：

> 　　教育產出人才與企業期待不符，不在於科系專業是否配合產業，而是大學教育是否教導學生就業的核心能力。因此，教學內容及方法必須能促進學生的就業力，大學教育應開始注重學生的就業面需求，例如加強產學合作、提早實習等等。雖然大學無須為企業量身訂作產出人力，但在大學教育普及化發展的趨勢下，人才之培育應符合社會所需。[31]

　　「人才之培育應符合社會所需」這裡的「社會」特指的其實就是企

---

31 引自教育部網站〈第二期獎勵大學教學卓越計畫〉，http://www.edu.tw/files/list/B0039/附件-2第二期獎勵大學教學卓越計畫980312-.pdf

業，所以前一句講到「雖然大學無須爲企業量身訂作產出人力」，下面就馬上有個「但」書。教卓計畫實施近十年來，徹底「翻轉」了台灣以往培育高等人才的大學系統教育的方向，改而成爲專爲企業集團培育人才的職訓中心。企業可以完全不用負擔人才培育訓練的成本，只要跟教育部吱一聲，教育部立馬要求各大學照辦，台灣高等教育的價值體現在能否爲企業服務，這才是眞正的高等教育產業化。

至於生產關係的再製，它的主要方法則是精神思想方面的訓育，這是一種意識型態的陶冶，它教導學生養成良好的行爲紀律與道德規範，以便成爲奉公守法的公民以及溫良恭儉讓的企業人才。這就是教育部教卓計畫中所謂的「學生的基本核心能力」，目前教育部用教學卓越計畫來主導台灣高等教育的教育方向，目的在培養學生的基本核心能力以因應知識經濟下迫切的人才需求。[32]

綜合各大學的所謂的基本核心能力，「良好的溝通能力」、「迎接多元化生活的能力」兩者的共識度最高，其次是「清晰的思辨能力」、「獨立的道德思考力」、「積極參與的公民責任感」及「迎接全球化社會的能力」，再者是「人際溝通、團隊合作」。

各大學爲了確保核心能力的達成，大學所屬院系所亦依根據校訂核心能力訂定院系所自己的核心能力，然後圍繞著進行課程設計，同時確保核心能力與課程規劃表中所有科目間的關聯性，另外，學校亦規定應當進一步說明課外學習活動與核心能力的關聯性，並建立完整的課程地圖，作爲學生修課的指引。

至於以上那些極爲「抽象的」核心能力是如何在課程中被評量？依高教評鑑中心的建議，可以用基本的考試／測驗／會考、證照考試、學生e-portfolio、專題報告審查等直接性的評量方式，以及量表填答、問卷調查等間接性評量，此外，還建議各系所亦可依其特性制定適合的學生學習成效檢核機制，能力雷達圖、學生生涯發展進路圖來提升學生的學習活力與

---

32 教育部，〈緣起與宗旨〉，引自教育部獎勵教學卓越計畫網，www.csal.fcu.edu.tw/edu/

就業競爭力。[33]

在教育部所主導的高等教育產業化的各種政策作爲來看，教育制度作爲一種意識型態國家機器，指的是政治的統治階級結合了支配經濟活動的現代企業藉著教育來傳遞有利於國家及企業的意識型態，以利於鞏固其統治地位，並打壓不利於或對其統治地位可能造成威脅的思想；此外，統治者也透過教育中特定知識、道德、價值與哲學，來合法化其統治與宰制的正當性。[34]

在這種教育產業化的思維底下，學校就如同社會主要的仲介者，用以訓練學生及塑造在社會分工體系所需個人的溫馴服從性；就整體而言，統治階層握有國家的力量，並且掌握了學校這個意識型態機器，透過學校，統治階層的宰制力量得以隱藏，並建構他們的支配性意識型態，進而再製生產所需的勞動力。而大多數的教師並未能知覺到此種潛隱在現存知識及教導事務的權力關係；除了少數的有識之士外，其他的教師不會懷疑被統治階層利益所控制的主流知識，以至於無意識的執行社會階級再製的工作，此種非意識性讓教師得以成功地實現統治階層的期望。[35]

如此這般，在傳統文化影響下，許許多多原本懷抱著經世濟民理想的知識分子，經歷多少努力與艱辛才能成爲作育英才的老師，他們的理念與熱情在不知不覺中卻都成了統治者手中的棋子。

意識型態國家機器這個概念的提出，在很大程度上打破了當代法學或倫理學體系對公共／私人領域的區分，讓我們深刻理解到公共領域對私人領域的滲透和作用，其中尤其強調了公共力量如何操控私人領域，特別發人深省。

---

[33] 高等教育評鑑中心，〈如何表現學生核心能力或基本素養的成效？〉，《評鑑雙月刊》（台北），2012年3月，第36期。

[34] 引自莊淑琴，〈課程意識型態之分析〉，《國民教育研究學報》，台北，2002年，第9期，頁253-272。

[35] L. Althusser, *Lenin and Philosophy and Other Essays*. Appendix. First Published: by François Maspero, 1968; Translated: by Ben Brewster; New York: Monthly Review. 1971.

五、主體的召喚——意識型態的再製

在這裡，我們特別注意到學校的「宰制性」功能，對意識型態國家機器而言，意識型態具有宰制性功能，也會「再製」對國家有利的意識型態。

阿都瑟所使用的意識型態意義已然有別於傳統馬克思主義，在馬克思那裡，意識型態的存在似乎是理所當然的，因爲它本身是經濟基礎的反映，就功能來說，意識型態根本是統治階級爲蒙蔽被統治所製造出的「虛假意識」（false consciousness），是一種統治者粉飾太平的美麗謊言，本身不具任何自主性。

相反地，在當代資本主義社會中，意識型態不是虛假意識，它是個體對生活世界的眞實體驗與對自己生活的「想像性關係」，是人們生活方式的決定性原因，就像在台灣，我們都可以想像，一個小孩如果考上台大這樣第一志願的學校，走在路上能有多少艷羨的目光，並且感受到父母眼中閃爍著強烈的榮光，甚至當他畢業後，馬上到台積電工作，一個社會新鮮人就能月入十幾萬元，享受著眾人禮遇與優渥的待遇，這種事情決非虛構，它每天在我們的社會中發生，也都激勵著每個就學中的孩子；因此，在阿都瑟，意識型態背後事實上隱藏著極其複雜的社會關係結構和主體自我的認同，所以不能簡單地把意識型態看成一種否定性的虛假存在，它在當代資本主義現實操作中是一種動力體系，它物質地、眞實地發揮著改造生活世界中每一個人的功能。而這也意味著，意識型態是一種無處不在、略顯神祕而又時時發揮著現實功用的物質性存在。

阿都瑟由此進一步關心個體的「主體性」如何被意識型態所建構。

從阿都瑟的角度來看，人們會發現，在當代社會裡，意識型態國家機器主要的功用在於召喚（interpellate）個體成爲主體，這種召喚事實上是一個漫長過程，一般是透過國家的義務教育體系，有些國家甚至貫穿到大學教育及其社會媒體教育，它的焦點在於透過外部的物質性操作，讓人民自行「想像」彷彿碰觸到人民意志集合體的集體展現，然而其實這都是一種「生產關係的再生產」（reproduction the relation of production），也就是

所有的意識型態都是從既有的生產關係再生產出來的，換言之，意識型態國家機器提供我們一整套文化成規，這套文化成規有沒有意義並不重要，學生都必須花費很長的時間在學校學習統治者所認為「正確」的行為及社會規範、「正確」的思想及價值觀，藉由這樣的過程形塑我們對正確與偏差的概念，以及在這個階級社會中應該扮演履行的角色。此外，它的重點還在於意識型態必須通過諸如學校、語言、金錢等等這些強而有力的「外部的物質性操作」來實現它的功能，透過這些外部的物質性操作，統治者將個體縫合進他所認定的社會秩序裡，[36] 以當代的觀點來說，這樣的外部操作是一種「超個人的機制」，[37] 具有高度普遍性的感染力與涵攝力，在正常的條件下，任何人都難以倖免。

　　阿都瑟特別把這種人民對主流意識型態的內化和不假思索的服從稱為「召喚」（interpellation），這種召喚自然地就像我們在街頭叫喚一個人的名字（此動作即「召喚」），當對方轉頭回應，如此就建構了對方的身分。[38] 不過，召喚不是一次性的儀式，而是當一個人從一出生就被建構起來的，就按照巴特勒（Judith Butler）的詮釋，統治者會透過其所建構的制度，然後藉由「展演性」」（performativity）和「引述力」（citationality）在日常生活中的反覆執行，讓大家認為每個人都是以此種方式在運作，進而習以為常。[39]

---

36 佚名，〈再論Althusser意識型態理論與Gramsci文化霸權理論〉，引自www.wretch.cc/blog/sweetselina/21821662從語言哲學來看，語言符號是一種不透明的物質性的存在，當代的哲學已充分意識到語言文字本身的物質性：文字並不表象事物，語言並不指涉世界，語言和文字是探向那事物和世界之上、之外、之下的非場所的場所。海德格（M. Heidegger）甚至指出，語言乃存有之屋，而不論是學校教育或媒體都是透過語言符號來操作的。從這個角度來說，意識型態並非理念或精神性的存在，而是物質性的存在，它存在於各種體系、制度、機制或實踐活動的再現系統，從而發揮支配主體的權力。

37 Clifford Geertz, *The Interpretation of Culture*, New York: Basic Books, 1973, pp.216-218.

38 L. Althusser, *Lenin and Philosophy and other essays*, trans.by Ben Brewster, New York: Monthly Review Press, 1971, p.163.

39 Judith Butler, *Bodies That Matter: On the Discursive Limits of "Sex."* New York: Routledge, 1993.

　　這裡所謂「展演」指的是人的言談、動作，例如日常的舉手投足、走路吃飯、典禮儀式都是，反正一切讓人可見之事，都稱之為「展演」，言下之意，我們所有的言語舉止都是在表演給人看的。依此，所謂的「展演性」就是意指人在動作時，該動作若能夠讓人感受到，則該動作便帶有表演的性質，亦即帶有「展演性」，簡言之，展演本身所帶有的特性便叫做「展演性」；事實上，只要人活著，每一天每一刻都在展演，從眼睛張開一醒來就必須不斷地展演，比如要去上班就不能穿睡衣拖鞋出門，依場合性質，有的要穿制服，有的可以穿休閒服，有的還必得穿西裝，又比如一個人到了學校，當老師的要像個老師，當學生的要像學生，當校長的要有校長的樣子，在一定的場合該有適當的言行舉止；因此在展演中，最關鍵之處就是社會的認同，亦即，一切合乎社會規範的行為都帶有展演性，於是，我們就可以知道，這種展演性的社會功能就是讓整個制度底下的人都能藉此認同某種規範。

　　展演性乃是以行動表現來說明社會規範，但是有些社會規範卻是透過話語表達出來的，這便是「引述力」，引述，從字面的意義上來理解就是重述他人話語，這裡的「他人的話」指的就是依社會制度所規定、符合規範的話語，比如法官的判決是依據法律，這時法官便是在「引述」法律，而當我們引用符合制度、規範的話語而產生作用就是「引述力」，例如法官的判決書所產生的法律作用，警察單位就是依判決書將嫌疑人釋放或囚禁。有許多時候在展演性同時也具引述力，比如法官在法庭上宣判時便同時具展演性與引述力。再如在台灣，每年9月1日，每個在籍的小學新生入學那一天，當小一生穿著新衣戴新帽進入校園那一剎那，也兼具了展演性與引述力。

　　展演性與引述力就是阿都瑟所說的「召喚」，此為阿都瑟引用法國心理學家拉康（Jacques Lacan）的心理分析理論來解釋意識型態如何在個人建構為主體的過程中發生影響力、並且產生與世界之間的關係。當我們

---

　　p.223. 關於Butler所說的展演性與引述力這兩個概念也參見Sara Salih, Judith Butler. London and New York: Routledge, 2002. pp.45-81.

每個從家庭走出來要成爲一個社會人，融入社會實踐中，每個個體都被不同的名詞所指稱（addressed）或召喚（interpellated），而這些名詞被賦予了社會認同，例如一個人從小立志要當老師或是科學家這樣一個被社會所認同的角色，那麼老師、科學家這樣的名詞對他就具有特別的吸引力，這個名詞無時無刻地召喚著他：「所有的意識型態召喚具體的個人成爲主體」。個人被既存的結構和實踐所指稱，並構成主體，雖然指稱的辭彙和主體性會根據特定時空的社會角色而改變。[40]

值得注意的是，主體的此一召喚還透過一種機制產生作用，那就是「誤認」（misrecognize），也就是說在召喚過程中人們會產生誤認，一方面通過這種誤認，統治者讓人們相信自己是經驗世界的主宰者，而事實上這個經驗世界卻是經由意識型態符碼所建構出來的，因此，在這種召喚下，個人便誤認了他或她自己；另一方面，誤認也是透過社會的認同即人們對集體的信任而產生，使人們相信與自願接受掌權者所界定的事物並認定其爲社會集體意志，從而不加以懷疑地將之內化爲理所當然的認知。意識型態如此這般經由誤認獲得個體的認同，而這些個體也服膺意識型態所指定的位置或身分。

正因如此，個體視意識型態的觀點爲自我證實的事實，並且被安排生活在一個世界中，在其中意識型態不斷被承認及確認。而召喚的作用就是將每個人安置在意識型態所編織的世界中的相關位置，進而讓個體忘記自己原本所屬的社會位置。最後，阿都瑟強調，統治者主要就是透過意識型態國家機器來進行召喚主體，不過，這裡所指的意識型態國家機器特指那些主要扮演維護社會關係再製角色的重要社會組織，如：教堂、家庭、教育體制、工會、媒體等，而不是帶有壓迫性的員警、法庭、監獄等國家機器。[41]

---

[40] L. Althusser, *Lenin and Philosophy and other essays*, trans. by Ben Brewster, New York: Monthly Review Press, 1971, p.170.

[41] L. Althusser, *Lenin and Philosophy and other essays*, trans. by Ben Brewster, New York: Monthly Review Press, 1971, p.171.

　　因此，召喚事實上就是意識型態的建構，根據阿都瑟，這種意識型態建構是一種非常精密的操作，它利用在個人當中「招募」（recruits）主體（招募所有的個人）或者把個人「改造」（transforms）成主體（改造所有的人）的這一種方式來「行動」（acts）或產生作用（function）的。[42]

　　阿都瑟在此實際上是顛覆傳統哲學思想上一個非常重要的基礎——「主體」（subject）或「主體性」（subjectivity），[43]就是笛卡兒（Descartes）所說的「我思，故我在」的那個「我」；「主體性」（subjectivity）指涉的乃是個人的意識與潛意識的思想與情感，對自身的認知以及了解個人與世界的關係的方式。原來西方傳統的人道主義（humanism或譯：人本主義、人文主義）哲學傳統，預設了存在於人類內心深處的一種本質，它是獨特的、固定並連貫的，並且這個本質使個人成爲他／她所是（is）的那個人，這就是主體。[44]

　　阿都瑟在此則斷定，一向把自己當作主體的個人其實是透過意識型態的作用而建構出來的，也就是說，主體是掌握國家機器者透過他所掌控的力量與機制，諸如教會、媒體、教育體制所創造出來的，它不是西方傳統那種本質性的主體。相對的，一切意識型態也都是通過主體範疇的作用，

---

[42] L. Althusser, *Philosophy and the spontaneous philosophy of the Scientists & Other Essays.* Edited by Gregory Elliot. V E R S O. London - New York 1990, p.191.

[43] 吳豐維，〈何謂主體性？一個實踐哲學的考察〉，《思想》雜誌（台北），2007年1月第4期，頁63-78，吳豐維在文中指出，人們使用主體或主體性的概念時，可能同時指涉以下幾種不同的意義：(1)同一性／身分：個人內在統一的自我或靈魂，或者是群體的身分認同（這個身分認同可能是建構的，也可能是本質的），與他者與他群乃是相對立的。(2)獨立性：個人或群體乃獨立自持，不受其他個人或群體的影響與干擾，因此是自足而不依賴的。(3)自律性：個人或群體爲自身立法的能力，與他律性相對立。(4)主觀性：以自身意識爲出發點認識、把握、理解客體或內省自身的特定視角，而與客觀性相對立。他以爲，在擁抱主體性之前，我們需要三思。以一個列維納式的語言來說，「有或沒有」（to be or not to be）並不是主體性最重要的問題，主體性最重要的問題是「如何證立自己」。

[44] 維登（Chris Weedon），白曉紅譯，《女性主義實踐與後結構主義理論》，台北，桂冠，1994年，頁38。

把具體的個人召喚或建構成具體的主體的。

　　然而，必須澄清的是，意識型態在召喚主體的過程中，也就是在主體的建構過程中，主體是否是自覺的呢？從某種意義上講，主體是無法自覺的，這是由於意識型態本身就是一種想像性關係，通過意識型態這種非透明性的媒介，人不可能完全達到對自我的清醒認識，再加上，在實踐過程中，每個主體本身都不是一個封閉的、已經徹底完成的靜態物，而是一個不斷裂變和重組的過程，而促成主體變化的主要精神動力正是具有致命魅惑力量的的意識型態。主體陷入意識型態的循環，鋪天蓋地的意識型態國家機器與國家機器中無處不在的意識型態，像空氣一樣籠罩著每一個企圖來到這個世間或自以為在這個世間「自由自在」生活的每一位個體。[45]

　　以此而論，當學校教育在作為國家機器的同時，也扮演了意識型態國家機器的角色。當然，被教育者或被馴服者的主體的成立，也是在這個意識型態國家機器召喚出來的「主體」之主體化（subjectification）的過程中，建構這個主體的「內部」作為規訓化與知識生產的對象的對象化（objectification）的過程之後才成立的。[46]

　　說白一點，我們引以為傲的主體，是虛構出來的，是國家機器利用其掌控的普及的教育體系以其知識、價值、信仰長期馴化學生所致。

　　總之，就如學者所作的評論，阿都瑟到底還是一名唯物主義者和階級論者，他以其悲劇性的勇氣在教育機器內部頑強地抵制著這個國家機器的強大慣性，並將此看成了自己莊嚴的政治行動。阿都瑟在具體存在的國家機器中看到了勞動者身體的不斷地再生產，並且聽到了統治階級恩威並濟的規訓聲以及那些被規訓者的苦難歎息與抗爭。[47]

45　孟登迎，〈阿爾都塞意識型態理論與文藝問題〉，《中青人文網》，renwen.cyu.edu.cn/Article/ShowInfo.asp?InfoID=138

46　L. Althusser, *Lenin and Philosophy and Other Essays*. Appendix. First Published: by François Maspero, 1968; Translated: by Ben Brewster; New York: Monthly Review. 1971.

47　胡繼華、孟登迎、郭軍，〈法蘭西的另一種政治哲學〉，《中華讀書報》，見www.booktide.com/news/20040304/200403040013.html

　　然而，學界對阿都瑟的再製理論也不全然是讚美聲，赫斯特（Paul Hirst）便指出，阿都瑟雖然不認同意識型態是錯誤意識的說法，但依然未能與之劃清界線，意識型態的再製根本上依然模糊了資本家剝削的真實。更嚴厲的是赫斯特對阿都瑟的召喚理論的批評，他認為，如果意識型態藉由召喚來建構個人成為主體，而這種召喚牽涉到誤認，那麼它只能經由既存主體的誤認自己來達成。簡言之，召喚預設了想要詮釋的對象。[48]

　　最後，我們必須說，阿都瑟為我們指出真正的問題核心是，作為統治階級規訓的意識型態的魅惑之所以為魅惑在於它的根深柢固、牢不可破、以及人們對它的無意識，正如李維納斯（Emmanuel Levinas）所評論的，馬克思及其追隨者向後世提出意識型態問題：「它的新穎之處就在於：理性現象可能比起非理性現象晦暗，更難以把握。它的神祕化力量可以如此隱蔽，以至於邏輯的藝術不足以打碎這種神祕。神祕化源於一種無意識的意圖，將神祕之物給神祕化了。」[49]這樣的論斷果然一針見血。

六、結語

　　在傳統馬克思主義那裡，意識型態意味著偏見、迷信與無知，是粉飾資本主義邪惡的美麗謊言，是一種虛假幻象；然而，當代思想家對意識型態的認識並不止於此，在現代市民社會生活中，統治者以其龐大權力與資源取得文化霸權，被統治者在此文化霸權底下是不斷被馴化的過程，他們窮其一生都以統治者的世界觀為世界觀，以統治者的價值為價值，以統治者的觀念為觀念，這就是葛蘭西所說歐洲社會主義革命不能說服工人階級並喚醒工人階級意識的根本原因。

　　經過本文論證，關於當代國家機器操控意識型態用以馴化人民之事實在在證明教育非但不能免於意識型態，而且教育正是意識型態本身可以順

---

[48] 引自蕭小芳，〈意識型態理論：從阿爾都塞到赫斯特〉，《武漢科技大學學報（社會科學版）》，武漢，2008年，第1期。

[49] Emmanuel Levinas, "Ideology and Idealism," in Seán Hand, ed., *The Levinas Reader*, Cambridge: Blackwell, 1989, p.237.

利建構之憑藉，例如2015年1月中國教育部長袁仁貴一番「要加強對西方原版教材的使用管理，絕不能讓傳播西方價值觀念的教材進入課堂」言論以及三個「絕不允許」的教育政策，[50]更是旗幟鮮明地體現了由國家機器所操控的「文化霸權」。

　　不僅如此，當代的這種意識型態更極具隱蔽性，特別是現代化的國家中，學校作爲意識型態國家機器，教育的普及與深入更讓這種隱蔽性更具穿透力；除此之外，當代意識型態的功能已非昔日吳下阿蒙，它已從一百多年前馬克思所說的虛假幻象轉變成眞實，它可以「召喚」、「建構」人們的主體，也就是說，它讓人們以爲自己可以做自己的主人了，當然，在當代資本主義社會裡，建構、召喚主體的過程，學校也扮演主要的催化角色。就此而論，作爲統治階級規訓的意識型態的魅惑之所以爲魅惑在於它的根深柢固、牢不可破以及人們對它完全毫無抗拒力，它已變成我們無意識的行爲模式、轉化成被大家視爲理所當然的生活方式。

　　我相信到現在許多人都還是認爲學校教育是不應該有意識型態，因爲它是人類文明之所寄，教育原本不應有偏見，所以有前行政院院長劉兆玄，有2008年那樣對教育的期勉之語；本文的本意當然不是與任何人唱反調，而是強調人類無法全然依賴自己的理性，沒錯，在一定程度上，我們可以說人類是理智的，可是這個前提是我們清楚所有的資訊，而且這些資訊是無誤的，否則就像2008年的金融風暴一樣，當股票和房地產市場資訊不透明或有誤報，人們便無法作準確的決定，往往受騙上當。再者，理智也有分短期和長期的判斷，有些選擇或決策，短期來看是合理的，可是長期來看，卻是不理智的，這是因爲我們所做的決策也只能根據眼下的資訊，這種情況特別表現在泡沫經濟開始後，證券和房地產價格狂飆，人人

---

50 三個「絕不允許」：決不允許各種攻擊誹謗黨的領導、抹黑社會主義言論在大學課堂出現；決不允許各種違反憲法和法律言論在大學課堂蔓延；決不允許教師在課堂上發牢騷、洩怨氣，把各種不良情緒傳給學生。
　　原文網址：大陸教育部長：絕不能讓「西方價值觀念」進入課堂 | ETtoday大陸新聞 | ETtoday 新聞雲 http://www.ettoday.net/news/20150131/461305.htm#ixzz3R6KLhktP

只顧短期投機，忽視了投資標的長期的真實價值。因此，我們說人類是理智的，應該加上個但書，那就是人類的理智是有限的。依本文的觀點，將人類說成一個全然的主體是意識型態國家機器所塑造出來的。

　　因此本文期望通過此一深入探討來釐清可能的事實真相，更進一步讓有識之士來共同深思，假如我們引以為傲的主體，這個負責任的主體、可以自我負責的主體，仍是被塑造、被召喚出來的，那麼，新自由主義的市場經濟假定的那個理性主體，事實上就是市場的統治階級刻意營造出來的假象；最令人難過的是，這個假象透過現代化教育體制把所有人都變成新自由主義的信徒，以致，上從總統、行政院長、教育部長這些政府官員，下到大學校長、大學教授、學生家長與學生，對風行全球的高等教育產業化幾乎毫無批判反省地全盤接受、並且無怨無悔地全力推動。

　　最後，作為教育者，我們最關心的還是如何可能在此一條件下讓學生擁有真正的主體？或者說，如何讓學生認識到理性的有限性，從而不斷地自我反省批判，做自己真正的主人？擴大來說，在這樣的一個號稱開放的、民主的體系之中，我們如何可能才能當這個體系的真正主人？

■第六章■■

教育的資本邏輯

一、前言

很多人都希望藉由接受高等教育為自己找個好出身，希望考上個好大學就可以尋個好職業。然而，教育似乎從來都不是貧窮人翻身的憑藉，特別是高等教育產業化之後，一般人要接受到最好的高等教育的機會更加微乎其微。

其實，政府或有識之士也不是沒有看到教育的問題，但問題是，很多良法美意一到我們的社會文化裡就開始變形扭曲，所以經過一、二十年的教改，從小學至大學，台灣所有的教育到最後幾乎就是以考試為唯一評量依據，什麼多元入學、基測、會考、學測、指考、九年一貫、十二國教……教改形式，萬變不離其宗，就是考試，按李家同教授的意見是，十幾年前台灣開始廢除扭曲人性的聯考，但教改實施的結果，「聯招不僅沒有消失，而且變本加厲。」[1]

為何教育部回應社會大眾降低入學條件，費盡心思倡議多元入學，適性揚才的教改，最終卻落個「變本加厲」的批評呢？

這其中隱而不顯的祕密即是資本主義機制：教育產業化，也就是說，從政治經濟層面來說，台灣這十幾年來教改的最終目標就是將教育產業化以及它所造就的驚人經濟規模；舉個簡單的數據大家就明白，僅僅從2005年至2014年的十年之中，台灣補習班總數從9,714家暴增到1萬8,886家，足足增加了1倍，就連遠在外島縣市金門的補習班數量，十年來也從10家暴增到27家。[2]教育成了一個龐大產業，教育產業化對台灣社會經濟影響之巨大可想而知。

這是台灣高等教育產業化之後對各級學校的影響，因為在高等教育被當成一種產業，並且用企業的方式加以經營之後，高等教育就成了典型的新資本主義下的產物，簡單地說，在當代資本主義市場邏輯底下，每一個

---

[1] 李家同，〈聯招不但沒消失還變成賭博〉，《聯合報》，台北，2015年3月7日。

[2] 劉奕霆，〈李家同痛批：12年國教是史上最大敗筆〉，《新頭殼newtalk》，台北，2014年12月27日。

孩子接受高等教育的過程就是一場各種資本的競奪。

　　既然高等教育被當作一種產業，以下，我就嘗試以資本主義的政治經濟學來解構這種高等教育產業化。

二、關於學校「場域」的政治經濟學解構

　　資本主義運作中最主要的核心價值就是自由「競爭」，這也是新自由主義的重要信念，唯有透過自由市場的競爭，才能提升品質與能力，企業如此，個人也是如此；不同發展階段的資本主義的競爭雖有不同的形式，然而，在這樣的社會裡頭，要出人頭地便要死命地競爭，這被認為是理所當然的觀念，這種價值認為，競爭激發人類潛力，讓社會更進步，所以絕大多數家長會認為鼓勵孩子競爭乃是天經地義之事；為了要擁有競爭力就要接受良好的教育，於是，每個孩子從上學的第一天起，就得背負一生都不可能放下的競爭壓力。為了贏得這場每個人都輸不起的競爭，有能力的家長於是使出渾身解數投注各種資源幫助自己的小孩強化競爭力。

　　而學校便是競爭的主要場所。

　　有一個法國學者布爾迪厄（Pierre Bourdieu）就把學校這樣的場所稱為「場域」（field/champs）。[3]其實場域是一個特殊的社會空間，在當代資本主義社會裡頭，有著各式各樣的場域，人們將他所擁有的各種資本投資在場域裡頭藉以獲得更大的利益；在資本主義的市場邏輯下，學校這種場域便是各類資本競奪社會權力的分配場。

　　在分析現代資本主義制度時，學者特別把「場域」這種權力分配的處所稱為「已建構的結構」（structured structure），但在此同時，場域也是一種「建構中的結構」（structuring structure）；這種拗口的術語，我嘗試將它翻譯成白話，「已建構的結構」指的是經過長期歷史作用後的客觀社會結構，這是就整個社會來說，那是長期歷史演變堆積而來的社會階層，有點像經歷億萬年沉積下來的地層結構一樣；而「建構中的結構」指的卻

3　P. Bourdieu, *Distinction: A Social Critique of the Judgement of Taste*, London, Routledge and Kegan Paul, 1984.

是在該社會中的人們的心智結構，這是就生活在該社會中的人們來說，此為社會之所以變遷的可能性，因為人們在面對傳統時，並不必然會去認同，特別在當代高度專業高度分化的社會中，人們的心智必得隨時隨勢而變，因此，這裡所講的建構中的「結構」，指的是個人必須努力奮鬥才能獲得的社會地位，顯然是不同於「已建構的結構」沉澱為社會階級的那個結構；學者以為，在分析當代資本主義社會時，必須將客觀社會結構生成與個人心智結構生成（the genesis of the mental structure）結合起來同時分析，因為在實際上，每個人的心智結構都是社會結構具體化的產物，從而認定對個人心智結構生成與社會結構本身如何生成兩者的分析是不可能分離對待的。在此，社會結構指的是社會空間（the social space）以及社會制度，社會結構乃是人類歷史長期鬥爭的產物，在這樣的社會裡，所有的社會行動者（agents）只能站在他們所處的社會空間與制度，結合了他們理解這個空間與制度的心智結構，人在江湖身不由己地捲入歷史鬥爭的洪流之中。[4]

歷來社會學家在探討人與社會的關係時，絕大部分都偏好結構主義，近年來有一些學者則偏向文化批判，前者著重制度的制約力量，後者強調人的主體性主動性，但是，「場域」這個概念卻能兼顧兩者，場域中既有社會空間與制度，也有能盯衡局勢的社會行動者，所以我們用它來探討行動主體和社會結構之間關係；任何一個社會都被分割成許多不同的場域，在這些不同的場域（「已建構的結構」的場所）進行著一些為了特定目標的競爭。

其實場域並不一定是個實體，它可以是一個存在於個體之間、群體之間想像上的領域。場域乃是由各種社會地位和職務所建構出來的空間，

---

[4] P. Bourdieu, and L. Wacquant, *Invitation to Reflexive Sociology*, Cambridge: Polity Press. 1992, pp.120-121. 由於強調同時分析社會結構與心智結構的生成，並且特別強調這兩個層次的分析必然是緊密相關、相互生成的，因此布爾迪厄稱自己的理論為生成結構論（genetic structuralism）。見Pierre Bourdieu, *The Logic of Practice*, Stanford: Stanford University Press, 1990, p.14.

它是由具有共同價值、思想、制度、組織規則的人員組合而成的多元複合體，例如，圍繞著某一特定主題——政治、經濟、藝術、教育等——而形成的社會生活圈，其性質取決於這些空間之中各人所占據的社會地位和職務。因此場域不能被化約為孤立行動主體的單純聚合、或只是並列元素的總合，場域像行星的磁場一樣，它是由權力軌道所構成的系統。在某一既定時間裡，行動主體的體系決定其特定的結構；同時，每一個行動主體亦由其在場域中的特定位置來界定，由此而產生其位置的屬性（已建構的結構論和建構中的結構論）。[5]

　　就理論而言，任何場域皆有其一定的邊界，然而身處在特定場域內人，有時卻很難清楚地描述其場域，但在實際的操作過程中，他卻會很清楚地知道如何操作、誰是領袖、誰在挑戰；因此，作為社會科學家，就是要去清楚描繪場域的邊界、特色、角色以及交換的籌碼。

　　從客觀上看，一個場域是一個被建構的社會空間，一個力量場域——就像馬基維利（Niccolò Machiavelli）的權力競逐——有著支配者和被支配者作用於這個空間內部，有著永遠不變的不平等關係，這是一個激烈競爭的空間。但是從主觀上看，在這個圈子的內部，每個人在他和其他人的競爭裡投入他能掌握的力量，而且，這個力量定義了他在場域裡的位置，也相應地，定義了他的許多策略。行動者在場域中如何運用策略，取決於他所擁有資本的性質、種類、數量；按，資本的概念原屬經濟的範疇，資本的累積需靠投資、繼承，並依照資本擁有人所掌握的理財、置產時機而決定其獲利多寡。

　　在場域這個市場裡進行交換的籌碼通常有三種：經濟資本（le capital économique）、文化資本（le capital culturel）、社會資本（le capital social），它們分別對應著財富、名器與頭銜、社會地位與社會關係網絡，以及上流社會所標榜的「品味」等。[6]

5　布爾迪厄著，包亞明譯，《布爾迪厄訪談錄：文化資本與社會煉金術》，上海，上海人民出版社，1997年。

6　Pierre Bourdieu, 'The forms of capital', in J. G. Richardson (ed.), *Handbook of Theory and Research for the Sociology of Education*, New York: Greenwood Press, 1986, p.286.

在台灣，人們憑其各種資本競逐的高等教育，特別是高教體系中的頂尖大學，頂尖大學作為一種教育場域，相對而言，其邊界是十分清楚的，它就是一所學校，其鮮明的特色是高國內外排名、昂貴地段、優秀師資、非凡身價的畢業證書、優勢資源以及眾多成功校友等等，當然能夠進場去角逐此種權力場域的學生也都是社會菁英；台灣人民對這種頂尖大學的崇拜可以說是一種集體意識，有人就這麼形容這種集體意識：

> 台灣社會對於「明星學校」存在由來已久的集體意識，不富不貴者冀圖子女或自己從「明星學校」的加持，獲得社會向上流動的力量，既富且貴者更希望「明星學校」的加冕能使家業遠傳、名聲流芳。有的人盼望國內的明星學校，從小學、中學、大學甚至研究所，無不遵循社會既定的明星學校崇拜意識，一步步把子女或自己往這條窄路上儘量擠一擠，有資本者則把觸角伸到國外，哈佛、牛津、劍橋、長春藤盟校等名校的崇拜更加明顯，喝洋水、吸收洋墨汁的名校崇拜之旅，彷彿就是鍍金取鑽的必經過程與結果。這種集體崇拜無分貧富貴賤，只是渴求明星學校的名校對象不同、程度不一罷了。[7]

其實，這樣的崇拜不僅台灣為然，同是中國文化的中國人民也深為頂尖大學所著迷，例如中國最近有以下這則評論：

> 中國校友會網近日發布了《2012中國大學傑出校友排行榜》，看了這個榜單，我估計不少人會進一步地強化名校情結。排在前十名的，都是響噹噹的名字，而北大、清華、人大，則毫無懸念地位列前三。榜單顯示，改革開放三十多年來，清華大學造就了84名億萬富豪，校友財富合計近3,000億

---

7 羅伯特亞當斯，〈「明星學校」的集體意識，我們的歷史共業〉，引自http://robertad-ams.pixnet.net/blog/post/60913091

元。在傑出校友中，1952年以後畢業於北大的政、商、學界傑出人才最多，有456人；其次是清華，有292人。[8]

　　作者這裡所講的「名校情結」就是本文所說對頂尖大學崇拜的集體意識。跟台灣一樣，在中國，進入名校等於是成功的保證。

　　簡單地說，貧窮的人希望透過進入頂尖大學這樣的場域來翻身，富貴的人則期望以此來鞏固自己的社會地位，因此，它變成一種全民集體意識。

　　然而，我們若是仔細地研究這種集體意識的內涵，會發現事實上它是一種菁英主義（elitism）；台大數學系教授黃武雄認為，台灣教改常不自覺地陷入這種菁英主義的意識型態中。[9]如同學者所觀察的，一直以來，台灣教育的菁英思維確實已根深柢固了，家長與學生的觀念亟待改變，每位學生都想擠明星高中、頂尖大學，這是一種虛榮的心理，因為進了明星高中才有較大的機會考進頂尖大學，而這些系出名門的學生，就是社會上典型的「菁英分子」，是歷經各種嚴格試煉之後的秀異分子，在他們出社會之後，固然容易有強烈的菁英思維。[10]此種強烈的菁英思維實際上就是新自由主義之所以被稱為極右派意識型態的鮮明標誌。

　　在資本主義自由競爭的市場裡，這種優勝劣敗的菁英主義常被視為理所當然、天經地義，其理由是：

　　　台灣要追求進步當然需要傑出的人才
　　　所謂明星學校當然有其價值
　　　難道哈佛　MIT　哥倫比亞　牛津　普林斯頓……都假的啊

8　財匯資訊，〈大學豈能是「權貴培訓班」〉，《人民網》，2012年5月18日。

9　黃武雄，〈教改怎麼辦？（上）教改架構與菁英思維〉，載於《教育研究月刊》（台北），2003年2月，106期，頁55。

10　林彥廷，〈李家同式教育&菁英主義〉（上），《國民教育社群網》，2009年2月19日。http://140.117.11.91/eduReport/checkDir/guest20090219140823.htm

進步的國家大部分也有存在所謂菁英教育。[11]

　　但是，一個人想要擠進入這種菁英薈萃的頂尖大學窄門就讀，若不是天資聰穎，就必須從三歲呀呀學語時就開始讀雙語幼稚園，然後，按台灣社會的風氣來說，就是犧牲睡眠、休閒娛樂、交友與興趣，不斷地補習、學習更多的才藝，然後沒日沒夜地不斷讀書、考試，通過許多如惡夢般的補習與考試，最後才有可能擠進人人稱羨頂尖大學這個神聖殿堂的窄門。

　　如同前面李家同教授所說的，這種情況在多元入學改革之後更爲變本加厲，因爲在多元入學制度底下，國中、高中學時期的每一次考試都要小心翼翼，都要全力以赴，都要用盡家裡的所有資源上補習班，將個人的成績衝到全校排名前百分之一，如此才有可能進入夢寐以求的頂尖大學。即便在2014年實施十二年國教之後，部分實施免試升學的學校進行所謂的「超額比序」，家長們爲爭奪各種比序成績，無不使出渾身解數，挹注更多資源提高自己小孩各種比賽的積分，「大家仍然分分計較，超額比序比什麼，就補什麼」，造成許多亂象。[12]於是到了2015年，教育部又改弦易轍，教育部「十二年國教五年精進計畫」，預定自108學年起，免試入學擬完全改成申請分發入學，升學比序就完全不採計會考成績，改採計在校成績。[13]其實採計學生在校平時成績更累，因爲從此以後每一次的任何考試都關乎一生的命運。真是萬變不離其宗，最後還是要回歸到考試成績，這個也就是我在前言所提到的爲何補習班數額在短短十年間暴增一倍的原因。

　　職此之故，在台灣讀書不僅是一場長期毅力耐力的比賽，更是一場

11 熊掌印，[討論]〈明星學校存在的價值〉，《深藍學生論壇》，2005年7月30日。引自
　　http://www.student.tw/db/archive/index.php?t-50975.html

12 王韻齡，〈12年國教超額比序，3大亂象與真相〉，《親子天下雜誌》，台北，2014年1
　　月7日，第53期。

13 林曉雲，〈12年國教又變 擬改採計在校成績〉，《自由時報》，台北，2015年4月27
　　日。

家庭背景與財富的比拼，這就像學者所說的，想要進入頂尖大學這個教育「場域」以及人們在場域的位置，取決於這個人所擁有的資本數量；而一個人所擁有以及運用的全部資本總量，事實上就是階級的判斷標準。[14]

於是，頂尖大學這樣的「場域」就以各種社會關係連接起來的、表現形式多樣的社會空間或社會領域來呈現，要進入這樣的場域，其家庭必得擁有數量龐大的資本，他的孩子才能與人競逐。因此，一個頂尖大學教育場域可以被定義為在教育過程中大家極力爭奪的標的，它是由各種社會要素之間存在的客觀關係所形成的一個特殊網絡或結構。

在台灣社會中，頂尖大學這種場域由前述諸多不同的社會要素，如地段、畢業證書、優勢資源、充沛的政商關係……連接而成的，行動者通過占有不同「位置」（比如明星學區）取得這些社會中不同要素而在場域中存在並發揮作用。行動者在頂尖大學這個場域所建構的社會關係就像一張社會之網，而位置可以被看成是網上的結。位置是人們形成社會關係的前提，社會成員和社會團體因占有不同的位置而獲得不同的社會資源和權利。

因此，搶先占有這樣的位置攸關爭奪社會資源及個人前途的生死之戰，頂尖大學的重要性因而突顯。

如果我們更進一步去分析，頂尖大學所代表的其實不只是一個「場所」、「位置」，它更是象徵一種社會品牌──即社會所共同推崇的價值，這倒也符應了本文所說的「場域」，它指涉的範疇十分寬泛，既可以是具體的、正規的集團組織，也可以是有著某些共同價值觀念（信仰）的鬆散的社會網絡體系，它就是傳統文化中的社會名器。

在當代資本主義社會裡頭，任何社會空間或場域事實上就是一個自由競爭的市場體系，不同的特殊利益或多重的特殊資本進行交換與競爭，就像學者所指出的：

---

[14] P. Bourdieu, *Distinction: A Social Critique of the Judgement of Taste*, London, Routledge and Kegan Paul, 1984.

作為一種場域的一般社會空間，一方面是一種力量的場域，而這些力量是參與到場域中去的行動者所必須具備的；另一方面，它又是一種鬥爭的場域；就是在這種鬥爭場域中，所有的行動者相互遭遇，而且，他們依據在力量的場域結構中所占據的不同地位而使用不同的鬥爭手段、並具有不同的鬥爭目的。此與同時，這些行動者也為保持或改造場域的結構而分別貢獻他們的力量。[15]

場域，是在生活中行動者擁有的社會地位、不同形式的資本力量及權力範圍而產生的相互關係網絡。可以這麼說，場域本身就是一種珍貴的資本，因為不同的場域所建構的社會網絡和資源是完全不同的，這種珍貴的資本不僅是一種抽象的價值，它確實可以轉換成具體的資源。

以頂尖大學來說，頂尖大學集合了優秀的老師、豐富的資源、便利的交通、精華地段、方便的生活圈、充沛的政商關係等，是其他等閒學校所無法望其項背者；就單舉資源一項來說，台大教授張瑞雄就指出，當前台灣各大學教育資源分配極為不均，五年500億計畫是最好的例子。目前國立大學有70幾所，除了受補助的11所外，其他的國立大學都在苦撐經營。在僧多粥少的情況下，台大1年仍可拿到30億，可說占盡資源。預算都湧向台大等頂尖大學，學費差不多，資源卻多很多的情況下，學生當然拼命地往台大擠。[16]

除此之外，設在台北首都地區的各個國立頂尖大學，平時接受政府公部門各種專案研究計畫更是近水樓台，就以行政院為例，行政院各部會就有內政部、外交部、國防部、財政部、教育部、法務部、經濟及能源部、交通及建設部、勞動部、農業部、衛生福利部、環境資源部、文化部、科技部、國家發展委員會、大陸委員會、金融監督管理委員會、海洋委員

---

[15] 轉引自高宣揚，《布爾迪厄》，台北，生智，2002年，頁231-232。

[16] 陳心晟、黃政嘉，〈教育資源分配不均，學生擠名校〉，《醒報新聞》，台北，2011年8月10日。

會、僑務委員會、國軍退除役官兵輔導委員會、原住民族委員會、客家委員會。

行政院各個部會每年都有各式各樣的委託研究案或專案計畫，每案少則幾十萬，多則上千萬，許多教授每年都有好幾個案子同時進行，學校還鼓勵他們多接此類計畫，許多計畫除了請領主持人費用之外，尚可減授上課鐘點，可想而知，一個專職教授一週只上兩個小時的課，他所騰挪出來的空閒幾乎可以全心專注委託案，他們的學生自然是得力的助手，自然受到更多更好的訓練，增加許多人所不能及的寶貴經驗，而訓練與經驗就是機會，就是資產，這當然是許多中南部的大學生所望塵莫及的珍貴資源。請注意，這只是行政院所屬部分的委託案而已，而且這些經費並未算在五年500億裡頭。

以上是在說那些完全接受國家部門經費資源挹注的國立大學，讀者可以想像，當所有重要的資源都被這些頂尖大學吸光之後，台灣還有其他96所私立大學（依教育部高教司2015年10月15日的統計，其中包括大學校院37所，技職校院59所），真不知他們到底要怎麼活下去。

三、經濟資本是一種階級篩選器

無論是在古典資本主義或當代資本主義，經濟資本都是資本主義爭權奪利中最鮮明的標誌，少了經濟資本，資本主義就不再是資本主義了，它既是赤裸裸鬥爭的工具，也是大眾一心爭奪的對象；一般而論，社會經濟地位高的家庭，也會將其所擁有經濟資本轉換為子女各種機會的優勢，進行不平等的代際傳遞，用以鞏固其既有的優勢。

在台灣，這種不平等的代際傳遞首先最具體顯示在所謂的「明星學區」這個議題上，即頂尖大學的所在地所形成的生活環境，它儼然成為一種篩選人才的自然機制。

這是由於台灣的頂尖學校多數設在都會菁華地段，因此，早在中小學階段，多數縣市及在入學需求過多的壓力下，學生的家長就紛紛以設籍時間及取得權狀，做為代表居住事實的形式審查，因此若能及早購屋設籍並

自住，就愈能確保子女順利進入心目中的頂尖學校；有些貴族幼稚園每個月光是學費就高達數萬元，一年下來動輒上百萬元，遠非一般家庭所能負擔；此時，家庭的經濟資本就決定了他能否進駐頂尖學校的關鍵了。而在好不容易擠入頂尖學校之後，除了昂貴的生活費用，當然又是緊接著一系列無窮無盡的用功、補習、考試，特別是補習，是台灣中小學生的夢魘，當然也是在家庭雄厚經濟資本的支持下的結果，一個階段的頂尖學校之後，就又是另一階段的頂尖學校的追逐。最後的目標就是頂尖大學。

例如，由於北市公立國小國中「明星學校」就讀資格的門檻不斷提高，讓家長想以租屋方式設籍該學區取得就讀資格，此類作法都已不容易達成心願，因為登記就讀的資格到最後要比的是擁有該學區房屋權狀的時間長短，所以，不論有沒有金融海嘯或是課徵房屋奢侈稅，明星學區附近的房屋都是各類人馬搶攻的兵家必爭之地。根據2011年的一項調查，在台北市明星學區裡的房價近五年飆漲100%。[17]2012年，台北市大安區新生國小附近房屋每坪售價站上百萬元。

可是，即便房價再飆，為人父母者為了兒女，也是千方百計遷入明星學區，光是設籍就讓家長搶破了頭。[18]

這些明星學區地價、房價極為昂貴，因此，要進入明星學區，當然得在經濟上有相當的地位，也就是要有相當的經濟資本。

然而，嚴格說起來，那些搶入明星學區的人還不是屬於真正的最頂層的菁英，事實上真正的菁英家庭的孩子很多就讀私立貴族學校或者乾脆直接送出國去唸書，他們負擔得起一年數百萬的學費，讓他們的小孩受到最好的教育，考上外國頂尖大學。

根據學者的研究表明，家庭社會經濟地位對後代教育獲得起著重要作用，這一點在廣泛的國際比較研究中得到了驗證；家庭社會經濟資源或經濟資本主要指父輩的經濟能力、權力特權和社會網路資源等，與家庭教育

---

17 馮昭，〈孟母難為明星學區房價高漲〉，《中時電子報》，台北，2011年8月1日。

18 〈全台學區剖析——解析全台重點學區與明星學校、替子女預約一個燦爛的未來〉，引自http://event.sinyi.com.tw/school/district_Taipei.php

背景相比，它們是外在的、易變的，更容易受到社會制度和社會狀況的影響。[19]

在文化教育上，這種經濟資本的作用最爲具體；按照家扶基金會2015年12月的一項調查顯示，台灣貧富家庭的教育投資，落差達7倍以上，貧窮者只求溫飽，根本無力負擔子女的教育。[20]家庭社會經濟資本的作用機制在於高階層家庭利用占有社會經濟資本的優勢，在升學和擇校的過程中減少競爭烈度，將部分競爭者排斥在競賽之外，甚至壟斷教育機會。

這種排斥具體體現爲兩種形式：一種「直接」排斥和另外一種「隱性」排斥。

關於「直接」排斥主要有兩種機制：特權排斥和經濟排斥。特權排斥是指在教育制度設計中特別爲某特定階層——通常是權貴階層——預留了位置。這經常發生在保守封閉的社會中，例如，在中國各省份教育部門都普遍存在著「高校教職工子女可適當降分」不成文的「潛在規則」，[21]最典型例子就是特納（Ralph Turner）所描述的英國「贊助性及庇護流動」（Sponsored and Contest Mobility）模式，即貴族和菁英階層的子弟從小就進入專門的學校，然後保送到一流大學，從而確保其日後的菁英地位。[22]

台灣雖然沒有英國式的「贊助性及庇護流動」模式，但這種特權排斥似乎也以另一種形式出現在台灣的教育中，例如根據台灣大學統計，在2011年大學指考分發榜單中，建中錄取331人、北一女284人，儘管人數

[19] Donald J. Treiman, and Kambor Yip, "Educational and Occupational Attainment in 21Countries", In Melvin L. Kohn (ed.), *Cross National Research in Sociology*, Beverly Hills, Calif .: Sage, 1989, pp.373-394.

[20] 陳至中，〈教育投資金額調查：貧富家庭差7倍〉，《中央通訊社》，台北，2015年12月2日。

[21] 漢應民，〈取消高校職工子女降分特權當痛下決心〉，《新華報業網》，2008.7.2。

[22] 與此相對的爲「競爭性流動」（Competitive Mobility），即完全以個人的才華與努力，透過參與公開競爭的方式而提升社會地位，此種社會流動以美國最爲典型。Ralph Turner, "Sponsored and Contest Mobility and the School System", in *American Sociological Review*, vol.25, no.6 (Dec. 1960), pp.855-867.

均較去年減少，但兩校仍占高中錄取人數的冠、亞軍。而且若以繁星、個人申請、指考分發各升學管道相加，建中應屆與重考共有503人考上台大，北一女則有412人，建中和北一女兩校就約占台大今年新生的四分之一。[23] 進建中、北一女幾乎就是進台大的保證。

不僅如此，台灣的台大醫學系學生雖然來自全台各地，但出身背景都極為相似，很多是兄弟、父子、父女檔。[24] 而根據教育部的資料，101學年度就讀台大的弱勢學生數僅351人，在全體3萬多名的台大學生中占不到1%，可以說是聊備一格。[25] 在一個現代化的社會裡頭，階級地位近乎世襲。

因此，我們可以說，對頂尖大學文憑的競逐，事實上就是一種經濟排斥，這種經濟排斥是現代社會最常見排斥的方式，因為，只有富裕家庭才能有錢送孩子進入設備好、品質好的補習班與學校，或是居住在「高尚」學區的人們享有品質好的學校。[26]

在實施高等教育產業化的國家存在著不同形式的經濟排斥，例如在中國教育界，有這樣一種排斥形式：一所學校有高、低兩個錄取線，僅僅通過低錄取線的學生需要以「捐助」或「擇校費」等形式付出一定經濟代價後才會被錄取，這在本質上是以經濟資本換取教育機會。

對於社會下層而言，當接受教育的直接成本已經構成經濟負擔，就會出現「考得取、上不起」的現象，以中國為例，學者估算，中國人均年收入僅8千元（人民幣，下同）上下，且貧富懸殊，社會結構極不合理，城鄉低收入家庭基數巨大，其中尤以人均年收入至今不足3千的農村為多。

---

23 胡清暉、邱紹雯、蘇孟娟、朱有鈴，〈台大新生　建中＋北一女占25%〉，《自由時報》，台北，2011年8月9日。

24 黃文博、陳易志，〈代代相傳　有志醫同　父兄懸壺家人接棒〉，《中時電子報》，台北，2011年8月8日。

25 想想論壇，〈教育M型化：統計數據告訴你，台灣的窮人真的唸不起台清交〉，2015年5月8日。引自http://buzzorange.com/2015/05/08/poor-people-can-not-reach-the-better-collage/

26 Peter Cookson , and C. Persell, *Preparing for Power: America's Elite Boarding Schools*. New York: Basic Books, 1985, pp.13-30.

按大學學費水平,城鎮居民的平均年收入不夠一個大學生一年最低費用,對農村來說,這最低費用要花去3-4個農民人均年收入的總和,收入遠低於平均數的貧困人口就得更多人不吃不喝才夠一年學習費用。如在中國四川省成都附近一小小縣級市德陽,就有20名收到大學錄取通知書的高考學生因家貧湊不出數千元學費而面臨棄學的痛苦抉擇,更別說農村和邊遠貧困地區了;在中國甚至再三發生無法負擔孩子學費而自殺的父母案例,中國學者大都也承認「上不起學、看不起病、住不起房」,已成為中國最大的公共問題。[27]

在台灣,這種情況也好不到哪裡,2012年,台灣的企業家合勤科技董事長朱順一到交通大學頒發獎學金時,發現僅有2名清寒學生來申請,他表示,過去窮人翻身只能靠教育,但是近年來台灣頂尖大學學生卻幾乎用不到清寒獎學金,「不是大家變有錢,而是窮人小孩根本進不了名校。」[28]根據台灣銀行的統計,98學年度至102學年度的五年間,私立大專院校申請就學貸款人數是公立大專院校的4倍。[29]

原本那些就讀私立大學者大部分都是來自中下階層家庭,而私校的學費又數倍於國立大學,所以他們多數必得貸款唸書。顯然,經濟這個障礙不但把弱勢者排斥在好的高等教育門外,進而讓他們承擔更重的貸款,讓弱勢者更弱勢。

至於所謂的「隱性」排斥是指在升學決策時,因為低階層對升學風險承擔能力差或對教育預期收益評估低,一些人會過早地退出升學競爭。學者指出,隱性排斥的發生不是因為沒有能力支付教育的直接成本,而是覺得相對的機會成本太大。[30]它不像直接排斥那樣赤裸裸地設門檻實現排

---

27 佚名,〈教育「產業化」與貧窮世襲化〉,載於《上海證券報》,上海,2005年9月29日;周慧盈,〈夏季裡的冰點 中國貧困學生父母自殺頻繁〉,載《大紀元》(香港),2006年7月23日;蘇北,〈民生的詰問〉,《半月談》,北京,2006年,第15期。

28 張念慈,〈合勤董座:窮人小孩進不了名校〉,《聯合報》,台北,2012年6月8日。

29 盧冠誠,〈就學貸款1/15起申請〉,《自由時報電子報》,台北,2015年1月14日。

30 Richard Breen and John H. Goldthorpe, "Explaining Educational Differentials: Towards a Formal Rational Action Theory ". *Rationality and Society*, vol. 9, no. 3 (Aug. 1997), pp.275-305.

斥，而是在機會均等的名義下，讓低階層家庭基於理性選擇，在自願的表象下隱蔽地實現排斥之目的，故稱之為「隱性」。例如，因為在都會地區生活成本過高，家庭無法負荷，以致家長讓孩子選擇離家較近的鄉下學校就讀，在台灣的原住民和偏鄉農民的子女便是如此。

不過還有另一種隱性排斥的形式，像台北市2010年推行的一綱一本，到了2011年「北北基」聯合學測就顯示出它的效應了，根據報導，由於北北基辦理聯測設限較多，不利外縣市學生搶攻建中、北一女，造成外縣市就讀建中、北一女人數呈倍數銳減。北一女校長張碧娟、建中校長陳偉泓都坦承，聯測確實不利外縣市學生前來。[31]這也就是以教學內容和獨特的考試將外縣市學生排斥在外。

家庭經濟條件好壞決定孩子的未來，這個看似簡單的道理，其實裡頭隱藏著多麼令人心酸的社會距離，例如，台大經濟系駱明慶教授在2002年曾發表一篇「誰是台大學生？」論文，根據台大學生註冊資料，發現1982年-2000年台大學生有82%是來自於20個明星高中，其中北一女應屆畢業生有將近一半可以進入台大；此外，有一半台大學生是住在大台北地區，台北市學生進入台大機率最高，約為台東縣的15倍，而大安區更是勇冠全市。[32]此一研究與統計，基本上除了反映出城鄉之間在升學方面是有明顯的差距外，更重要的是，它讓我們看到了都市與偏鄉所擁有的不同經濟資本，確實是一非常有效的階級篩選機制。

當然，我們必須知道，經濟資本是資本的最有效的形式，最具體地展現了資本主義的貪婪、侵略特性；這種資本可以用常見的、匿名的、多變的、可轉換成貨幣的形式，一代傳遞一代。經濟資本可以更輕易、更有效地被轉換成其他資本形式，反之則不一定。

---

31 石文南，〈外地生銳減 建、北在地化〉，《中時電子報》，台北，2011年8月10日。

32 駱明慶，〈誰是台大學生？—性別、省籍與城鄉差異〉，《經濟論文叢刊》，台北，2002年，第30輯，第1期。

四、有用的社會網絡是一種有價資本

學生憑藉著雄厚的經濟資本進入頂尖大學不只是為追求更高的學業成就，說到底，他還追求一項更有用的資本：社會資本。其實在搶進頂尖大學的過程裡，足夠的「社會資本」既是一個學生入學的前提，同時也是他入學的目的。

所謂的「社會資本」，按照學者的說法，就是個人在一種社會組織結構中，利用自己特殊位置而獲取利益的能力。[33]它與其他資本不同的是，它存在於人際關係與社會網絡資源之中；社會資本不是社會關係本身，因為每個人都有社會關係，但不是每個人都有社會資本，這是由於當我們的親朋好友只是市井小民、販夫走卒時，我們是無法透過這樣的社會關係取得資源與利益的，所以多數人的社會資本是很少的，有的人甚至根本沒有社會資本。

其實，最早使用「社會資本」此一概念的是一個經濟學家羅瑞（Glenn Loury），羅瑞在〈種族收入差別的動態理論〉（A Dynamic Theory of Racial Income Differences）中批評新古典經濟學理論，認為他們在研究種族間收入不平等時太過注重人力資本的作用，於是，羅瑞從社會結構資源對經濟活動影響的角度出發，首次提出了與物質資本、人力資本相對應的一個嶄新的概念——社會資本；在他看來，社會資本是諸多資源之一，存在於家庭關係與社區的社會組織之中。[34]

羅瑞的社會資本概念，後來經由布爾迪厄的進一步發揮，對社會資本進行系統性的考察，做了更周延的界定：

> 實際的或潛在的資源的集合體，那些資源是同對某些持久

---

[33] Pierre Bourdieu, 'The forms of capital', in J. G. Richardson (ed.), *Handbook of Theory and Research for the Sociology of Education*, New York: Greenwood Press, 1986. p.248.

[34] Glenn Loury, "A Dynamic Theory of Racial Income Differences" in Phyllis A. Wallace and Anette M. LaMond eds., *Women, Minorities, and Employment Discrimination*, Lexington: Mass.: Heath, 1977.

的網絡的占有密不可分的。這一網絡是大家共同熟悉的，得到
公認的，而且是一種體制化的網絡，這一網絡是同某團體的會
員制相聯繫的，它從集體性擁有資本的角度爲每個會員提供支
持，提供爲他們贏得聲望的憑證。[35]

頂尖大學便是這裡所說的「持久的網絡」，進入社會所公認的頂尖大
學就是占有這個持久的網絡所擁有的資源。因此，前面所說的升學與社會
競爭中，除了用特權排斥和經濟排斥之外，學者也指出，通過使用社會網
路等其他社會資源也可以實現排斥的目的。[36]

美國學者柯爾曼（J. S. Coleman）稍後則將社會資本定義爲：能作爲
個人資本財的社會結構資源；他特別著重在「關係」的層面上，當個人擁
有愈多有助於目標行動的關係，則愈能運用這些關係來達成目標，根據柯
爾曼，社會資本的表現形式有相互的義務與期望、資訊網絡、規範與懲
罰、權威關係、各類型社會組織和有意創造的組織等等。[37]

在教育社會學上，柯爾曼是將社會資本理論應用到教育領域的主要學
者。根據柯爾曼，社會資本在教育上扮演重要的角色是在功能上引導兒童
由家庭社會化過渡到公共機構，他指出，在傳統社會中，兒童的成長過程
受到家庭和鄰里的照顧，這些構成了兒童成長的社會資本。但隨著現代社
會結構的變化，父母工作壓力不斷增加，鄉里之間人際關係逐漸淡漠，兒

---

35 「社會資本」（social capital）這個概念最先由布迪厄在1980年於《社會科學研究》雜誌
　　上發表了題爲〈社會資本隨筆〉的短文法文論文中提出，但直到1985年他用英文寫的一
　　篇論文發表之後，這個概念才引起學術界的廣泛注意。Pierre Bourdieu, 'The forms of capi-
　　tal', in J. G. Richardson (ed.), *Handbook of Theory and Research for the Sociology of Education*,
　　New York: Greenwood Press, 1986. p.248.

36 姜添輝，〈教育均等問題與社會控制的關聯性〉，載於中華民國比較教育學會主編，
　　《社會變遷中的教育機會均等》，台北，揚智，1998年。

37 J. S. Coleman, "Social capital in the creation of human capital". Supplement to American Journal
　　of Sociology, 1988, 94, pp.95-120, and J. S. Coleman, *Foundations of social theory*. Cambridge,
　　MA: Harvard University Press. 1990.

童所獲得的社會資本愈來愈少，不利於他們的成長。於是，在一個資本主義的現代化社會裡，影響兒童未來成就最重要的社會資本就只能是他的家庭背景了，其重要變項包括：家庭有效地支持教育、家庭子女數量、父母教育程度。[38]

正如同柯爾曼所說的一樣，在台灣這樣一個資本主義現代化社會，一個學生最初的社會資本是來自他的家庭，也就是他的父母親，根據柯爾曼的研究，父母爲子女創造社會資本有賴於下列三個要素：(1)父母與子女的聯繫程度；(2)父母與子女關係的穩定程度；(3)父母的意識型態。他特別強調父母與子女的親密關係，並將此親密關係視爲有助於子女成長的社會資本。[39]

國內學者林枝旺參照柯爾曼的社會資本理論進行實證量化研究，其中，他所謂的「社會資本」定義是指學生經由其日常生活行動而產生之關係網絡，而這些關係網絡將會影響學生之學業成就，它的具體內涵包括：「父母教育參與」、「家庭教育氣氛」、「打工」、「補習」四項，其研究結論是，社經地位愈高之家庭，其子女之社會資本愈高。[40]

另一國內學者周新富也依據柯爾曼的理論，探討家庭爲主的社會資本形式內涵，及整理其與子女學習結果關係，他把家庭內部的社會資本，區分爲家庭互動、父母教育期待、父母參與教育、子女行爲監督、家庭規範等。[41]

---

[38] J. S. Coleman, *Equality of Educational Opportunity* (reprint edition). New ampshire: Ayer Company.1988.

[39] J. S. Coleman, "Social capital in the creation of human capital." Supplement to American Journal of Sociology, 1988, 94, pp.95-120. And J. S. Coleman, Family, School, and Social Capital. In Husen, T. and Postlethwaite, T. N. (Eds), *International Encyclopedia of Education* (2nd ed., p2272-2274). Oxford: Pergamon Press. 1994.

[40] 林枝旺，〈以Coleman社會資本理論探討高職學生〉，《網路社會學通訊期刊》，第51期，2005年12月15日。

[41] 周新富，〈家庭社會資本組成構面及其與學習結果之關係〉，《台灣教育社會學研究》，台北，2005年，第3卷，第2期，頁85-112。

　　實際上，晚近其他相關的研究也都證明，父母的教育程度與社經地位都決定了一個家庭所擁有的社會資本，例如陳怡靖與鄭燿男的研究顯示，父母教育程度愈高，家庭的社會資本愈高，即父母對子女的教育愈關注、愈投入，則愈有利於教育年數。[42]而巫有鎰的研究也發現：父母社經地位愈高、社會資本愈高，將會對子女的教育愈關注與期望愈高，結果對子女的成就抱負有正面的影響，且會提升子女的學業成績，證實了社會資本有助於提升子女的教育抱負，且是影響教育抱負的中介變項。[43]

　　事實上，如果進一步來分析的話，在人生的不同階段都有其不同的社會資本；沒錯，學生最初也是透過家庭所擁有的社會資本才能取得進入頂尖大學的資格，但這僅僅是第一步，一個在台灣的學生必須做的第二步是，在頂尖大學獲取、累積屬於他自己的社會資本；關於這個第二步，簡單地說，就是人脈，台灣大學資訊工程系歐陽明教授便一針見血地指出，一個學生進入台、清、交、成等名校就讀，就可累積人脈。[44]

　　究其實，名校自身就是一種「社會資本」，像筆者服務的私立大學，有一個研究生寫提交給教授的心得報告裡就說到，有一次她去一家大企業應徵，主持面試的主管當場就明白地告訴她，你的學業成績、履歷、談吐應答都顯示出你是不錯的人才，不過，我們礙難錄用，因為這次的應徵者有清華大學畢業的，公司就要這樣的人才；她在報告中表示，這種活生生的學校歧視讓她心裡著實受傷。這裡的「社會資本」指的就是頂尖大學這塊招牌的社會價值。

　　於是，我們看到，在一個學生大學畢業之後，才真正見識到什麼是社會資本。

---

42 陳怡靖與鄭燿男，〈台灣地區教育階層化之變遷——檢證社會資本論、文化資本論及財物資本論在台灣的適用性〉，《國家科學委員會研究彙刊：人文及社會科學》（台北），2000年10(3)，頁416-434。

43 巫有鎰，〈影響國小學生學業成就的因果機制—以台北市和台東縣作比較〉，台東，台東師範學院國民教育研究所碩士論文，1997年。

44 陳心晛、黃政嘉，〈教育資源分配不均，學生擠名校〉，《醒報新聞》，台北，2011年8月10日。

社會資本的另一個意涵是指實際或潛在資源的集合體，包括個人的社會網絡及個人與組織的關係，它能以集體擁有的形式提供團體成員支持，也就是社會關係或網絡關係可以轉換成社會上有價值的資源和機會，例如，尋找工作時綿密的同學網絡所提供的機會、受傷時感情的支持、選舉時合法的組織角色、工作中取得特別的資訊、比別人更多社會流動的機會……。因此，在此一意義上，社會資本指的是，人們的關係網絡創造了一種解決社會問題的有價值的資源，並向成員提供集體所有的資本。[45]

這種現象在台灣特別普遍，例如，許多著名的國立大學爭相開設在職進修班，如企業家班、金融MBA、國際EMBA班等，它們也成功地吸引了眾多大企業家、CEO的爭相報名，因為他們知道，在這樣頂尖大學的進修班，人脈就是錢脈，在那裡交朋友遠比學知識更加重要，進修班唯一的目的就是交朋友。學校也清楚這一點，有一些甚至在招生簡章上更明明白白地告訴考生：擁有學校的同學資源，將是你一生最寶貴的人脈財富。

當然，如果家庭沒有這樣的社會資本，將無法支持子女的學業成就，子女當然也就無法就讀頂尖大學了，理所當然地無法建構屬於他自己的社會資本。

在實現世界中，每一個人在多方面的社會空間中都占有一定的位置，如前所說，社會資本是個人利用自己特殊位置而獲取利益的能力；鄉下學校與都會名校的學生並不是因為他的資質優劣而有所分別，其真正的分別乃是透過學校這個場域能擁有的不同種類的資本來造就自己未來的成就；這就是「社會資本」，這些社會資本包括了如前所述義務與期望、資訊網絡、規範與懲罰、權威關係、多功能社會組織和有意創建的組織以及人與人之間的各種社會網絡，即個人的親戚、朋友、同學、同鄉等關係，一個人能從中獲取的利益愈高，那麼他的社會資本就愈高；布爾迪厄在其著作中努力地證明了這種社會資本所帶來的是不平等的再生產。[46]

---

[45] Pierre Bourdieu, 'The forms of capital', in J. G. Richardson (ed.), *Handbook of Theory and Research for the Sociology of Education*, New York: Greenwood Press.

[46] Pierre Bourdieu, 'The forms of capital', in J. G. Richardson (ed.), *Handbook of Theory and Research for the Sociology of Education*, New York: Greenwood Press.

以筆者的好友為例，據他自述，他在取得博士學位之後，並沒有馬上到學校服務，而是透過同學的關係介紹到政府部門工作，當時是以約聘研究員受聘，到了工作單位之後才發現，有幾個跟他情況相同的人也在那裡等待教職機會的來臨，他們把那種情況叫「騎驢找馬」；他在那裡待了一年半，更進一步了解狀況後才深覺，讀對學校就像女孩嫁對郎一樣，在該部門，上從部長、次長、處長、副處長、專門委員、科長至科員，都是他母校畢業校友，也難怪他能夠這麼輕易地進去尋常人都不得其門而入的部門；而最後，他之所以能找到現任大學的教職工作，也是靠博士班同學介紹之力。這個就是社會資本。我也深信，在台灣社會，類似他這樣的案例並不是唯一的，而是相當普遍的，這就是為何那麼多瘋狂地湧向名校的根本原因。

利用頂尖大學來獲取社會資本的情況不僅在台灣如此，在外國依然如此，例如，韓國學者Sunhwa和Mary在1996年的研究中指出，在南韓競爭角逐進入有名望的大學（明星大學）在就業市場上相當占優勢，學生可以利用學校名望調節人力資本及社會資本。[47]

五、文化是一種可以交換的資本

比起古典資本主義來，在當代資本主義的資本爭奪戰更為凶狠、更為殘酷、也更為不可見，文化資本便是其典型。

不同於馬克思主義的階級鬥爭大部分限於經濟資本的鬥爭，當代資本主義是一種更細膩的、更深刻的、也是更為全面的現代化鬥爭；在台灣，進入頂尖大學這樣的場域是一場文化資本、社會資本和經濟資本全方位的爭奪戰。

文化原本是相當抽象之物，但在當代資本主義市場邏輯裡卻成為一種可以交換的有價值的資本，這是當代資本主義最特殊的資本，它也是各種形式的資本中最難掌握的資本，尤其是文化資本在當代社會階級再製中有

---

[47] Sunhwa Lee and Mary C. Brinton, "Elite Education and Social Capital: The Case of South Korea", *Sociology of Education*, 1996, 69(3), pp.177-192.

其關鍵作用。

　　從政治經濟學來解構，當代資本主義裡的文化資本通常以三種形式表現在於人們的社會交往中。

　　第一種是經過不斷學習而形成的內化形式（embodied form），即存在於心理和軀體上的長期稟性形式（embodied as a disposition of the mind and body），它以精神和身體的持久性情的形式存在，特指個人經後天訓練、薰習、培養而內化的修養、習慣、學識、氣質、胸懷、品味、談吐等蘊於內而形於外的特質，具有這些特質的人其舉手投足均卓爾不凡讓人過目難忘、令人賞心悅目、讓人愉悅、令人尊敬，也因此更讓人容易想要親近，當然，其社會關係比一般人更為綿密、更為良好，在人際溝通與社會交往中便能創造更多的機遇、進而獲得更多有價值的資源。這種內在形式固有其個人的天賦，但多半卻有賴於長期而成功的家庭教育與良好的學校教育。

　　第二種是將學習所得轉化為具體事物的形式，即具體化形式（objectified form）：指個人所擁有具文化意涵物品，這些文化意涵物品可以現代如流行音樂、油畫、抽象畫或雕刻工藝，古典如水墨畫、瓷器或古董傢俱等藝術品。這些物品可以作為商品，而在交易中可以直接轉換成經濟資本；但若要解讀、展現物品的文化內涵，則有賴於長期陶冶的修為、學養，比如對中國明代宣德青花瓷的鑑賞，既要了解明代歷史、政治、經濟發展，還要有中國文人畫、水墨畫的造詣，更要具備當時陶瓷燒造的學養，如瓷土的成分、種類、如何淘洗，蘇麻離青的成分與及在各種窯燒下的表現特徵等等，才能真正欣賞其藝術價值；其餘如小提琴演奏，演奏者除其相當的技藝外，必須同時具備深厚西洋古典音樂的審美能力，否則無法與他人共同演出。這種具體化形式的文化資本，通常表現為文化商品（cultural goods）的形式，這些商品是理論留下的痕跡和理論的具體顯現，特指個人創造、擁有的文化商品以及對這些物品鑑賞、解碼的能力。例如鑑識畫家的畫作，而在古董文物界常說某些專家具有「慧眼」，就是解讀、展現這種具體化形式的能力。

　　第三種是因學習而取得制度上認同之形式，即制度化形式（institutionalized form）：它是由合法化的制度所承認的各種教育、考試、訓練資格或憑證，比如學歷、學校等級、證照，它以一種客觀化的形式存在，這種形式賦予文化資本一種完全是原始性的財產，而文化資本正是受到了這筆財產的庇護展現其非凡價值，在此，文化資本特指個人取得政府認可或認證的教育文憑和證書。[48]在台灣各級學校現在盛行的英文檢定、多益、托福、雅思以及各類職業證照皆是，目前許多大專院校和系所更直接將特定檢定與證照設定學生畢業門檻，以此強調制度化形式的能力之培育。

其實我們也可以從另一側面來解讀這三種文化資本形式，它們分別可稱爲文化能力、文化產品和文化制度。[49]

文化能力以內在化爲前提，是指通過各種教育，經由行動者的身體力行與對學習長期投入的時間，內化爲自身的、並成爲精神與身體一部分的知識、教養、技能、趣味及感性等才華。

文化產品是文化價值的體現，其價值是由具有文化能力的個體根據其內化的文化內容賦予的，是一種物質存在，例如，經過長期訓練培育的畫家的油畫、雕塑家的雕像等藝術創作，文化產品是可以傳遞的。

文化制度則是體制化的文化資本，它是文化能力經過文化體制的資格授權後的存在形式，教育行政部門通過對文化制度化來干預、控制文化資本，使文化資本成爲一種標籤，相應的文化資本的占有量便有相應的資格和證書予以證明，同時反映其社會地位。體制化的背後是權力，人們可以清楚地看到體制性權力的行爲魔力，看到顯露自身的權力和捍衛信仰的權力，換言之，看到強迫別人接受「社會公認性」的權力，例如，學校所安排的課程也是文化的制度化，學生對課程文本的學習是個體接受文化產品的過程，是體制規定下的體現權力的合法化接受。

從表面上看，上述的三種文化資本的型態，有些是抽象的存在，有些

---

[48] Pierre Bourdieu, 'The forms of capital', in J. G. Richardson (ed.), *Handbook of Theory and Research for the Sociology of Education*, New York: Greenwood Press, 1986.

[49] 羅生全、靳玉樂，〈課程作爲文化資本的話語構建機制探討〉，《教育研究與實驗》，台北，2007年，第1期。

是已經物化的資本形式，其實這樣的文化資本不僅僅是一個能完全解釋文化的「被形塑結構作用」的、靜態的實體性概念，它同時也是一個能充分闡釋行動者「形塑結構的作用」、並能及時回應外在變化的、動態的運動體，[50]也就是說，文化資本有其客觀性，也有其主觀性，一方面文化資本唯有通過「人」（行動者）這個文化載體體現其存在與固有價值，此其客觀性；而另一方面則因為人的主體能動地解讀、回應社會的遷流變化並作用於社會，從而去塑造新的社會結構，此其主觀性。

　　但是這裡要特別強調的是，文化作為一種資本，它在資本主義的運作中當然也充分地彰顯其資本主義的特質，亦即，它的積累通常是以一種再製（生產）的方式進行的。「再製」是一種體現了代與代之間文化資本傳遞方式的概念，「再製」強調資本積累過程中「反覆生產或複製」的特徵。也就是說，文化資本的積累不是一種從無到有的創造性生產，而主要是以傳承方式實現的。

　　這個特徵完全展現了資本主義的強者恆強、弱肉強食的自由競爭本質。也就是說，除非是個天才，否則要白手起家、憑空創造這種文化資本恐怕比登天還難。

　　在台灣的教育過程中，個人想要積累這樣的文化資本，必須擁有各種雄厚資本的幫助，這些資本就是家庭背景、經濟地位、天賦條件等，優勢家庭以這些資本為前提，透過看似「公平」的考試制度，進行一場全方面的鬥爭，從而進入頂尖大學成功地再製文化資本。

　　但是，更讓人為之氣結的是，文化資本的再製是相當隱蔽和巧妙的，這讓一般人幾乎感受不到搶奪文化資本的殘酷，甚至會覺得這是一場公平而美妙的君子之爭。可以說，文化資本是當代資本主義最具隱蔽性與巧妙性的資本形式。

　　我們先來看看一則學者的訪查：

---

50 朱偉鈺，〈超越社會決定論―布迪厄「文化資本」概念再考〉，載於《南京社會科學》，南京，2006年，第3期。

筆者曾問了一名台大高材生，他承認自己是眾多學生當中的菁英階級，也承認在家庭背景、經濟考量、天賦等方面享有與生俱來的優勢地位，也認為每一次的考驗都是公平的；但對於他談到那些非名校或不會唸書的學生時，他則表示這是一種「正常現象」，也是一種「上智下愚」的必然結果。[51]

這就是再製文化資本隱蔽和巧妙之處，正是在「每一次的考驗都是公平的」考選制度以及美麗的文化神話底下，文化資本施展其虛假的「非功利性」（disinterestness）之隱蔽的魅惑力，一方面，文化資本披著文化這個美麗的外衣強有而力地向人們展現出其拒絕經濟勢力汙染的非功利本質的特性，彷彿告訴人們文化是與利潤、世俗功利主義這些銅臭脫勾的；另一方面，文化資本在經過精心安排的考選制度及其合法性的洗禮之後，它似乎展現其公平性、神聖性、純潔性、知識性等特質，讓它似乎超越了庸俗、低級與膚淺，讓它的擁有者變成一個高尚的強者。

也正是通過考選制度與文化神話的加持，社會大眾對這樣的文化資本產生了「誤認」（misrecognition），他們認為，經過政府與學校所舉辦的各種公平考試，在競逐文化資本時，所有行動者都是平等的，文化資本在此維持著一個公平性和非功利的虛偽光環，這實質上誤導社會大眾對以下事實的認知：在社會競爭時，實際上都存在著行動者所繼承的資本的不平等，並非所有行動者都可以處在同一個位置上對這一同等的對待做出同樣的反應。[52]這就能夠清楚地解釋，為何處於偏鄉落後的弱勢族群在校的學習與升學考試總是遠遠落於城市的競爭者。

---

[51] 林彥廷，〈李家同式教育&菁英主義〉（上），《國民教育社群網》，2009年2月19日。http://140.117.11.91/eduReport/checkDir/guest20090219140823.htm

[52] Pierre Bourdieu, 'The forms of capital', in J. G. Richardson (ed.), *Handbook of Theory and Research for the Sociology of Education*, New York: Greenwood Press, 1986. J. Beasley-Murray, Value and Capital in Bourdieu and Marx, In N. Brown & I. Szeman, (eds). *Pierre Bourdieu: Fieldwork in Culture*, New York: Lowman and Littlefield, 2000, pp.113-114.

其實在競逐文化資本時，社會大眾遵循的是物競天擇的生物本能亦即弱肉強食的法則，資本主義制度更將這種生物本能發揮到淋漓盡致，並且將原始生存所需要的暴力法則、殘酷鬥爭美化成為一種「文化」，所以學者有時會把文化資本稱為「象徵暴力」（symbolic violence），揆其原因，不外是，一來原本所有象徵皆是文化系統的產物，二來這個暴力乃是一種由支配者「強加」在被支配者身上的過程，或者更詳細地說，這個暴力是由強者（政府）強加在弱者（被支配者）身上的，而且弱者是不能反抗的，因為它是由國家機器所認證的合法制度；更甚者，文化資本這種合法性是進一步讓行動者擴大再生產資本的有效理由，即賦予行動者更多合理的、倫理的動機，進而讓行動者更理所當然地、勇敢地去追逐更多的文化資本，以期符合社會期待進入菁英行列。

正因為如此，從外表上來看，合法的、倫理的文化資本也就巧妙地隱蔽其資本競奪與階級再製此一殘酷的事實，而實際上這種誤認是一種幻象（illusion），它的根源來自於考選制度與學校所具有的教育學術權威，讓人們誤以為其中的運作是合法且中立客觀的。經由這層誤認的過程，社會階級鬥爭的權力關係並沒有被人們客觀的理解，而是以一種合法且公平的形式強行烙印在人們的腦海之中。[53]

由此可見，現代國家機器多麼隱晦而高明地幫助豪門大戶鞏固其原有的權力地位；而一個人想要擠身這樣的菁英階級，想要進入頂尖大學的窄門，是家庭動員了多少力量、費盡多少的心思，才能挺進如此的場域；但是，從複雜的社會互動來看，進入頂尖大學獲得一張文憑的背後又是隱藏了多少社會、經濟、政治權力鬥爭的糾纏。

六、資本是一種權力形式

因此，由上面的論述，我們看到不同階級擁有不同數量的文化、社會、經濟資本，擁有各種資本愈多的階級就愈有能力將其轉化成子女教育

---

[53] P. Bourdieu and J. C. Passerson, *Reproduction in Education, Society and Culture*, London: Sage, 1977, pp.1-68.

機會的優勢，從而實現不平等的代際傳遞。

然而，一個社會不平等的代際傳遞還會受到社會分化程度的影響。所謂的社會分化指的是社會階級間貧富差距的大小；如果社會階級間資本擁有差異不大，那麼高階級所能倚仗用以「排斥」的資本也就相對較少，排斥將難以實現或者收效甚微。相反，當一個社會分化劇烈，階級間擁有的資本量差異巨大，這時如果又存有一定制度空間使排斥機制能有效運作，那麼資本轉化模式將成為產生教育不平等的主導邏輯。[54]眾所周知，目前台灣社會的貧富差距來到歷史上最大的距離。

於是，在資本主義中的「資本」這個概念，在當代的教育社會學中被視為分析社會文化非常關鍵的議題，這當然也是受到馬克思主義的啟發；在馬克思那裡，資本主義裡的資本乃是資本家剝削勞動者的剩餘價值而來的，因此，資本體現出一種累積形成的勞動剩餘價值，更重要的是，這樣的資本具有生成性，能不斷地擴大生產和再生產，資本本身更具有交換價值，資本之間能進行轉換；從馬克思的資本理論，可以得出幾個概念：剝削、壓迫、資本的再生產（或再製）以及資本的交換價值等，在此，我們也必須注意到，在馬克思主義裡，資本的生產與再生產同樣是階級複製的前提條件，是資產階級得以繼續剝削勞動階級的憑藉。[55]

然而，事實上，當代社會中各種資本的發展已經更多元化、更全面性了，所以必須對它進行更細膩的解構；因此，我們全面觀照資本的一切形式，對當代資本主義社會提出我們的診斷。

整體來說，經過我們前面的分析，我們對當代資本主義社會中的資本有了一番新的理解，說到底，資本其實是一種累積勞動，個人或團體透過占有資本能夠獲得更多的社會資源；這樣的資本觀點擴大了資本原本的內

---

54 姜添輝，〈教育均等問題與社會控制的關聯性〉，載於中華民國比較教育學會主編，《社會變遷中的教育機會均等》，台北，揚智出版社，1998年。

55 馬克思，《資本論》，第1卷，《馬克思恩格斯全集》，第16卷，北京，人民出版社，1964年，頁217。以及恩格斯，《卡爾·馬克思〈資本論〉第一卷書評──為〈民主週報〉作》，《馬克思恩格斯選集》，第2卷，北京，人民出版社1995年，頁589-597。

涵；進一步言，在此，「資本」概念包含了對自己的未來和對他人未來的
控制能力，因而，資本實際上是一種權力形式，它不僅僅體現出馬克思所
稱的剩餘價值而已；這是當代資本主義新型態的資本，這種資本主義致力
於在理論上調解個人與社會之張力；一方面，社會是由資本的不同分配構
成的，另一方面，個人又要竭力擴大他們的資本。個人能夠積累的資本，
界定了他們的社會發展，也就是說，資本賦予他們生活的可能性或機遇，
更主要的是，資本也被用來再製階級區分。當代的資本表現為多種型態，
這也告訴我們，隨著資本主義進化，資本本身也展開了新的演化。[56]

正如我們前面所論，當代資本主義的各種資本形式都有相應的功能，
彼此聯繫而且能相互轉換，如社會資本、文化資本可通過轉換成經濟資本
來獲取經濟上的利益和回報。各種資本的轉換，其最終目的乃在於階級的
維護與再製。

我們前面通過眾多學者觀點，檢視學校教育在文化資本輸送的角色；
學者多半認為學校教育有利於原本擁有豐富文化資本的宰制階級。換言
之，教育系統傾向再製文化資本的繼承分配，而非根本的改變。透過文化
資本的中介，社會的優勢階級再生產社會資本、經濟資本作為社會競爭的
憑藉，如此，教育系統乃成為社會階級再製的機制。[57]

實際上，英國的伯恩斯坦（B. Bernstein）從另一側面告訴我們，教育
與階級再製的密切關聯；伯恩斯坦的重點放在文化資本中的一個特殊的議
題—語言，即語言與教育傳遞，他深入分析語言代碼在教育中的作用。

伯恩斯坦認為，社會不平等乃深植於不同階級所屬的家庭語言代碼之
中，所謂的「代碼」，其界定是：「代碼是一種默會習得的調控原則，它
選擇並統整相關意義、其實現形式與所引起的脈絡。」[58]這種從家庭習得

[56] Pierre Bourdieu, 'The forms of capital', in J. G. Richardson (ed.), *Handbook of Theory and Research for the Sociology of Education*, New York: Greenwood Press, 1986.

[57] 邱天助，《布爾迪厄文化再製理論》，台北，桂冠，2002年，頁15。

[58] B. Bernstein, *Class, Codes and Control, Vol 3: Towards a Theory of Educational Transmission,* 2nd ed., London, Routledge and Kegan Paul, 1977.

的語言代碼的差異，當然是由於家庭成員受到高等教育、並因而取得的文化資本積累所產生的加乘效果，而當其子女入學後此種文化資本在學校教育中得到了進一步強化；伯恩斯坦這種文化再生產理論突破階級結構孤立傳遞的觀點，認為文化再生產是學校與階級結構的紐帶。

最後，伯恩斯坦也得出類似我們前面的結論，他把教育看作「是一種等級分配手段，它社會地創造、維持與再生各種專業與非專業的知識技能以及與生產大致相應的各種專業的性情氣質。」[59]

這種情況在當代中國亦復如是，例如，李路路在中國北中南，即北京、無錫、珠海三地進行的3,975個樣本調查的分析，他更是悲觀地認為，中國社會內部的主要特徵仍是各階級內部的繼承性，即使經歷了幾十年的市場經濟轉型，也難以改變上層階級透過學校教育的「菁英再生產」。[60]我要說的是，中國正是歷經了數十年的市場經濟，才使得學校教育變成一種真正的市場，成為資本爭奪與傳遞的中介。

以上的研究在在顯示，在新自由主義影響下的市場經濟裡，學校教育在社會階級再製的過程中扮演了關鍵性的角色，可以說，沒有學校教育，當代社會的階級再製是不可能的。

從這個角度來看，台灣把高等教育產業化，讓它成為一個開放的自由市場，而社會成員傾其所有資本展開這場人人都輸不得的競爭，所以他們瘋狂追逐的大學名校文憑，便是這種階級再製的縮影和維護階級利益的希望之投射，而此一社會所追逐的資本，實乃追求自我控制及操控他人的權力。

---

[59] B. Bernstein, *Class, Codes and Control, Vol 3: Towards a Theory of Educational Transmission,* 2nd ed., London, Routledge and Kegan Paul, 1977.

[60] 李路路，〈制度轉型與分層結構的變遷——階層相對關係模式的「雙重在生產」〉，《中國社會科學》，北京，2002年第6期，頁105-118。同樣的結論也可參見李煜，〈制度變遷與教育不平等的產生機制——中國城市子女的教育獲得（1966-2003）〉，《中國社會科學》，北京，2006年，第4期，頁97-109。

七、結語

　　資本主義與新自由主義的邏輯告訴我們競爭才能進步，經過激烈的競爭的淘洗，人才更精良、社會更繁榮、國家更先進，生活當然就更舒適便利。在意識型態國家機器（即學校教育）的洗禮下，資本主義的邏輯已成了我們的信仰，在台灣，哪一個人不是從小到大，從小學到大學就是一路與人競爭上來的，每個人都身經百戰，我們都認為，這樣的競爭、這樣的求學方式是天經地義、理所當然之事，從來不曾懷疑過這樣的價值，每個人也都以獲得更高、更好的文憑為奮鬥目標。

　　但是經過以上的考察，我們發現，時下台灣人皓首窮經、用盡心機、想方設法去追逐高等教育名校文憑，表面上是關注著未來的發展與成就，實際上是一場憑藉著各種資本爭奪更多資本的戰爭，它所反映的實乃是資本家維護鞏固其統治地位從而再製其社會階級的期望。

　　質言之，在接受大學教育這個簡單教育議題的背後所潛藏的就是一場社會階級的權力鬥爭，透過各種資本所展現的新形式的權力鬥爭；資本邏輯貫穿了整個教育體系，也只在此一邏輯下，才能合理地說明，無論教育改革中進行什麼樣取才方式的變革都會受到優勢階級強大的阻力與質疑。例如，在教育中的資本鬥爭，不只表現在高等教育中，它還向下蔓延到高中以下的升學競爭，[61]在2011年，同樣的問題仍然出現在各個明星高中及家長對「十二年國教」的或明或暗的抗拒上，而教育部在不敵社會龐大的壓力下，[62]結果還僅只是在規劃中的十二年國教就在社會集體意識的扭曲下，教育部最後還是妥協地走回90%考試和10%由學校自訂標準「挑選」

---

61 明星學校排名是基測聯考化的魔咒 —— 呂健吉的教育大觀園、部落格觀察 - udn部落格 http://blog.udn.com/luching/1046934#ixzz1TkpqECWn

62 林曉雲，〈玩假的？12年國教明星高中仍要考〉，《自由電子報》，台北，2011年5月21日。到了2012年4月，原本預計在2014年實施的十二年國教，又掀起更強的反對聲浪，先是建中校長公開質疑12年國教，建中、北一女的學生也發起連署抗議。見沈雅雯，〈建中北一連署反12年國教教部宣導溝通〉，《中央廣播電台》，台北，2012年4月16日。

學生的明星學校老路。由此可見，學者關於「教育系統乃成爲社會階級再製的機制」之斷言不虛。

　　總之，在高等教育產業化這個命題裡，高等教育已非教化育人、春風化雨的神聖志業，而是被資本主義自由經濟系統化爲權力競奪的資本遊戲，它完全體現了資本主義的優勝劣敗、弱肉強食的自由競爭法則，它所奉行的是資本家們爭權奪利的經濟信念，其結果也是強者恆強、弱者愈弱的資本規律。

　　自學生的角度而言，學生在此種產業化的高等教育薰習下，自然深刻體會權力與金錢的重要性，在資本邏輯中學會尊重資本意志，深信金錢萬能，在未來的社會生活中，時刻以此爲念，也以此爲人生目標。

　　當然，從資本家的角度來看，這更是個完美的結局，一來資本意志操縱了高等教育，二來學生亦提早習得如何在資本主義中生存下去的遊戲規則，三來企業節省訓練員工的龐大成本，學用一體、產學無縫接軌，畢業即就業。

　　然而，從社會的角度來說，對原本就講求現實功利的台灣社會，這樣的高等教育產業化無異於提油救火，讓貪婪者更貪婪，讓人性更加脆弱，無怪乎社會距離愈來愈遠，黑心食品、黑心企業到處橫行，人欲愈是橫流、人情愈是涼薄。

　　但，這眞的是教育的初衷嗎？這豈是執政者所當爲？值得吾人深思。

第七章

自掘墳墓的教育

一、前言

馬克思（Karl Marx）曾在160年前警告資本主義的運作是資本家在自掘墳墓。

但是，馬克思錯了，按照當代資本主義的機制運作下去，自掘墳墓的不是資本家，而是那些大學畢業的勞動者。我們且看一下2013年的這則報導：

> 主計總處近日公布1月失業率為4.16%，情勢和緩，但大專以上及21歲-24歲的青年失業率，分別高達4.41%、13.22%，引發各界重視。
>
> 經建會官員指出，2007年國際金融海嘯以來，台灣職場浮現高學歷與青年失業惡化的現象，值得注意的是，「即便近期歐債危機暫歇，國內青年就業問題依舊嚴峻。」[1]

重要的是去閱讀這4.41%、13.22%冰冷數字背後所隱藏的故事，因為這些失業青年中多數為背負50萬就學貸款的私立大學畢業生，他們相信政府教育品質的保證付出了四年青春的努力學習，也背負了債務，到最後卻連最起碼的勞動機會都沒有，他們有更多的人因為找不到工作而選擇繼續就讀研究所，有更多的是選擇邊工讀邊補習每年在考國家公務人員考試，每個月領不到1萬元的工讀金，所以他們都不在4.41%、13.22%失業行列，而那些有幸能找到22K的工作的大學畢業生，以平均每個月還5千元的速度，當他還完銀行債務時，已經三十幾歲了，他們「低薪」、「工時

1　林安妮，〈青年高學歷族群　失業惡化〉，《經濟日報》，台北，2013年3月1日。到了2015年，這個數字更形惡化，據報導，行政院主計總處日前公布，3月失業人數有43萬1,000人，失業率高達3.72%，其中大學以上程度者失業率有4.71%，20歲-24歲年輕族群的失業率高達12.19%。見朱喬曼，〈大學生莫嘆畢業即失業「青年職涯發展中心」助你一臂之力〉，《風傳媒》，台北，2015年10月25日。

長」、「上班打卡制，下班責任制」，變成窮忙一族，[2]因此他們也被稱為「晚熟世代」、「無後世代」、「低薪世代」。

　　這個結果恐怕是最初那些推動高等教育產業化者所料想不到的。

　　高等教育產業化既遵循當代資本主義的市場邏輯，它就有資本主義本身所固有的風險，我把它稱之為現代性風險，這是因為人類追求現代化所帶來的系統性風險，這種系統性風險最著名的典型代表就是資本主義的經濟危機，以最近的例子來說，就如2008年美國次級房貸所引發全球性的金融風暴，[3]以及2012年歐債風暴。[4]批評者認為，自由派經濟學家堅信私人企業的決策最有效率、市場永遠是理性、政府不應插手干預，這樣經濟就能以最佳狀態運作，但自由派經濟學理論顯然要為這些系統性風險負責。[5]

　　而新自由主義論者主張教育產業化的論調，把教育視為一種由市場理性調節的產業，當然也把高等教育置於現代性的高風險之中。本章要帶領大家來探討為何現代化社會被稱為風險社會，以及在這樣的社會進行高教產業化會有什麼樣風險。

二、現代性與風險社會

　　上述自由派經濟學的「效率」、「理性」的原則，事實上就是推進現代工業社會不斷發展的「基本模式」，在學術上就稱之為「現代性」（modernity），按照吉登斯（Anthony Giddens）的理解，現代性是「歐洲封建時期之後首先建立起來的制度和行為方式」，「現代性可以粗略地理解為與『工業化世界』相等」，其中包括「物質力量和機器廣泛應用在生

2　選舉情報站，〈低薪工時長　林國春傾聽年輕人心聲〉，《TVBS報導》，台北，2015年12月2日。

3　楊少強，〈金融海嘯〉，《商業周刊》（台北），2008年9月17日，第1087期。

4　吳怡靜，〈歐債危機　八月再起？〉，《天下雜誌》，台北，2012年8月7日，第503期。

5　張沛元編譯，〈金融海嘯，諾貝爾經濟獎恐轉向〉，《自由時報電子報》，台北，2008年10月6日。

產過程中所體現出來的社會關係（這是現代性的制度軸心）」，以及「資本主義」——作爲「一種商品生產系統，既包括競爭性的產品市場，也包括勞動力的商品化」，還有「民族國家」等現代性製造出來的「特定的社會形式（socialform）」。「現代性指社會生活或組織模式，它大約十七世紀出現在歐洲，並且在後來的歲月裡，程度不同地在世界範圍內產生著影響。」[6]

十五世紀以前的歐洲是一個封建專制的農業社會，但是十五世紀義大利的文藝復興運動則爲人類開啓了一個嶄新的時代，而稍後的宗教改革運動釋放人們的心智，緊接著又發生了橫跨數百年的啓蒙運動扭轉了人類文明朝向科學理性的資本主義工業社會發展，這三大運動相互建構並共同孕育了現代性的豐厚土壤。從本質上說，現代性一方面是封建社會形式解體的產物，另一方面是十六世紀以來資本主義生產力的產物。[7]

然而，直接形塑現代性的主要原因卻是當時歐洲社會變革的兩個最重要成果：科學文化和資本邏輯。

科學文化與資本邏輯爲人類社會帶來理性思考與豐沛的生產力，這是現代性的重要貢獻，然而，科學文化與資本邏輯也都有其限制，當人類過度追求理性與生產力時，它就會引發衝突傷害人類社會，它的直接後果就是現代歷史上的兩次世界大戰。戰爭不僅使人類的物質文明被破壞殆盡，而且摧毀了人類精神世界的價值。二戰後資本主義迅速發展的電子科技使知識資訊成爲資源，人類的勞動方式和產業結構產生巨變，電腦大量取代人腦，自動化生產成爲趨勢，於是產業結構由勞動密集向知識技術密集轉變，特別在1980年代之後西方經濟的快速增長，資本主義似乎又生龍活虎地再度成爲主宰全球的經濟生活；但是，隨之而來的卻是周而復始的、愈來愈嚴重的經濟危機，愈演愈烈的軍事衝突，日益失控的失業大軍以及慘不忍睹的生態環境等問題，加劇了原先內建在資本主義運作模式的社會衝

6　Anthony Giddens, *Modernity and Self-Identity: Self and Society in the Late Modern Age.* Cambridge: Polity Press. 1991.

7　孫德忠，〈現代性出場的雙重路徑〉，《光明日報》，北京，2015年4月15日。

突和精神危機。

從以上可知，現代性既是自文藝復興以來，推進西方工業革命與社會變遷的精神動力，然而它也造成了學者所批判的社會衝突對立與人的本質之喪失。「現代性」之所以如此令人困惑，因爲它在西方近代文明發展中，以其理性的剃刀剷除傳統集體主義與非理性的包袱，透過諸如法國大革命等政治社會革命揭示了既包含著人權、法治、自由、民主乃至「多元」（diversity）和「包容」（inclusivesness）等價值觀念，但是在此同時，它卻也包含著一系列揮之不去甚至正在變本加厲的社會弊端和「非人化」（de-humanizing）傾向，以及西方帝國主義列強爲爭奪市場而產生的軍事衝突。[8]

事實擺在眼前，正如學者所擔憂的，在高度發達的工業社會中，科技的進步創造了富裕的生活，同時也創造了以科學進步爲基礎的一體化或系統化的統治方式。隨著物質匱乏的解除，人的需要得到了滿足，同時似乎也就失去了反抗的理由，變成了既存制度的馴服工具，[9]人們也不再去省視這種進步背後所潛藏的危機。

高科技的現代化與經濟發展的全球化爲人類帶來前所未有的危機，失業、貧窮、疾病、老年及認同危機，工業廢料汙染帶來的生態破壞與環境風險，人爲的開發、破壞、水土保持不良、土石流等問題，全球氣候變遷下之溫室效應、聖嬰現象下之乾旱、暴雨、颱風，高科技發展如基因科技發展也帶來了跨境強勢物種對本土物種的侵入，全球瘟疫疾病傳染的快速——如禽流感、SARS疫病傳染威脅，以及全球性的金融危機等等。

這樣的「風險社會」（Risk Society）所可能造成巨大的區域與地球災難（Catastrophe），正是德國社會學家貝克（Ulrich Beck）對現代工業社會的觀察批判與理論建構的焦點。[10]

8　李偉才，〈現代性淺釋〉，引自《獨立媒體》2014年7月18日。http://www.inmediahk.net/node/1024532

9　Herbert Marcuse, *One-dimensional Man*, Boston, 1964.

10　Ulrich Beck, *Risk Society: Towards a New Modernity*. New Delhi: Sage. 1992. (Translated from the German Risikogesellschaft. published in 1986.)

「風險」（Risk）原本只是經濟學中的概念，當代有許多保險、投資、借貸等業務興起，在經濟發展中隨時可能遭遇到不可預測的變數而造成各種損失，就稱之爲「風險」；風險這個概念最初被用來描述未來時段內可能出現的經濟波動和可能遭受的損失，後來逐漸延用到政治、社會與生態等眾多領域中而成爲當代相當普遍的認知與社會事實。

風險最大的特徵，首先是不確定性。這是說，風險具有高度的變動性與複雜性，這讓我們難以對客觀事件的發展與後果做出精準的預測。第二大特徵是擴散性，特別是當代的風險可能在極短的時間內以飛快的速度擴散開來，這是人類自己建構了全球化架構，讓世界一體化，這讓風險的擴散具有「蝴蝶效應」，以致金融危機、核子戰爭與生態危機等問題讓人類的命運緊緊地結合在一起形成一個生命共同體，這迫使許多人進入世界性的「風險社會」之中，進入這個共同體的任何人或任何國家都難逃它的控制，2008年由美國華爾街所掀起的全球性金融風暴，正證明了這種工業秩序所造就的全球化的風險。第三，風險是人類的共業，從根源上講，現在社會的風險是內生的，伴隨著人類的決策與行爲而來，是各種社會制度，尤其是工業制度、法律制度、技術和應用科學等正常運作的共業，這樣的風險超出了人類預警檢測和事後處理的能力，超出了現代社會的控制能力。[11]

依貝克的觀點，當今的風險社會之形成，主要還是來自早期現代性中的工業社會演化結果，而這樣的發展也和資本主義的發展具有密切關係。[12]

一般人都以傳統與現代的二元角度來敘述人類歷史的演化，貝克認爲，這種簡化的觀點，沒有辦法幫我們釐清人類眞正的問題，他認爲，應

---

[11] Ulrich Beck, Risk Society: *Towards a New Modernity*. New Delhi: Sage.1992. (Translated from the German Risikogesellschaft). published in 1986.

[12] Ulrich Beck, A. Giddens, & S. Lash, *Reflexive Modernization: Politics, Tradition and Aesthetics in the Modern Social Order.* Cambridge: Polity Press,1994. Ulrich Beck, World Risk Society. Cambridge: Polity Press, 1999.

該以傳統、現代和第二現代三元的角度來看待人類演化。人類早期的現代化極力在追求物質生產與各種建設，極力擺脫傳統農業社會，希望為我們創造一個不虞匱乏、舒適便利的生活世界，在初期的現代化社會中，人們相信人的理性力量可以控制自然和社會，使人類社會有秩序、有規則地發展。這是科學理性為人類帶來的貢獻，它為人類確立了有效運作的政治制度、經濟秩序與各種法律規範；然而，隨著科學技術的高速研發以及全球化的迅速發展，以往那種追求確定、穩定與秩序的工業社會觀點已經日益不能符合時代的需求，科技的躍進讓我們無限地追求更快的效率、更多的資源、更多的享受，無止境、無節制地開發自我與地球時，它就帶領人類進入「第二現代」」（Die Zweite Moderne），即進入了一個高度不確定性的、深不可測的「風險社會」。[13]

　　它之所以是有風險的，是因為我們過度系統化所致；貝克認為，在風險社會中，一切是以各種分工獨立的專家所提出來的客觀理性論述為依據，而這些客觀理性，就是以「科學」的角度來進行論述的。在這種科學的理性發展中，人們依賴的是數學或實驗的方法，一切似乎都是可計算的、可分析的。這些專業精密分工雖然幫助人類有效的對抗貧窮、疾病，但同時，它卻也在各方面造成風險。貝克認為我們如果以「系統性」的觀點來分析這種社會分工和風險的關係，就會了解問題的根本關鍵。他指出，在現代社會中，專業知識都是獨立的，然而，這種獨立卻無法抹煞一個事實：那就是整個現代社會的各個領域卻是彼此關聯的，例如上述的華爾街的金融風暴，不單是金融的問題，它更關聯到住宅、土地利用、建築、貿易、商品經濟、總統選舉，甚至關乎社會保險、福利體系，在現代社會中，商業、工業、農業、法律、和政治都是有系統性的相互依賴的，因此，絕對不可能有獨立的原因和責任。可是，就各個專業分工來看，人們卻又是在各自的領域中活動，而且又有各自的科學理性知識所支持，

---

[13] Ulrich Beck, *Was ist Globalisierung? Irrtümer des Globalismus – Antworten auf Globalisierung*, Frankfurt/M. 1997. Ulrich Beck, World Risk Society. Cambridge: Polity Press, 1999.顧忠華主編，《第二現代——風險社會的出路？》，台北，巨流，2001年。

所以人們根本就不會把整個系統所產生的問題視為是自己的責任，因為那超出他的專業知識控制之外了。於是，這種高度專業精密分工的現代社會體系，便成了一種共犯結構，並形成了一種各自為政、普遍不負責任的情況。[14]這就是「風險社會」之所以為風險社會的根本原因。

它之所以是不可測的，是因為這種系統化是我們自身製造的；在貝克看來，「風險」是人類為「系統地處理現代化自身引致的危險和不安感的方式。」[15]值得注意的是，貝克這裡所說的風險並不是意指著危險，也不是一種冒險；這裡的風險不同於自然災害，它特指的是一種我們「人類製造的危險」。這種風險的恐怖性不在於危險的實現或來臨，而在於我們對它的無知、無能與無力。關於「無知」，貝克特別指出，這種無知既不是出於人類的愚蠢，也不是人類本身的固執頑劣，而是指它無法被人類的知識所理解、預測、控制和改變；這是因為，正是人類的科學知識自身造成這種風險，換言之，風險超出了我們的知識及科學預測之外，它超出一切知識所能涵蓋或觸及的視域；以貝克的話語來說就是：「在風險社會中，未知的和意外的後果成為歷史和社會的主導性力量。」[16]既是深不可測的世界，當然就是一個高度不確定的社會。

此外，關於人類之所以無能、無力改變這種風險，其原因在於隱藏在富裕工業化社會表象下的是一種結構性的風險——人類生存結構性的風險。也就是說，風險不再是個人的風險，而是全球性、結構性現象，它可以是有形的危機如車諾比核子外洩、溫室效應、臭氧層空洞之類的環境危機、核子軍備競賽、恐怖主義、金融風暴、失業大潮這類工業社會追求現代化競爭力所造成的危機，它也可以是無形的風險，如形式邏輯、數學、

---

[14] 貝克（Ulrich Beck）著，汪浩譯《風險社會：通往另一個現代的路上》，台北，巨流，2004年，頁22。

[15] 貝克（U. Beck）著，汪浩譯，《風險社會：通往另一個現代的路上》，台北，巨流，2004年，頁19。

[16] Ulrich Beck, A. Giddens, & S. Lash, *Reflexive Modernization: Politics, Tradition and Aesthetics in the Modern Social Order*. Cambridge: Polity Press,1994. Ulrich Beck, World Risk Society. Cambridge: Polity Press, 1999. p.23.

交換價值、功利思想、貪婪人性；也就是說，所謂的風險不只指工業化所帶來的危機，它們進一步還與「社會的、人生的和文化的風險和不安全，重疊在一起。」[17]有形與無形相互糾纏，恐怖與貪婪比拼，這種風險非人力所能解。

此種風險徹底改變了早期工業社會的內在結構及其生活方式的基本確定性，原先在初期現代性中，那些穩定的慣常範疇和人生軌道，比如社會階級、家庭形式、性別地位、婚姻、父母身分和職業，都喪失了確定的基礎，變得模糊不清。而所有這些人類自身所創造的有形的、無形的風險正在摧毀美好的自然與美好的人性，[18]讓人類置身在一個高度不確定的社會之中。

盧曼（Niklas Luhmann）更進一步解釋現代社會之所以被稱爲風險社會，並不在於它製造了危害、痛苦、毀壞與不幸——所有過去的社會也是有相同的作爲。反而，它所以成爲風險社會，是因爲再沒有一個名之爲命運或不幸的寬容外衣可以裹在危害之上。[19]盧曼的風險社會學，把「風險」視爲現代社會發展，正常的現象。知識、法規、律例、政策、制度或組織，都無法避免不可預測的自然風險。而因追求速度與競爭造成「脫序」的社會以及它所衍生的治安風險與信心危機，更令人提心吊膽。

那麼，我們要如何來面對這種科學、技術理性所成的人爲危機呢？

貝克提出以「社會理性」取代「科學理性」的觀點。所謂的「社會理性」指的是任何科學知識都必須在社會上受到公開的討論和批判，因此他說，沒有社會理性的科學理性是空的；沒有科學理性的社會理性是瞎的。[20]貝克的研究夥伴紀登斯（A. Giddens）也提出相類似的觀點，面對

17　Ulrich Beck, op. cit. p. 87.

18　Theodor W. Adorno, and Max. Horkheimer *Dialectic of Enlightment*. trans. John Cumming. New York: Herder & Herder. 1973.

19　Georg Kneer, Armin Nassehi著，魯貴顯譯，《盧曼社會系統理論導引》，台北，巨流，1998年，頁128。

20　貝克（U. Beck）著，汪浩譯，《風險社會：通往另一個現代的路上》，台北，巨流，2004年，頁19。

科學所成的這種危機，許多都是認為必須從科學中尋求答案，但是他認為，人們不能光靠科學知識來反思與面對風險，他後來在「第三條路」（The third way）的相關著作中也提出了應該讓科學知識「民主化」（democratizing），讓它們受到公開的討論，而不能只是把問題交由科學家決定。[21]科學制度運轉失靈的直接後果是導致技術知識成為現代風險社會的主要「製造者」，在現代風險社會中，以往舊的科學制度已經不適合時代發展的要求了，應該通過反思現代性，重建科學制度，以防範社會風險，以此避免制度創新所產生的風險。[22]

簡言之，風險通常是人類無法意識的，是專家知識制度化的結果，因此在面對風險之時，我們再也不能只是從科學理性的角度來看，而應從各種可能的後果同時去省思。

三、風險的關鍵——人類控制的興趣

事實上早在貝克提出風險社會警告之前，他的德國前輩、存在主義哲學家海德格（Martin Heidegger）即曾提出警告人類對科技風險的無知。

海德格認為，科技能夠「成功」蔓延的一大優勢，首先在於科技漫無止境地要求「存有」釋放出「為我所用」的面向，海德格認為，更嚴重的問題還在於這種看待世界的方式逐漸成為一種具有宰制力的思維。這種科技的全面宰制，表現在人類對於「存有」的索求（challenging）與擺置（sets upon），也就是要求眼前世界無限的釋放出它得以被開採以及儲存的能量，並且徹底執行科技的原則：即以最小的消耗來獲取最大的效能的原則（grosstmogliche Nutzung bei geringtem Aufwand）。[23]對照許多國家盲目地不惜代價，增加國民生產總值，極度地追求經濟成率，甚至不顧一切

[21] A. Giddens, *The Third Way and Its Critics.* Cambridge: Polity Press, 2000. p.139.

[22] 許鬥鬥、郭榮茂，〈風險社會與科學制度〉，《福建行政學院福建經濟管理幹部學院學報》（福州），2006年6月。

[23] Martin Heidegger, Tr. W. Lovitt, *The Question Concerning Technology and Other Essays*, N.Y.: Harper & Row, 1977, p.15.

地挖掘自然資源，破壞生態環境，對地球生物圈造成無可挽救的破壞。所以在科技思維的最大效能原則下，人與世界的關係在本質上徹頭徹尾的轉變了。

　　海德格稱此種科技的本性爲Gestell—「集置」。Gestell的意思即，自然界在科技的要求下爲人類所安放（stellen）、所迫使（stellen）、並產生（her-stellen）人類所需的物資，而人爲了利用這些物資，就設立（be-stellt）了種種組織與器物，並以各種方式來處理被開發出來的自然界，或轉換（umstellen）、或組成（aufstellen）、或陳列（ausstellen）、或展覽於前（darstellen）。因此，自然界成爲一個被迫使、被要求的東西（das Bestellte）。在人類的集置的科技本性下，自然界喪失其本來面貌，最終成爲一個爲人類儲藏能源，且等待著被處理、被迫使、被強求和被挑釁的對象[24]。海德格說：

> 　　耕作農成了機械化的食品工業，而空氣爲著氮料的出產而被擺置，土地爲著礦石而被擺置，礦石爲著鈾之類的材料而被擺置，鈾爲了原子能而被擺置，而原子能則可以爲毀滅或和平利用的目的而被釋放出來。[25]

　　而當人類在處理自然界時，其處理方式基於效益原則，它又不斷地肯定（sicherstellen）自己，然而此種肯定反而堵塞（verstellen）其他人類與自然界的關係，科技因而僞裝（verstellen）成它是人與自然界的唯一關係，因而也危害（nachstellen）了人本身。[26]這就像先前一隻手機的廣告詞所講的：「科技始終來自人性」，沒錯，科技起始於人性，這個人性即

---

[24] 關於海德格對科技本性的詮釋請參閱陳榮華，《海德格哲學：思考與存有》，臺北，輔仁大學出版社，1992年，頁129-147。

[25] Martin Heidegger, Tr. W. Lovitt, *The Question Concerning Technology and Other Essays*, N.Y.: Harper & Row, 1977, p.15.

[26] Ibid., p.19.

人類控制的興趣，但是它的發展過程卻遠超乎人性，甚至是到了最後結局，人的本質反而在科技發展的過程中被扭曲了，人為了進化、夢想羽化成仙，形同春蠶吐絲，不斷地作繭自縛，乃至無力從我們自己所吐出的絲——科技——中解脫，就如海德格所說的：

> 集置（Gestell）乃是那種擺置的聚集（gathering together），這種擺置亦擺置了人，使人以算計方式把現實事物作為持存物（as standing-reserve）而解蔽出來，作為被索求至此的東西，人處於集置（Gestell）的本質領域之中，人在他與集置（Gestell）的關係中甚至根本不能抽身、無得選擇。[27]

亦即，科技之所以為科技，它不是單純意指某些被解蔽、被揭示的事物，而是我們現代性的「去蔽方式」（Weise des Entbergens），它決定了，我們所處的「世界」整體而言是如何開放的，決定了在我們的歷史當下所謂「存有的疏明」（Lichtung des Seins）是如何發生的。[28]比如說，自從發明了飛機之後，人類不僅用它來實現遨翔天空的夢想，我們還用它承載自己和貨物，為了從甲地承載到乙地，人類世界出現領空、航線、機師、空姐這類東西，當然所有這些也決定了我們的歷史、戰爭的新面貌以及它是如何發生的。實際上，海德格的最終關注的不僅是「科技的存有」、「科技的本質」（Sein oder Wesen der Technik），而是「科技化的存有」或「科技化的本質」（ein technifiziertes Sein, ein technifiziertes "Wesen"），亦即沈清松教授所說的，人在科技底下「非人化」（Dehumanization）的處境。[29]

本於對存在本質的關懷，讓海德格挑戰整個西方文明傳統，他批判

---

[27] Ibid., p.24.

[28] Martin Heidegger, *Die Ende der Philosophie und die Aufgabe des Denkens. Zur Sache des Denkens*, Tuebingen: Niemeyer, 1969. S.72.

[29] 沈清松，〈莊子與海德格美學〉，引自www.cnphenomenology.com/0506307.htm

當代科技社會的「現代文明計畫」，認爲它是一種由理性意志所宰制的世界，這是一個由虛擬而偏差的「人之現代性主體」操縱一個完全客體化了的世界，再以強勢的工具力量（科技理性）來支配大自然、扭曲大自然的過程，海德格指出，現代文明計畫最終導致人類「無家可歸」的窘境。[30] 看看當前人類因爲大量使用科技造成生態浩劫、地球暖化以致海平面持續上升，將使高達6億人口無家可歸的處境，英國物理學家史蒂芬‧威廉‧霍金（Stephen William Hawking）更是預測，人類不斷努力地追求更高科技的發展，總有一天會把人類居住的地球給毀了。[31] 在人類「自私、貪婪」的天性下，人類以科技力量對於地球的掠奪日盛，資源正在一點點耗盡，此爲地球的眞正災難。可見海德格所言不虛。

　　海德格的Gestell，就是馬庫色（Herbert Marcuse）所稱的「工藝合理性」（technological rationality）或譯爲「科技理性」，馬庫色認爲，科技理性的形成可以追溯到亞里斯多德關於「邏各斯」（Logos）與「厄洛斯」（Eros）分裂的思想，到了近代，科技理性不斷膨脹，逐漸取代傳統經濟政治的控制而成爲發達工業社會新的統治形式。就馬庫色而言，這是一種比傳統統治形式更具欺騙性和控制力的統治；科學技術以一種合理化的形式進入到社會結構的各個方面，支配社會生活的各個領域，技術的「邏各斯」成了奴役的「邏各斯」，科技理性的實質是維護現存統治的合法性。馬庫色以爲，因科技的發達與廣泛應用，在促進人類生活的種種進步的同時，「這些進步的成就對意識型態的控告或辯護都採取無所謂的態度；在它們的法庭面前，合理性的『虛假的意識』成了眞正的意識。」[32]

　　這種發達工業社會的產物，隨著科技的不斷高度發達，人們同強制他們接受的存在狀況愈來愈一致，並從中獲得了生命的發展和種種需要的

---

[30] Martin Heidegger, Letter on Humanism, trans. Frank A Capuzzi with J. Glenn Gray, *in Martin Heidegger: Basic Writings*, New York, 1977.

[31] 引自中廣新聞網，〈霍金：科技終將毀滅地球〉，《中廣新聞網》，台北，2016年1月20日。

[32] Herbert Marcuse, *One-dimensional Man*, Boston, 1964, p.11.

滿足，表面上，這似乎是人的主體性的進一步發展，實際上，「這種實在構成了更爲異化（alienation）的階段。」[33]工藝與科技的高度發展所造成的異化，即使人們在勞動中成爲機器的附屬物，也使他們在生活中成了他們所需要的物的工具，「人們在自己的商品中認出了自己；他們在自己的汽車、高傳眞的音響設備、疊層式的住宅和廚房設備中發現了自己的靈魂。」[34]誠如學者所指，表現爲作爲人類文明主要成果的科學技術，在爲社會創造巨大財富的同時，不僅沒有帶來人的自由全面的發展，相反卻造成了人的全面異化，形成社會發展與人的發展的二律背反。[35]

科技理性對人類生活的全面滲透、宰制固然是伴隨著經濟發展而來，然而，更嚴重的是，在當代的社會中，它在人類學校教育的教導中、有意識的選擇裡進一步成爲我們靈魂的一部分，現代人們的思考、判斷、分析皆以科技理性爲依歸，也就是說，它已經成爲現代的意識型態。[36]

科技理性作爲現代的意識型態，幾乎已成爲我們判斷事物的準則，在日常生活中、在重要判斷裡、在政府決策中、在各種辯論中、在教科書上，「科技理性」以種種「合理性」（Rationality）面貌出現。此處所謂的「合理性」：「首先是指那些服從於合理的決定標準的社會領域的擴大。與此相應的是社會勞動的工業化，其結果是工具行爲的標準也滲透到其他生活領域（生活方式的城市化、交通和交往的技術化）。」[37]

這種工具行爲在經濟領域表現得最爲徹底，例如布勞岱（F. Braude）

---

[33] Ibid.

[34] Ibid. p.9.

[35] 王雯姝，〈哲學是時代精神的化身——有關現代西方哲學與時代精神的思考〉，引自香港人文哲學會網 http://www.arts.cuhk.edu.hk/~hkshp

[36] 關於意識型態的定義不下百種，我們在此採用曼海姆（Karl Mannheim）的總體意識型態概念（der totale Ideologie-begriff），也就是「人們能夠談論一個時代或一個以歷史的社會的方式具體地確定了的團體（可能是一個階段）的意識型態，他們指的正是這個時代或確切地說是這個團體的總體的意識結構的特徵和狀態。」及一個時代或一個團體的整體的意識結構。詳見Karl Mannheim, *Ideologie und Utopie*, Frankfurt, 1985, S.53.

[37] J. Habermas, *Technik und Wissenschaft als "Ideologie"*, Frankfurt, 1970, S.48.

在其三巨冊的《文明與資本主義》中，分析十六世紀到十八世紀資本主義
的崛起與發展。在布勞岱看來，資本主義從其創始以來從未改變其本質，
它是基於對國際資源及機會的剝削來擴張自己，資本家從不專業化，而是
游走於高利潤的部門之間，基於合法或實際上的壟斷，在不透明的經濟活
動中掌握對自己最有利的條件，並以最高利潤的部門爲其依存空間。[38]

　　在人類的各個生活領域中，政治生活可以說是最具宰制性的，當合
理性滲透政治領域時，國家機器在自覺或不自覺的情況下，以「合理性」
作爲安排種種制度的理想目標，此爲現代國家「合法性」（Legality）的
根據。這也是現代社會與傳統社會的差別，在傳統社會中，國家在人民的
生活中並不起著絕對的作用，例如，在西方十七世紀、十八世紀的自由資
本主義時代，人民對國家的期望是對市場干預得愈少的政府是最好的。而
在東方社會，一般老百姓則普遍存在「天高皇帝遠」的心態，中國儒家、
道家的「垂拱而治」、「無爲」政府被認爲是最理想的政府。也就是說，
作爲一個現代的政府，當它無法再以「君權神授」的理論取得統治的合法
性時，它就必須代之以科技的合理性，因爲，正如德國當代哲學家哈伯馬
斯（Jurgen Habermas）所說的：「一方面，與以前所有的意識型態比較起
來，技術統治的意識是『更少具有意識型態性的』，因爲它並不具有一種
只顯現爲掩蔽利益實現的不透明的力量；另一方面，它作爲今日占統治地
位的，更細緻的背景意識型態（Hintergrundideologie），使科學成了比舊
的意識型態類型更難以抗拒的，更具深遠影響的偶像。」[39]

　　正是這種國家權力的合理化使得科技理性成了眞正的意識，並進一步
成爲現代社會的「制度」，也造就了貝克所說的風險社會。

四、高教產業化對大學產生的風險

　　無論是貝克、海德格、馬庫色或是哈伯馬斯，這些哲學家們都讓我們

---

[38] F. Braudel, *Afterthoughts on Material Civilization and Capitalism*, The John Hopkins U P, 1977. pp.111-112.

[39] Ibid., pp.88-89.

看到了科技在其全盛面貌背後所隱藏的風險，他們對人們提出的警告，人類在不斷追求現代化、更高的科技享受、更高利潤、更多的財富，人類自滿於人類理性這樣的成就，哲學家們對人們提出的警告如當頭棒喝。

至於如何去解決或緩解此一危機呢？紀登斯（A. Giddens）也曾和貝克、拉許（S. Lash）合著《反思的現代化》（*Reflexive Modernization*），以「風險」概念作爲其分析的共同重要基礎，貝克在書中認爲，人類從傳統社會發展到現代化社會，目前已來到了反思的現代化社會了，它既是風險社會，也是現代化的更高發展階段。[40]易言之，貝克對於風險社會並不悲觀，它反而提供了人們對現代化進行反思的機制，他認爲這種反思性力量來自政治，亦即新的風險具有政治性反思，這股政治性反思能夠推動制度的變革。[41]

而這也正是本書的初衷，希望透過對高等教育產業化的批判反省，讓大家來共同推動政治性的反思，進一步再來推動制度的變革。

而在諸多制度變革中，我們認爲，教育制度的變革恐怕是最爲關鍵的，因爲正如同貝克自己也認爲，工業社會並非現代性的唯一表現形式，它僅是現代性不完整的表現，在許多方面現代性的批判精神不夠徹底。科學就是半截化的科學，因爲在工業社會中，科學就像手電筒，批判反思的

---

[40] U. Beck, A. Giddens and S. Lash, *Reflexive Modernization: Politics, Tradition and Aesthetics in the Modern Social Order*. Cambridge. Polity Press, 1994.

[41] 貝克的政治反思性體現爲：(1)風險不同於財富，它們不是物質存在，而是由社會定義和建構的。(2)風險的分配與增長對不同的人影響程度不同。在有些情況下這種差別是與階級和階層的不平等相符合的，但是從根本上說，現代化的風險早晚都會影響到那些製造現代化或從中獲益的人。風險打破了階級和民族國家的界限。在這個意義上，風險社會就是世界風險社會或全球風險社會。(3)風險的擴散和商業化沒有完全擺脫資本主義發展的邏輯，相反使之進入了一個新階段。資本主義既是贏家也是輸家。不同資本主義所面臨的風險差別與它們所面對的不同問題和掌握的不同力量有關。(4)一個人可以擁有財富，但只能被風險影響。風險是由文明界定的，因此在階級社會存在決定意識，而在風險社會意識決定存在。(5)在風險社會，一直以來被認爲是非政治性的事情變成了政治性事情。規避和管理風險也包括了對權力和權威的重組。

矛頭從來都沒有指向自身。科學的規則被當成天經地義的，科學成爲政治和倫理批判範圍之外的獨立王國。由於認定科學的絕對性與神聖性，因此就產生了影響人類文明最深的現代性風險，亦即深埋當代教育中的科技理性思維，因爲科技理性正是透過我們的教育體系的傳播，而得到不斷強化因而造就這樣的高風險社會的。

當工商業的需求衝動擴張到教育體系的各個領域時，這絕對不是社會、國家之福，因爲這將造成一個以功利主義爲導向的社會，從而影響學子身心、個性的健全發展，造就出一個馬庫色所說的「單向度的人」（One-dimensional man）。[42]這種獨斷的科學不適應風險社會的需要，必須將科學的批判和理性精神貫徹到底，發展爲反思的科學。爲了讓科學眞正具有反思性，我們就要重新認識、反省我們的教育體系。

學者張春興早在數十年前就已指出「我們的大學已偏離學術研究的導向，而益以實用人才培養爲目的；學生的選擇是如此，學校的教學研究是如此，政府的政策也是如此。」[43]時至今日，教育部更是透過種種政策與獎勵，變相鼓舞整體高等教育爲產業服務，我們的教育主管機構也幾乎完全呼應經建會版本的人才培育方案。以致造成高等教育淪爲產業界的附庸；[44]這也讓愈來愈多的有識之士呼籲人們必須去反省過往那種「簡單現代化」帶來的問題，要求「超越過往的功利角度，重新開發人類的反省能

---

42 「單向度的人」，此爲馬庫色著名的理論，他認爲，隨著科學技術的發展和普及，工藝合理性成了發達工業社會的全部生活的唯一向度，以至於「在任何地方，在所有的形式中，僅僅存在著一個向度」，在這種社會下的人，稱爲「單向度的人」。馬庫色認爲，統治著當代世界的工藝合理性通過科學的管理和組織達到了直接的、自動的一體化，這種一體化不僅滲透到人的全部行爲中，也滲透到人的全部思想中，從而削弱了人與現實對立的內在向度（the inner dimension），亦即使人對現實喪失批判能力，從而使其存在與現實趨於一致。H. Marcuse, op. cit., pp.10-11.

43 張春興，〈民國39年以來學校教育的發展與檢討〉，載中國論壇編輯委員會主編，《台灣地區社會變遷與文化發展》，中國論壇雜誌出版社，1985年版，頁424。

44 本刊社論，〈教育部長應該關心高教根本問題〉，《通識在線》，2012年5月號，第40期，見www.cafa.edu.tw/sub/news/index-1.asp?Parser=9,12,289,255,,,6044

力，以追求一個更符合生態、平等、互相尊重與安全的社會。」[45]

　　誠如上述貝克所說的，風險是「系統地處理現代化自身引致的危險和不安全感的方式」，高教產業化是我們系統地處理現代產業的需求，而這樣的高教產業化本身將引致相當嚴重的危險與不安全感。最重要的是，它還是人類專業知識所製造出來的，所以它所導致的風險也更為不可測、不可控制。

　　我國在大學進行高教產業化，它所招致最大的風險，就是大學本身的質變。

　　造成大學質變的原因，就是系統化風險。

　　系統化風險就是哈伯馬斯所說的我們的生活世界科技理性入侵、被殖民化的危機，在高教產業化中，這種系統化的風險將導致一連串的危機，首先是行政領導學術、管理支配教學，大學存在價值淪喪。

　　單以教師評鑑中的教學一項為例，教師評鑑標準愈來愈細，有的甚至每年就調整一次，諸多教學細節都必須經過記錄與考核，包括：問卷調查、學生滿意度、中英文課綱、教材設計、教材e化、全外語授課、講義編纂、製作教具、成果發表、通過認證、輔導紀錄、補救教學、成長認證、參與研討……，連何時上網登錄成績與課程進度都加以嚴格規定，它透過行政規定巨細靡遺地把老師教學能力，完全轉成可供評量的量化及形式化的規格。在這種教學評鑑中，教師已完全喪失大學學術自主精神，完全任由行政領導宰割。一個學術無法自主的老師，當然不可能教出獨立思考的學生，這跟以往高中以前那種以考試領導教學的模式如出一轍，只是在高教產業化中，把考試變為評鑑而已。評鑑與考試在本質上都是一樣，一求公平，二求速成，三求標準化，兩者都是科技理性下的產物。

　　再加上所有的評鑑往往要求教師有立即之教學效果，即所謂的市場上所謂的「績效」，因此在教育中只能著眼於教學的短期效果，而忽略了教育中的潛在課程，以致許多教學績效恰恰是反教育，完全違背教育原理，最明顯的例證是許多大學裡的「服務學習」課程，強迫學生到各個機關團

---

[45] 顧忠華，〈台灣的現代性〉，《當代》，台北，2006年，第221期，頁88。

體進行數十個小時的服務，學生只要拿到該機關的蓋章即表示獲得學分。

又例如，在大學評鑑中有許多數據指標是膨脹教師的職責爲代價的，例如，爲了爭奪將來少子化衝擊下的就讀人數，大專教師開始要「深耕基層」、拉攏中學，得到處去宣傳招攬，並打電話給錄取生以保報到率，而退學率、招生率更成爲評鑑指標，甚至出現了所謂「招生責任書」（以扣薪爲懲罰），「教師業務員」得到高中職宣傳、到高中職開課、甚至接待高中職師生的訪問。

此外，現今大學教師不僅必須在教學研究盡責，多數還被迫成爲學校不支薪的行政人員，負擔校方各種庶務工作，老師要管的東西包括學生班會紀錄、輔導學生各種競賽、協助學校發放蒐集問卷、校外查訪學生、到宿舍關心學生、處理學生意外、帶領學生讀書會、心理諮商轉介服務、聯繫訪問畢業校友、輔導學生就業、義務幫助學生取得證照、畢業生通訊錄調查、社團指導、指導學生校外服務學習⋯⋯。爲了評鑑，系所耗費大量人力物力，更要求大學教師具有通天本事，嚴重占用研究教學的時間，貶抑知識分子面對學術頂天立地對良心負責的應有氣度。

東吳大學前校長劉源俊指出了這種系統化問題的實質，他說，教育部用各種指標評鑑衡量大學，但是大學不是產業，不能套用管理工廠的方式，「把所有事物都量化的人才是不懂量化；把教育行政當教育，整個教育就垮了。」[46]其實西方學者很早就對大學中的評鑑進行嚴厲的批判，認爲此種強調權力支配的績效控制評鑑取向，採用強制、監控、統一、集權的評鑑手段，讓教師服從專家的主宰，而很少思索評鑑中的政治、倫理與道德問題，以致造成教師的壓力、焦慮、恐懼，甚至破壞教師同儕之間的情誼及信任。[47]

高等教育產業化爲大學帶來質變的第二個風險，就是教育與經濟一體化。

---

[46] 邱珮文，〈大學評鑑弊病多　學者轟：學術界沒前途〉，《新頭殼（newtalk）》，台北，2014年12月16日。

[47] A. Gitlin & J. Smyth, *Teacher Evaluation: Educative Alternatives*. London: The Falmer Press, 1990.

這種一體化的結果，讓教育成為經濟體的一個環節，從而也遵照經濟運作的功利主義原則，最終讓高等教育著重於短期可實現的利益。高等教育產業化的短視近利、殺雞取卵的政策，最典型的例子表現在產學合作中。

以產學合作來說，在高教產業化政策裡，政府要求大學自籌經費，學校成了利潤中心，其中特別強調產學合作，它原指學術界與產業界在互惠原則下，以契約模式構成合作關係，共同進行研發計畫，以求資源之有效交流，而達成雙方的合作目標。

然而，台灣的產學合作實際的運作卻非如此，許多學校鼓勵、強迫各科系的教授進行產業合作，其實其重點都只在賺錢，不只是教授的研究經費「按款計酬」，申請到愈多經費、得到的紅利就愈多，產學合作案、技術移轉金更是多多益善，如果直接捐錢給學校也可以轉換成利潤，有的學校甚至可以自己「捐款買點數」；特別是對眾多私立大學來說，教授對外爭取產學合作計畫有很多重的價值，最直接的是學校可以抽取行政管理費，這是額外的學校經費，對於招生壓力大，學費來源緊縮的私立學校來說真的是荒漠甘泉！此外，教授的產學計畫多表示實務能力高，是學校對外宣傳的重要數據。當然，對教授來說，計畫多外快也多，又有較豐富的研究資源，容易生產論文儘快升等，甚至變成績優特聘教授，彈薪方案的受益者等等，實質的收入可以比毫無計畫的教授高出很多。在此，高等教育真的成為「製造業」，有的學校甚至淪為製造假產學合作案的產業。這是就學校端的利益而言。

在企業端來說，在產學合作共生結構中，企業通常較有強勢主導權，特別是國內160幾所大學所提供的實習生又遠遠超過企業所需，這種情況更嚴重，對企業利益而言，多了一批機動廉價勞動部隊，減輕人事成本負擔，而學生除不適用《勞基法》外，還有來自學校、企業主壓力，而動員學生支援活動，企業不僅可免簽勞動契約外，也省下正式雇員的勞健保費，面對勞動法規限制更有解釋空間，企業不但得到一批有用的、高級的勞動生產力，而且因此省下了它原本該付出的薪資成本與保險費用，何樂而不為。

　　如果此時企業本身又兼辦大學的話，其情況就更嚴重了，輔仁大學社會系教授戴伯芬就曾以義守大學爲例，該大學同時具企業主與人才培育者雙重身分，在實習課上訂了許多嚴格規範。有些科系的實習時數幾乎已達全職勞工的標準，實習規定甚至包括：髮禁、衣飾、設施使用、電話使用等涉及人身自由的限制，「這些規定在一般勞動市場都不見得合理！」學生也必須遵守實習單位及校方要求的工作規範，例如不得拒絕指派工作、不得煽惑他人不服實習單位規定或鼓動他人怠工、集體請願或製造糾紛……不遵守，就得退訓，學生就像勞工一般牢牢地被企業所控制。[48]

　　習慣了低成本勞動力的企業，當然也不會因爲賺錢了就付給員工更好的薪資，於是，這就形成了台灣勞動者低薪結構的惡夢。

　　據了解，台灣高等教育產學合作還有另一種因著市場化帶來的「異相」。即大學與企業合作來「詐騙」政府的補助。事情是這樣的：在高等教育產業化政策下，我們的政府看到大學發展中一些可以協助改善的缺點，包括學用落差大，學術界的研究能力未能充分協助產業界等等。所以很熱心地加碼鼓勵產學合作，行政院除了國科會計畫之外，各部門如農委會、經建會等事實上都有編列經費鼓勵學校與業界合作，只要有他們認爲值得鼓勵的產學合作計畫就會加碼贊助，譬如計畫的經費10%或20%由政府買單！有些補助案甚至可以高達25%甚至到40%！

　　但在自由市場裡，只要有錢可以賺，就會出現一些怪象，有些人開始以公司的型態專門教教授們如何與廠商配合寫假計畫爭取這些「計畫補助」。很多學校的研發單位還會認眞地邀請這些「顧問」蒞校指導老師如何撰寫計畫爭取最高的補助；在學術圈裡，很多人都聽過這種演講，直覺這種計畫根本是一種詐騙，但是許多學校還是熱中這種計畫，因爲如果申請到的話是學校、教授與廠商三贏的，因爲大家都分到錢了，連被詐騙的政府機構或許都會感到小確幸，因爲他們成功地把錢發出去，也就是順利完成上級所指派的「任務」了。當然，這中間，最該傷心的是納稅人，[49]

---

[48] 李又如，〈教育部坐視學生淪爲廉價勞工？〉，《新新聞》，台北，2015年05月20日。

[49] 張逸中，〈大學拚產學的亂象〉，引自http://blog.udn.com/yccsonar/11750382

曾幾何時，被譽爲社會良知的大學變成這等模樣。

有些學校甚至九成以上的產學案都是假的，全台灣各大專院校產學合作的結果，眞的可以申請技術轉移的案子少之又少，依行政院科技顧問組的統計，全台163所大專院校，十年來在政府鼓勵下，由教育部主導熱烈推廣「產學合作」，儀式辦得「轟轟烈烈」，錢花得「洋洋灑灑」，但結果卻落得像李清照《聲聲慢》一詩中所說的「悽悽慘慘戚戚」。根據統計，2003年至2008年間，40所技術研發中心成功媒合的產學合作案，雖有4,368件，但成爲專利的只有1,043件，不到三成，能商品化的更只剩下745件，亦即每6件產學合作案，成功技術轉移的才1件，如果以投資報酬率來說，更慘，教育部迄今爲止，總共投資了454億，結果卻只產出1.91億，平均還不到0.005%。[50]

問題是，在學校、教授與企業利益均霑底下，受害者是大部分的老師與學生，他們是自由市場裡理性算計下買賣交易的標的物。

教育與經濟一體化的另一個可怕的風險，就是讓大學命運與企業產生高度連動，大學跟著企業走，當企業被淘汰了大學也衰敗了，簡單地說，在全球化架構下，高等教育產業化讓大學成了眾多產業之一，成了經濟生活中的一個環節。結果是，教育從原來的被信奉爲天是國家民族的「百年大計」，但是在產業化政策下掉入短視近利的地獄只爲了賺錢，成了一時的「權宜之計」，從此，它不僅要跟著經濟景氣起落而潮起潮落，更是要像產業溫度計一般，緊盯經濟市場需求的變化而不斷地去調整重點科系。

可是問題在於，在全球化的浪潮下，許多國家競相比拼研發速度，產業狀況瞬息萬變，今日急需人才的產業，過了一兩年就被淘汰了，以致培育的速度趕不上產業的需求，當高等教育經過規劃、申請、成立、培育這麼一折騰數年之後，好不容易將人才培育出來了，業界已不需要了，它們需要另外的人才，以致他們總是大力呼籲：學用落差太大，高等教育沒有

---

50 總編輯，〈史上最牛賠錢法！產學合作悽悽慘慘戚戚 投454億只產出1.91億〉，《北美智權報》，2012年3月1日。引自http://www.naipo.com/Portals/1/web_tw/Knowledge_Center/Editorial/publish-7.htm

競爭力。

　　例如，當前的電子資訊產業正以飛快的速度在演進，業界就會責怪台灣高教體制僵化過時，無法及時供應人才，以致造成軟體人才荒，在失業率高居不下的景氣中，軟體工程類的就業市場卻苦於找不到人才。據104獵才顧問中心獵才顧問林冠宇分析，「軟體產業缺工向來如此，不過現在特別明顯的原因，一是結構性的產學問題，造成人才供給不足；二是產業變化更快，」在過去幾年都可由相關科系人員透過自學或短期職訓進入軟體產業，來補足資訊人才缺口，但現在新技術更為專精，新科技與軟體系統愈來愈複雜，像是穿戴式科技、物聯網、Bank3.0等，這讓以往跨界補位的模式不再適用。[51]而那些被培育出來的人才該怎麼辦？他們的青春也只有一次啊！

　　教育與經濟一體化的風險還在於錯誤地把經濟問題歸因為教育問題，原本企業的發展就必須有自己的風險評估、隨機應變、人才培訓與研發投資這完整的系統，然而，在高等教育產業化底下的邏輯是，國家必須為企業創造出競爭的優勢條件，所以以培育尖端人才的高等教育就成為國家創價的工具，大學必須負責人才培育與研發的重責大任，否則企業就沒有競爭力，企業沒有競爭力，國家就沒有競爭力，那麼國家就勢必被邊緣化、被淘汰，於是企業的成敗就是國家的成敗。這讓企業的問題轉嫁為高等教育問題，當然在此邏輯下，也讓高等教育變成企業的奴才，如此，當企業成功時，它可以坐享高利，但其成本與風險卻要由全民、特別是那些弱勢者共同承擔。

　　第三，高等教育產業化下，造成大學質變的另一風險還在於人文與社會領域的崩解。

　　除了人文相關科系不斷退出高等教育之外，在台灣最可怕的現象是沒有人願意再進行人文與社會領域的研究了，其原因非常簡單，沒前途。前述曾講到一位留學德國十年的文化人類學博士，回國超過十年，至今已快

---

51 羅之盈，〈科技之島找不到軟體工程師〉，《天下雜誌》，台北，2015年10月13日，583期。

五十年歲，卻只能靠兼課月收入不到1萬元新台幣維生，如此狀況下，到底還有哪個笨蛋願意再浪費青春去追逐那不切實際的夢；這個最可怕的現代性風險已逐漸顯現出它的威力，據報導，報考各大學研究所人數逐年下滑，就連台、清、交這類頂尖大學也一樣，和十年前相比，人數已減少掉50%，特別是在人文與社會領域，跌幅更慘，例如，曾被譽為台灣最佳研究所的交通大學社會與文化研究所，報考人數從94學年度的75人，下滑到104學年度的5人。[52]其他頂尖大學該類研究所報告人數也好不到哪裡去。

為何會如此？原因很簡單，還是「沒前途」。在教育產業化底下，人文社會領域在大學裡的生存條件愈來愈是艱難，很多系所由於沒有實用性，沒有市場性，沒有競爭性，系所教師員額因招生不足不斷萎縮，很多學校為了保障現有師資，多採遇缺不補，更有一些學校為減少人事成本，為勸退這些老師，特別獎勵教授提早退休。台大特聘教授陳東升在2010年的一篇研究報告中，探討國內社會學博士教研工作的市場供需，陳東升估計，未來八年（2010年至2017年）供需差距高達180人；也就是說，若以研究教學為目標，在2017年國內光是社會學系，就有180位博士生找不到教職。而社會學領域還不是最慘的，[53]其他學科如教育學、政治學，每年產出的博士生數量，是社會學博士的好幾倍，出路更為堪慮。

當老師的尚且如此，做學生的怎能再誤入歧途，如此惡性循環，人文社會領域的研究與教育早晚將退出台灣高等教育。

如果說，台灣的人文社會領域只是出現崩解警訊，那麼在同樣推行高教產業化的日本，其人文領域的崩解馬上就會變成現實了。根據《聯合報》2015年8月4日的報導，日本首相安倍晉三將對高等教育進行改革，這個改革將犧牲人文學科，大學所有的資源都著重在為企業培養具有職業技能的畢業生，他的目標是公立大學最好能在科學研究方面領先全球，不然

---

52 王盈勛，〈崩解中的人文與社會教育──少子化論述所掩蓋的真相〉，《天下雜誌》（獨立評論），台北，2015年3月20日。

53 轉引自陳鈺婷，〈沒書可教　企業也未必愛用　念博士　投資報酬率太低！〉，《Career 職場情報誌》，台北，2010年12月13日，414期。

就專注於職業訓練，與企業結合。依照首相的改革構想，日本文部科學省要求86所全國性大學在2015年6月底交出重整計畫，政府的補助款將依照各大學對安倍新願景的支持程度來分配。而根據了解，日本公立大學有7成的經費來自中央政府，所以勢必得遵照文部科學省的要求。[54]

人文社會領域崩解時，國家社會的發展當然就更偏向科技傾斜，屆時，一切領域真的就科技化了。

五、高教產業化對社會帶來的風險

高教產業化對社會帶來最大的風險，即是過度教育（overeducation）及其帶來的一連串社會危機。

就整體而言，過度教育指的是，由於政府過分擴張教育，高等教育畢業生數量的快速增長開始超過勞動力市場的實際需求，受教育勞動力面臨著知識失業，或者以較高的學歷選擇了較低階低薪的工作，所受的較高教育形同無效。原本人們追求高等教育的目的，除了自我實現外，最重要的是能學以致用獲得較好的工作，提升個人社會地位。但在高等教育產業化底下，政治與經濟力量同時拉動高等教育人口，這裡不僅有高教資源稀釋、降低高教品質問題，亦有嚴重的供過於求的問題，導致大量的高等教育水準的畢業生不得不低就於不需要高學歷的工作，高等教育貶值，形成「學歷通膨」（degree inflation），[55]當實際教育程度超過目前工作所需具備的教育水準，也可以稱為利用不足（underutilization），[56]它不僅是人才的浪費，也是社會有限資源嚴重的浪費。

在高教產業化催動下的過度教育將導致一連串的症候群，它們是失業

---

54 編譯田思怡，〈日本高教大轉型　犧牲人文學科　安倍惹議〉，《聯合新聞網》，台北，2015年8月4日。

55 林永豐，〈有關學歷通膨概念的幾點釐清〉，《臺灣教育評論月刊》，台北，2014年，第3卷，第12期。

56 傅祖壇、楊佳茹，〈臺灣地區大學近期畢業生之過度教育研究〉，《台灣經濟學術研究網》，2011年。tea.econ.sinica.edu.tw/index.php?option=com...id...

大潮、結構性的失業、結構性的低薪、晚熟族、無後世代的形成。

首先是失業，在本章前言裡已講到我國大學畢業生的失業狀況相當嚴重，中央研究院院士、前經建會主委胡勝正指出，一個大學畢業生出社會時約22歲，踏出第一步如果受到重大阻礙，將影響他之後四十年到六十年的人生。假如失業一旦超過一年，社會新鮮人就必須面對新一波畢業生的挑戰。結果，高等教育產業化後所培育的三、四十萬名青年，他們一旦失業，二十年累計下來，成為國家、社會、家庭沉重的負擔。[57]

事實上，大學畢業生的失業不獨我國為然，它盛行於高等教育產業化的國家，而且問題都日益惡化，特別在全球經濟低迷下，青年失業潮如海嘯一般一波波地湧向各國。像一樣實行高教產業化的韓國，在2013年，大批大學畢業生湧出校園，使應屆畢業生和青年就業形勢更加惡化，據調查顯示，截至6月底，韓國仍有近140萬應屆大學畢業生未找到工作或放棄就業，應屆大學畢業生的就業率還不到70%。[58]而在1999年開始進行高等教育產業化的中國，其情況也一樣，大量擴張高等教育，高教畢業生每年以20%的速度增長，到了2010年，由於擴張太快，市場需求小於供給，高教產業化的結果，開始出現嚴重的結構性失業（structural unemployment）問題。但與此同時，卻又有45%的企業找不到它所需要的人才。[59]

所謂「結構性失業」問題，就是過度教育造成的併發症，結構性失業的問題比一般失業問題更難克服，因為它是由於在學校所學技能無法應付工作需求，所以往往需要更長的時間去克服。一般國家很容易忽略結構性失業的殺傷力，尤其在分工愈是精密的現代化社會，「隔行如隔山」的效應會不斷極大化，它不像初期現代化時代，一個被紡織工廠開除的員工可以輕易轉換到鐵工廠上班，建築業不要你了，你馬上就可以在製鞋工廠找

---

57 引自程晏鈴，〈青年失業潮何時退？〉，《天下雜誌》，台北，2014年12月9日。

58 金峻賢，〈韓國結構性失業危機：高學歷者就業難〉，《第一財經日報》，上海，2013年7月24日。

59 杜海玲，〈高校畢業生結構性失業問題研究〉，《經濟研究導刊》，哈爾濱，2008年，14期。

到另一份工作，因為愈是原始的產業愈不需要依賴那麼高度的專業能力，像上面所說的，現今連幾年前所培養的資訊科學相關科系人才都無法轉換到現在極其精密的軟體工程，更遑論其他領域要來跨界，因為在高科技產業中，一個企業所需要的學歷和專業力已經不是公司老闆開個為期一週、一個月的在職訓練就可急就章的；面對結構性失業，一般是透過學校教育培育人才來解決，所以其所需時間往往很長；問題是，在當前自由經濟激烈競爭下，各國都在透過高等教育產業化加快研發速度，產業輪動的速度非常快，於是經過數年高等教育培育出來的人才，又成了過度教育，過度教育又讓結構性失業問題更加難解、更加嚴重，如此惡性循環，好像是永遠都醒不過來的惡夢。

　　過度教育所形成的結構性失業，是現代一種很特別是失業，有人就把它叫做「知識失業」（educated unemployment），根據國際勞工局的定義，知識失業是指受過教育的知識勞動者處於不得其用的狀態。目前，對知識失業的具體界定比較一致的認識是：知識失業是指一部分受過相當教育的知識界勞動者找不到工作，或屈身做較低文化程度的人所從事的工作。[60]

　　當代知識失業的原因，大都拜現代科技產業性質與機械化生產所賜，因為這些產業投資報酬率最大，所以吸走最多的資金，但它所創造出來的就業機會其實卻是最少的，因為高科技產業所需要的是精兵而不是勞動大軍，是高級工程師，而不是一般工程師，例如，用100億美金開設的軟體公司可能只需要僱用1千名高階工程師，它會創造出巨大的經濟產值，可是對整體社會的就業率來說並沒有什麼幫助。世界經濟論壇（World Economic Forum, WEF）在2016年初便預測，由於機器人和人工智慧崛起，將導致全球15個主要國家在接下來五年淨減510萬個工作機會。[61]於是，在

---

60 引自康文艷，〈知識失業——一個不容忽視的社會問題〉，《西部教科論壇》，蘭州，2008年，第2期。

61 引自中央社綜合外電報導，〈人工智慧崛起　未來5年淨減510萬職缺〉，《中央社》，台北，2016年1月18日。

這種科技產業畸形發展中，它不但會造成知識失業，而且還扭曲社會財富的分配從而扭曲社會結構，造成M型社會，即社會財富集中在極少數人手中，絕大多數的人就淪為赤貧的失業一族。事實就如世界經濟論壇所指出的，世界上最富有1%人口所擁有的財富，比全球其餘人口加起來還要多。而貧窮對抗機構樂施會（Oxfam）發表報告也指出：「失控的不平等持續擴張，已導致世界62名最富者，擁有全球一半人口財富的總和。」[62]

原先我國高教產業化也是要解決我們因為產業外移與產業衰退、新興產業崛起，所以需要大批大批地培育新興產業所需要的人才，然而，過度培育的結果，它反而使結構性的失業更加嚴重，並且進一步扭曲社會結構，造成社會痛苦指數不斷飆高。

過度教育產生的另一危機是青年一代的低薪惡夢。

在本書第二章裡有談到，新自由主義全球化的最終結果會形成各國的逐底競爭現象，亦即各國政府為了吸引跨國資金的投資，不僅會營造良好的投資環境，包括環保法規的鬆綁、免關稅、減少各種企業稅，以及最重要的是，提供低廉的勞動力，這種政經合謀的逐底競爭可以說是造成全球青年族群低薪的根本原因，此其一；此外，青年族群的低薪還歸因於高等教育產業化大量製造高階勞動力，過度教育迫使這些人高階低就，眾所周知，在自由市場中一件產品生產過剩，它的價格當然就會下滑，高等教育人才亦復如是，大量湧現的高階勞動力，自己壓垮了自身身價，此其二；其三，我們在前面也講過，在我們高等教育產業化政策引導下，教育部要求大學培育企業有用人才，即大學技職化，而那些技職院校則為了升格為大學，所以聘用大量博士，造成技職大學化，也就是說，一個大學生，無論在傳統大學中，或在科技大學中，他都學不到賴以維生的技術，所以畢業之後，空有一張大學文憑而無職場就業能力，由於能力不夠就變成「高不成」，就只好往低薪的工作去就業了；其四，在高等教育產業化過程中，教育部與大學都相當重視實習制度，試想：全國有將近130萬名大學

---

62 引自中央社綜合外電報導，〈全球一半財產　在最富62人手中〉，《中央社》，台北，2016年1月18日。

生，假設只要有四分之一的人在上實習課，也有30幾萬免費或低廉的勞動
力，企業如何可能再付高價聘請呢？其五，由於大量大學畢業生往低薪工
作就業，它也相對地壓縮其他學歷等級的年輕人的就業機會與薪資水準，
於是產生了排擠效應，造成了年輕人的普遍低薪。譬如以下的報導：

> 找不到適合工作的大學畢業生不得不接受酒店或速食店的
> 低薪工作，儘管這些工作並不需要受大學教育，但卻對高中畢
> 業生產生職場排擠效應，使高中畢業生的失業率上升。在經濟
> 衰退期間和其後數年，低薪工作的競爭提高了高中畢業生的失
> 業率，令教育水準較低者無法得到較好的薪水。[63]

　　從以上事實看來，青年族群的普遍低薪是高等教育產業化政策下的
產物，更切確地說，是政府強迫高等教育配合產業需求所造成的結構性問
題。即便在國力強大的美國，高等教育產業化的結果，青年族群所面臨的
「低薪高學費」問題也相當嚴重。[64]

　　對一個社會來說，青年人的結構性低薪是一種危機，不只是貧窮恥
辱的危機，是更深刻的危機，因為它讓年輕人沒有自信、沒有成就感、看
不到未來、看不到希望，因此害怕就業，於是許多人就躲在大學裡用延畢
的方式延後就業，據估計，這兩年每6位大學生就有一位延畢，或是畢了
業，薪水少，為了省錢，他們賴在家裡，與父母同住，他們就被稱為「晚
熟世代」。[65]而這些晚熟世代，因為貧窮，買不起房，養不起家，沒有自
信，更沒有機會認識異性，所以晚婚或乾脆不婚，縱然結婚了也不敢生育

---

63 編譯中心，〈大學生搶低薪工　高中生失業增〉，《世界新聞網》，台北，2014年3月8
　　日。

64 黃捷綜合報導，〈紐約大學：付不起學費就別申請〉，《台灣醒報》，台北，2015年12
　　月23日。

65 田習如、蘇思云、歐如珊，〈晚熟世代來了「郭台銘世代」OUT！〉，《商業周刊》，
　　台北，第1462期，2015-11-19。

小孩，所以有人也稱他們為「無後世代」。[66]

這些無後的年輕族群的工作都非常不穩定，做的是非專職的工作，領的是非全薪的薪水，由於沒有僱傭關係，所以也沒有各種保障，有人稱之為「非典型就業」（atypical employment），[67]據研究，這是受到新自由主義影響下的青年就業現象，非典型工作特徵有「九低」：低薪資、低福利、低工作地位、低安全保障、低連結性、低自主性、低技術性、低挑戰性以及工作穩定度低。[68]根據主計處98年統計，台灣從事臨時工作或勞動派遣等非典型工作的人口已達68萬7千人，當中有將近30萬人的薪資未達基本工資。另外，根據台灣當代漂泊協會以及遊民行動聯盟 2010年的調查，因為過低的收入，導致目前已有許多人被迫過著「有住無吃」或「有吃無住」的生活，他們每個月僅有數千元的收入，在都市裡生活，或者選擇租個一坪大小的隔板屋，但他們就得四處尋找救濟的便當或麵包發放以求溫飽。或者選擇把僅有的錢用來吃飯，但居無定所，過著時常被驅趕，日夜擔憂人身安全的遊民生活。評論者認為，台灣社會實際的貧窮問題已非侷限於貧窮線下的「低收入戶」，還有那些「遊民群體」、經常處於飢餓狀態中的「蝸居族」，以及一群隨時會跌入到此種困境的為數龐大「非典型就業人口」。[69]

台灣經過二十幾年的高教產業化，製造出近百萬的「非典型就業人口」，而每一個這樣的人背後都有相當悲慘的故事，底下的案例就是其一，2015年9月，新北市板橋區金華街，發生弟弟砍死姊姊案件，據報導：

66 〈台灣出現「無後世代」〉，《關鍵評論網》，2014年10月31日。引自https://zh-tw.facebook.com/TheNewsLens/posts/699922313410594

67 張天開，〈非典型就業人員的勞工權益問題〉，《勞工研究季刊》，台北，第89期，1987年。

68 謝文元、李易駿，〈缺乏保障的就業：青年非典型就業之探討〉，《政大勞動學報》，台北，2007年1月，第21期。

69 戴瑜慧、郭盈靖，〈非典型就業下的「窮忙年代」〉，2010年8月25日。引自homeless-softaiwan.pixnet.net/.../13080947-非典型就業下的「窮忙年代」

李男淡江大學畢業，七年前為了準備普考而以打零工維生，但每年都落榜，去年為專心準備考試辭掉工作，沒想到又沒考上，讓他心情相當鬱悶。今年9月24日，李男大姊發病，大罵李男「你這個死米蟲，要吃不會賺」，姊弟因此發生口角，李男情緒失控，先以有郵差送信的理由支開母親，再到廚房拿了2把刀，走到大姊房間上鎖行凶，大姊頸部與腹部被刺，李男則往自己肚子刺一刀。[70]

年輕人無後，對一個已經是老年化的社會來說已是沉重，若再加上失業、低薪、貧窮的折磨，台灣未來的前景更是黯淡，更是悲涼。

六、結語

就企業行為來說，面對有風險的投資，只要懂得趨避之道，它是可以有獲利的，甚至是風險愈高，獲利愈大。這大概也是當代新自由主義者之所以不畏懼不確定性、高風險，而積極鼓吹自由經濟之故。

不過，教育不是企業，企業求的是即刻兌現的利益，教育求的是長遠、永續的利益，企業求的是個人的利益，教育求的是公眾的利益。

事實上，工業社會所賴以奠基的科技理性，亦即可計算性、可控制性，透過經濟活動而逐漸擴張、滲透到人類行為的各個領域，至今蔓延到高等教育領域，這種技術控制已逐漸威脅到人類本身的生存了，就連理性主義者韋伯（Max Weber）到最後都不得不感慨地說：「清教徒渴望做職業人，我們卻不得不做職業人。」[71]現代人在科技理性的驅迫下，成了標準的經濟動物，人已成為物的奴隸。

由於深受全球化新自由主義思潮衝擊，台灣教育部這些年來一切以提高國家競爭力為施政重點，在此的教育思維下進行各種所謂的各種教育改

---

[70] 社會中心，〈普考7次沒上又被罵「米蟲」男砍死大姊被起訴〉，《今日新聞網》（NOWnews），台北，2015年12月5日。

[71] Max Weber, Gesammelte Aufsatze zur Religionssozio-ligie, Tubingen, 1972, p.203.

革，在高等教育領域，不斷的試圖以各種「評鑑」來提高大學的競爭力，目前在大學推動的如火如荼強調績效為核心價值的「系所評鑑」便是顯例，[72]最近又出現了一個新的評鑑指標：「就業力」（employability），據說是希望用以提升學生的競爭力。[73]這是在高等教育產業化思維定勢下所產生的政策，教育部甚至表示將依樣畫葫蘆般的推動中小學教師評鑑，這種情況讓有識者憂心：「片面高舉『競爭』才是硬道理的恐怖心態，凡此種種，無不表現出教育部對於各級學校的禁錮與控制，甚至更甚於過往。」[74]

　　教育改革的初衷乃在新自由主義思潮下，解放教育管制，讓教育形成一種自由競爭的市場，以此引進活水源頭，然而，很弔詭的是，種種教育改革到了最後仍舊回到「控制」的老路上，更進一步成為教育產業化。

　　之所以會如此，就是新自由主義的思想仍是以科技理性為其核心價值，而科技理性的本質就如前述乃在於「控制」的興趣，於是，我們看到，在新自由主義鼓動下的這場轟轟烈烈的推行了十幾年的教育改革中，自由只是被某些人所操控下的自由，在自由的背後仍潛藏著一隻企圖操控一切的手，這隻手就是大財團；這樣的自由競爭市場，從來都只是用以合理化不平等現實的意識型態，一如資本主義經濟發展從來都沒有過真正的自由競爭市場那樣，資本乃是靠壟斷市場才得以積累的；[75]於是乎，我們也因此知道，科技理性就是照亮自由市場的手電筒，人們批判反思的矛頭

---

[72] E. F. Iwanicki, "Teacher evaluation for school improvement," in J. Millman and Darling-Hammond, eds., *The New Handbook of Teacher Evaluation: Assessing Elementary and Secondary School Teacher* (Newbury Park, CA: Sage., 1990), pp. 158-174.

[73] 王如哲，〈評鑑大學績效的新指標—就業力〉，《評鑑雙月刊》，台北，2008年9月，第15期。

[74] 佚名，〈新自由主義教育改革的弔詭〉，引自《台灣立報》，台北，2007年1月24日。tw.myblog.yahoo.com/teacher-hcc/article?mid=-2&prev=140&l=f&fid=9

[75] 夏曉鵑、蔡培慧，〈公私之別與制度的偏頗：台灣高等教育市場化之探討〉，載世新大學人文社會學院主編，《市場邏輯與高等教育理念》（人文社會科學的卓越神話研討會論文集），2012年10月，世新大學人文社會學院出版。

從來都沒有指向自身。

　　至此，我們看到台灣數十年通過新自由主義進行高等教育改革，最後遂行教育產業化的目標，事實上，高教領域的產業化，就如經濟領域的自由化一樣，其根本都是來自人類的控制興趣，是這樣的控制興趣造成現代性的風險，如同貝克前面所說的，其風險在於「未知的和意外的後果成為歷史和社會的主導性力量。」也正是由於人類這樣的控制的興趣，我們主觀上或許以為可以透過高等教育產業化，提升產業競爭力，造福人民，結果在政治經濟相互作用下形成自反，卻反而進入深不可測的風險中，造成了結構性失業、結構性低薪，葬送我們的未來。

　　可以說，在政治經濟力量同謀下，失控的、扭曲的高等教育產業化正在奴化我們的大學、埋葬我們的下一代。

　　人既不想成為經濟的奴隸，就只有從自身的改造做起，要改造自身，當然就必須從百年大計的教育著手。

第八章

期待知識分子

新自由主義者強調高等教育要如企業一般有「效率與效能」（efficiency and effectiveness），以此提升競爭力，[1]在這種觀念影響底下，許多國家都以此爲其高等教育改造的依據，埋首於高等教育產業化，致使高等教育產生了巨大的變化，簡單地說，企業經營取代了大學理念，資本意志取代了教育志業，經濟邏輯取代了教育邏輯，高等教育日益走向產業化、市場化和商品化，高等教育成了最熱門的賣方市場，教育產生了質變。[2]

但是，企業與教育兩者的性質是有相當大的差異的，大家都知道資本是逐利的，資本會要求企業砍掉利潤低的業務，而許多教育事業是毫無利潤可言的，再加上，企業的效率與效能可以依據利潤與生產力多少這些客觀數據來判定，而且這種判定大概都要在短期間獲得這樣的數據，而要求教育像企業一般以短期可獲得的客觀數據來判斷其效率與效能，最後都只能是扭曲了教育的可能性。

這是因爲學校乃是以道德爲核心價值的非營利組織和教育志業（vocation），創造學生的獨特價值乃學校教育存在的終極意義，[3]所以，教育不只是一種教書的職業，而是一種以生命影響生命、以生命感動生命的志業，從而是一種極具理想性的良心志業。爲了人類的永續發展，爲了維護並培育善良而熱情的人性，教育也需要保有這種理想性。

其實不論在哪個時代，教育都有著理想性與現實性，從個人來說，教

[1] H. Giroux, Neoliberalism, "Corporate Culture, and the Promise of Higher Education: The University as a Democratic Public Sphere" *Harvard Education Review*, 72, no. 4 , Winter, 2002, pp. 425-463.

[2] 例如，中國施行二、三十年的高等教育產業化也有類似的情形，請參閱李立國、陳露茜，〈新自由主義對於高等教育的影響〉，《清華大學教育研究》，北京，2011年2月，第32卷，第1期。胡東芳編，《教育：包袱抑或錢袋：聚焦教育產業》，福州，福建教育出版社，2000年。以及美國哈佛大學校長德瑞克‧伯克（Derek Bok）對美國高等教育產業化的反省，見德瑞克‧伯克著，楊振富譯，《大學何價：高等教育商業化？》（*Universities in the Market Place*），台北，天下文化，2004年。以及Andrew Delbanco, College: *What It Was, Is, and Should Be*, Princeton University Press, 2012.

[3] 溫明麗，《教育101：教育理論與實踐》，台北，高等教育，2008年11月初版2刷。

育強化處事能力、融入社會是其現實性，教育修養身心、敦品勵學乃是其理想性；從社會來說，教育創造社會有用人才造福社會乃其現實性，而教育移風易俗、正德厚生、讓人類臻於至善又是其理想性。

　　然而，理想與現實卻又經常是教育者的難題，特別是在台灣長期以升學為主的教育體制之下，談論教育理想總是給人不切實際的觀感，那些主張高等教育產業化的人最主要就是基於實用取向，亦即教育必須迎合自由市場需求這種現實利益，於是把所謂的教育理想視為虛而不實的、務必除之而後快之物，例如，有一家著名的報紙的社論就對教育的理想作出如下的負面評論，它的標題是「道德理想主義者的窮困──『無綱多本』與『常態分班』」，它說：

　　　　根據九年一貫教改教材命題的國中基測，明年就要登場，但現行教材，各家版本不但內容差異甚大，體系也不同，為此，不論家長、教師、學生都惶惶不安。所以造成此種現象的原因，主要是因為「無綱多本」的錯誤政策。

　　　　教改派人士認為：過去以知識為導向的課程，充滿學科本位的偏失，又未注重生活上的實用性，且易強化「升學主義」；因而主張課程內容宜以學生的生活經驗為中心，兼顧地區性，所以各學區、各校、甚至各班教材均宜有所不同，並應將各科知識統整，以培養學生的應用能力。因此要求教育部放棄過去由中央統一課程設計的作法，而主張由教師主動發展學校本位課程、自編教材，將教科書由傳統教學活動中的唯一教材，變成眾多教材中的一份參考資料，使課程更符合地方與學生的實際需要。教育部因此對新教材只頒有「課程目標」與「能力指標」，而大鬆綁由各家編輯及教師去發展課程綱要。

　　　　這種「無綱多本」之政策，追尋理想中「最好的可能」，目標固然十分「美好」，但未考慮我們實際的社會條件。同樣的教改派之主張「常態分班」也一樣，其背後充滿了民主社會公平正義的理想。但現實上與因材施教的原則違背，也與我們

現階段的社會性質不合，三十年來無法落實自有其原因 。[4]

在此一論述中，論者預設了教育只能遵循現實的假定，從而將「無綱多本」與「常態分班」的教育理想視爲「背離實際社會條件」的錯誤政策，是造成家長、教師、學生都惶惶不安的「洪水猛獸」。彷彿只有一綱一本與能力分班才符合現階段社會性質與因材施教原則。

我們不禁納悶：除了現實，難道教育中不該有「理想」的存在嗎？假如一味強調升學的現實社會有問題，難道有爲有識的教育者不應該高舉其「最好的可能」之理想嘗試去引導它走回正道嗎？移風易俗不正是教育者的使命嗎？

教育向來被視爲是一項偉大的志業，而不（或僅僅）是賺錢營生的一項產業，它之所以是偉大的，在於它需要全心全意的投入，在於它不計得失，它能將不可能轉化爲可能，將不好的轉變爲好的，將惡的轉化爲善的；於是在這樣的教育志業的本質中便潛藏著一項特質，那便是從事教育者的道德理想主義，沒有道德理想，教育便喪失它的本來意義，扭曲其應有的功能。例如學者陳迺臣也認爲：「教育在本質上仍應爲一民族或人群的理想甚至夢想所寄。它既代表現在的存有，也應象徵人類對未來之可能性的希望和設想。」[5]

台灣傳統社會受到中華文化極深的影響，而中華傳統文化體系中存在著過度追求功利性的弱點，[6]特別是儒家重功利、重實用的思想塑造了整個民族文化與教育，[7]隋唐之後盛行千年的科舉制度把知識的本源完全歸附於皇權，不但扭曲了知識，更是形塑了中國讀書人寒窗苦讀、懸樑刺

---

4 社論，〈道德理想主義者的窮困—「無綱多本」與「常態分班」〉，《台灣時報》，台北，2004年12月18日。

5 陳迺臣，《教育哲學》，台北，心理，2001年，頁21。

6 劉克敵，〈必須批判二十世紀中國文學中的實用主義功利主義傾向〉，載《傳統中國文學電子報》，1999年12月29日，第29期。原文引自http://www.wenxue.com/

7 陳建寧，〈儒家思想對中國教育的影響〉，《中國論文網》，2014年11月19日。引自http://www.xzbu.com/1/view-6311093.htm

股汲汲營營於功名利祿的科舉文化，著名的教育家夏丏尊便曾指出：「中國民族的重實利由來已久，一切學問、宗教、文學、思想、藝術等等，都以實用實利爲根據」。[8]這種追求功利的中國式實用主義（Chinese Pragratism）精神深深烙印在台灣文化之中，學者指稱，台灣人甚至連宗教信仰也頗爲功利取向，[9]人們熱中於燒香拜佛、求神問卦，不是爲了經營更好的道德生活與心靈成長，而是爲消災延壽與升官發財，可見社會上重功利之嚴重程度。尤其在科舉文化的影響下，台灣社會也有著深厚的「學而優則仕」的讀書做官傳統，並且從而產生了「萬般皆下品，唯有讀書高」的升學主義文化，因而中學之前的教育都是圍繞著考試來設計，最終目標就是大學聯考（後來改爲學測與指考），這種考試制度時常被人恥笑爲現代科舉制度，科舉的幽靈仍出現在各級學校入學考試中，長期以來造成台灣教育的畸形發展。[10]

　　也就是說，在台灣社會文化中，原本就沒什麼理想性，對大多數人來說，讀書就是爲了有更好的職業，教育與就業機會是可以劃上等號的，接受教育就是爲了個人能有更好的職業，接受愈高的教育，就會有愈好的職業，這是一般人根深蒂固的認知。即便到了高等教育，絕大多數人選擇科系時也以就業爲最主要考量，知識的吸收則以實用爲原則。其實早在三十年前學者就對當時的大學教育有如此評價了：「大學已偏離學術研究的導向，而益以實用人才培養爲目的；學生的選擇是如此，學校的教學研究是如此，政府的政策也是如此。」[11]換言之，在政府還沒進行高等教育產業化之前，台灣社會與高等教育裡頭事實上就盛行土本性的實用主義，1990

8　夏丏尊，〈中國的實用主義〉，載《國民日報》，北京，副刊，1923年1月23日。

9　瞿海源，〈宗教信仰與家庭觀念〉，《中央研究院民族學研究所集刊》，台北，1986年，第59期。以及楊國樞、瞿海源編，《變遷中的台灣社會》第二章，台北，中央研究院民族學研究所，1988年。

10　周愚文，〈科舉制度中三個重要問題的現代分析〉，《教育研究集刊》，台北，2008年3月，第54輯，第1期。

11　張春興，〈民國39年以來學校教育的發展與檢討〉，載中國論壇編輯委員會主編，《台灣地區社會變遷與文化發展》，中國論壇雜誌出版社，1985年，頁424。

年代以來，效法英、美各國推行高等教育產業化，實際上是以政府的力道大大加強了這種實用主義的傾向，光明正大地主張教育必須培養產業所需的人才，時至今日，我國行政院2015年最新的高等教育政策說帖中依然如此認定：「大專校院不僅應當知識發展與傳遞者，更要負起帶動產業技術創新、創造就業與新興產業發展的責任。」[12]把高等教育看作經濟手段，將學生變成爲競逐功利的工具，並美其名爲提升國家競爭力。

但台灣的高等教育自此卻完全走上了實用主義的不歸路。

這種實用主義看似有用，實則潛藏著極大危機，一位曾在美國大學任教的學者說：

> 這樣一種充斥實用主義的高等教育一方面沒有推動社會公平，而另一方面又極大地阻礙了博雅教育的良性發展，偏離了大學真正要義。在十九世紀末以前，我們的大學教育還是注重「form」（塑造學生的品格和個性），並兼顧「inform」（教授知識、啓發智性），培養學生的好奇心和謙卑感。但是如今的大學，特別是本科教育，過分注重專業化和實用性，而缺少關注學生的思想啓迪和品性培養。[13]

就連柯文哲這樣專業的科學家在留學美國之後都深感，台灣社會習慣把焦點放在發展實用的技術，很少去思考如何落實社會的基本價值，也就是形塑思想、文化與制度，因此社會亂象叢生，導致內耗空轉。[14]其實，美國是一個多元價值並存的社會，實用主義只是其眾多價值之一；而僅就

---

12 行政院新聞傳播處整理撰述，〈大學「升」了沒？〉，中華民國行政院政策與計畫網頁，2015年9月15日。http://www.ey.gov.tw/News_Content16.aspx?n=E9B83B707737B701&s=BF6B9D4F5C5D627E

13 六木，〈充斥實用主義的大學教育〉，《紐約時報》中文網，2013年。引自cn.tmagazine.com/education/20131111/tc11liumu/zh-hant/

14 柯文哲，《白色的力量》，台北，三采，2014年。

實用主義來說，杜威（John Dewey）的實用主義教育觀點事實上是兼具了現實性和理想性雙重特點，杜威相當重視學習主體的興趣、天賦才能、目的與欲望的，而不單是把教育看成爲社會要求而準備的過程。[15]可是，當我們在學習美國高等教育產業化時，可能是受到自身功利文化的影響，並且艷羨美國高等教育產業化所產生的龐大經濟產值，所以一心一意掛念的就只是有助經濟發展的那一部分。

這不得不讓人想到過去讀中國近代史時，有一段令人刻骨銘心的歷史往事，故事發生在十九世紀中葉，當時中國與日本分別爲了本身的自強與維新，不約而同地派遣留學生到德國學習取經，當時德國宰相俾斯麥（Otto Von Bismarck）在知道日本人到德國學習的是文化制度、而中國人所學習的是船堅砲利之後，他就預言，中國和日本的競爭，日本必勝，中國必敗，結果不幸被他言中，在被視爲中、日雙方革新後的第一次國力較量的甲午戰爭中，中國北洋艦隊全軍覆沒，而日本則一躍而成爲世界列強。殷鑑不遠，但令人萬萬沒想到的是，在經過了150年後，台灣人對富強進步的觀念，似乎還只是停留在十九世紀清末那種船堅砲利的認知狀態裡。[16]

所以很可悲的事實是，在台灣，從小學教育到高等教育，都是病態教育，高中教育之前爲升學，以考試領教學，大學以後的高等教育則爲實用，以市場領導教育，職是之故，我們教導出來的小孩，一不用思考（因爲考試只要背標準答案），二只爲賺錢（因爲金錢最實用），其結果是，一個不會思考只知賺錢的人，最好的出路就是幫有創意的人做代工，這也正是台灣經濟目前的最佳寫照，台灣各界因此還洋洋得意，因爲我們擁有全世界最好的代工產業──電子代工產業──並以此爲榮。然而，目前中國紅色供應鏈的興起逐漸取代台灣的代工產業，說明沒有以創意爲基礎的產業是相當容易被取代從而被淘汰的，而這就是目前台灣高等教育東施效

---

[15] 高廣孚，《杜威教育思想》，台北，水牛，1991年。

[16] 司徒達賢，〈還停留在船堅炮利的思惟〉，《今周刊》，台北，2012年3月22日，796期。

顰英美產業化正在傳唱的教育悲歌。

在過度強調功利與實用的台灣社會，我們的高等教育如果再以產業化政策來導引，一味地委屈教育之理想而求全於資本家產業化之需求，那麼人類幾千年來文明發展所累積下一點一滴珍貴的遺產，如節儉、樸素、謙卑、克制、恕道、見利思義、篤實寬厚、修己愼獨、安貧樂道、捨生取義、敬天愛物、重視家庭價值等各種美德，都將被資本主義摧毀殆盡。誠如本書前面七章所論，現代資本主義無限擴張人類理性藉以宰制萬物、駕馭自然，把理性進化成為一種實用功利的工具，不僅強行占有自然世界，瘋狂地汲取地球資源供人類揮霍，而且專斷霸占人類自身，讓人類在支配世界的同時不知不覺淪為自身科技理性的奴隸；殊不知孔子早在二千五百年前在《周易・繫辭下》中就一針見血地道出人類的毛病，那就是：「德薄而位尊，知小而謀大，力小而任重，鮮不及矣」，[17]事實就如南懷瑾教授的論斷：現代人瘋狂地追名逐利，為了名利不惜一切代價，為了金錢不擇一切手段，把傳統美德棄之如敝屣，結果將是「德不配位，必有災殃」。[18]前人的智慧告訴我們，在這樣物慾當道的資本主義生活中，唯有厚德才能讓人類承載如此物質繁華。

那麼，我們到底要什麼樣的高等教育才能做到厚德以載物呢？

本書認為，一個國家的高等教育牽涉範圍非常廣泛，它與整體教育制度、全球化、國家定位和社會文化等諸多問題都有極深的糾纏，是個相當複雜的議題，在本書的結論中限於篇幅無法提供全面性的觀照。

但在結尾中，倒是可以聚焦「我們的高等教育到底要培育什麼的人才？」這個議題嘗試提出本書淺見，以便拋磚引玉。而在展開論述之前，本書理應先談談當前高等教育所培育的人才這個問題。

當前高等教育因為推動產業化，所以其教育目標乃是要培育能為企業所用的職業人，本書用了前面七章來論述其立論問題以及效果並不如預

---

17 金景芳、呂紹綱，《周易全解》，台北，橘子文化，2003年，頁655。

18 南懷瑾，〈德不配位，必有災殃〉，2015年1月2日。引自http://blog.xuite.net/jiivani405/jiivani405/302747310

期，反而對社會、經濟生活造成嚴重的結構性問題，顯然，由於錯誤的政策，在台灣推行的高等教育產業化並不是一條坦途，至少在我國的文化條件下，它並非救贖之道。就此而言，本書是反對高等教育產業化的，特別是那種高學費導向的、市場化的、商品化的、企業化的高等教育產業化，此為本書批判與反對的重點。

　　然而，本書並不反對高等教育應該契合時代脈動與社會變遷。高等教育不應該只是單純地守在學術的象牙塔裡，它既存在於該社會中就不免有其應負之社會責任；就此來說，本書觀點是，應該要把高等教育分實用性的與理想性的高等教育兩種，以目前台灣高等教育情況來講，依此就可以區分為技職院校與傳統大學兩種體系，屬於實用性的高等教育就是原本的技職院校體系，其設立目的原本就是培育高級職業技術人才，過去在某種程度上確實也為本地產業培育有用人才，此為其應有之義，所以執政者所要推動的產學合作、學用合一、技術研發、提升產業競爭力等政策應是特別針對技職院校這個區塊；長期以來，台灣的技職教育體系事實上也培育開發許許多多優秀人才與技術，為產業與經濟發展貢獻良多，只不過近年來，由於執政者錯誤地將技職大學化，轉變其學用合一屬性，削弱其原有之功能。

　　而屬於理想性的高等教育就是傳統大學體系，其教育目標應該定位在培育社會有用的人才，但是這個「有用」則是必須強調大學教育之理想性，如此方能對治台灣這個貪婪功利的社會文化，如此才能平衡過度實用與功利的台灣社會文化，若是遵循資本主義市場經濟運作將傳統大學產業化，這樣的政策只會讓貪婪更貪婪，讓人性更加腐敗、更加脆弱。至於傳統大學的學術研究成果能否轉化為產業技術為國家經濟帶來創新價值，本書以為那只能是在大學自主的前提下，順其自然、水到渠成的結果，而且只有少數大學中的某些特定系所有此能耐，政府不該以政策來鼓勵、主導，政府能作的就只是持開放的態度，特別是在立法上提供協助便可。

　　在本文的最後，特別想要進一步申論的是屬於理想性的傳統大學教育要培育什麼樣人才來回應資本主義社會此一議題。

　　針對台灣社會文化的特點，本書的觀點是，我們的大學教育應該培育

的人才是一種具反思（Reflection）能力的知識分子（intellectuals），以爲此一社會的中堅與良知。以下我們分別加以論述。

第一，我們先來看大學教育爲何應該是反思的教育。

我們知道教育不只是文化知識的傳承，更是心智的啓蒙，胸襟的拓展，個性的發揮，特別是大學教育更不能是一味的傳承繼往，它還必須承載著人類開創美好未來的想像與希望；因此，培育大學生的反思能力乃是大學教育的最基本前提，因爲反思首先是人對本質的認識，也就是對存在的一種揚棄（aufheben），這種反思既是對本質認識的過程，而且也是本質認識的方法。它是具有否定性的映像運動，而且透過不斷地揚棄而成爲無限的運動。[19]人類實踐理想的力量正是源自這種不斷揚棄的無限運動，這種揚棄，在一般意義上稱爲「批判」，任何人在進行反思時都帶有或顯或隱的批判性。[20]反思作爲一種批判，是「對思想的思想」、「對認識的認識」，即透過對當前認識的審視、分析，洞察其本質，[21]因此，我們也把反思稱爲批判性思維（critical thinking）（或謂「思辨能力」）。其次，反思是探索精神世界的一種學習方式；它是人面對內、外在環境、經驗、議題、活動與刺激時所採取的深度思考，反思也是一種對知識、思想、精神、認識的一種思考、分析。[22]

尤須強調的是，批判性思維是創造性教育的重要關鍵，特別是我們的教育中仍遺留著科舉制度的餘緒，將獨立思考的工夫摧毀殆盡，多數人讀書仍舊停在「知其然，不知其所以然」狀態裡，要讓我們的學生「知其所以然」就必須提倡具批判性思維的教育，這種教育才具有創造力，因爲在

---

[19] 王樹人，《思辨哲學新探——關於黑格爾體系的研究》，台北，谷風，1987年，頁74-75。

[20] 李永熾，〈近現代的烏托邦世界〉，載《當代》，台北，1991年5月1日，第61期，頁27：前揭文，頁23。

[21] 黑格爾（G. W. F. Hegel）著，賀麟譯，《小邏輯》，北京，商務印書館，1983年，頁11。

[22] Peter A. Facione, *Critical Thinking: A Statement of Expert Consensus for Purposes of Educational Assessment and Instruction*, a report for the American Philosophical Association. 1990.

這種具有創造力的教育中，師生都要有嚴密的、全面的、自我的反思之批判性思維訓練，在教與學中考慮到一切可能的條件，不斷地發現問題，而且能不厭其煩地去檢證問題的假設，再經過小心謹慎的論證，最後獲得嶄新的、獨一無二的解決問題方案。而這也正是台灣的大學教育最需要的，一如台灣大學前校長李嗣涔近來的自我批判：「台大電機系學生太專注在自己的專業，缺少思辨力，沒有思想，對周遭社會問題沒有感覺。」[23]因此，以開創人類美好未來為最重要任務的大學教育就應該是一種反思性的教育。

大學教育的反思性首先表現在「教與學」過程之中；我們先看「教」的反思，這就是一般所謂的「教學反思」（teaching reflection），它是教師把自己的課堂教學過程，作為認識對象而進行全面而深切的思考和檢討，積極探索與解決教育實踐中的問題，從而進一步充實自己，提高教學水準。根據熊恩（D. A. Schön）的觀點，教師在教學過程中的反思有三，它們分別是：「行動前的反思」（reflection for action）、「行動中的反思」（reflection in action）及「行動後的反思」（reflection on action）三種反思類型，在實際的教學中，這三種反思都是交錯、有時同時進行的。[24]簡言之，一位老師教學目標的有效達成，有賴教師教學前的準備、教學中的修正及教學後的評估，此即是教學過程的反思。

再就大學教育的教學內容的反思來說，也可分為三種類型的反思，它們分別為：「技術性的反思」（technical reflection）、「實踐的反思」（practical reflection）、「批判的反思」（critical reflection）。「技術性的反思」乃針對所認知的特定問題，思考應付與解決的方法，以達到教學策略之效能為目標。「實踐的反思」針對所採取的教學決定與行動，檢視「背景脈絡」（context）對教學的意義與影響，並思考及尋求更具意義的教學目標。「批判的反思」，是說教師要成為轉化型知識分子（ transfor-

---

23 引自李萬吉，〈鐵人夢語──思辨能力要從小培養〉，《中時電子報》，2015年12月1日。

24 D. A. Schön, *Educating the reflective practitioner*. San Francisco: Jossey-Bass. 1987.

mative intellectuals），致力於承擔社會轉化的實踐工作，[25]思考學校教育及自我教學對整體社會的影響與貢獻，並以達到積極的改變、轉化社會為目標。[26]考德西（J. Calderhead）指出，反思是一種能幫助教師達到個人解放及專業自主的具體作法，[27]我們甚至可以說，一個不懂得對教學內容進行反思的教師，其教學是有問題的，所以，教學反思是大學教育成功的必要條件。

以上說的是一個有自覺、有反思能力的大學教師。

至於學生端的學習，它在本質上更是一種反思，傳統中國儒家孔子早已強調「學而不思則罔」，這裡的「思」，在字面意義上指的就是就所學內容的思考，但是若是僅僅只是就學習內容的思考，這並未窮盡「反思」的深意。

我們底下再從表面意義與深層意義這兩方面來審視反思學習；從表面上看，反思學習是將過去的經驗、行動、學說的了解進行調合，也是學習者對過去知識的再探究，以及對自己心理歷程的意識、覺知與監控產生有意義的了解，例如，當代鼓吹行動學習法的邁克基爾和比堤（I. McGill and L. Beaty）就說：「行動學習是一種學習和反思的過程。」[28]它強調，學習者及其同儕透過反省其經驗來共同和彼此學習，這是一種最有效及最積極的學習方式。

---

[25] P. Freire, *Pedagogy of the Oppressed.* Translated by Myra Bergman Ramos. New York: Herder and Herder. 1972. And H. Giroux, *Theory, Resistance, and Education: A Pedagogy for the Opposition.* South Hadley, MA: Bergin & Garvey. 1983.

[26] 陳美玉，《教師專業－教學理念與實踐》，高雄，麗文，1997年。K. M. Zeichner. & D. P. .Liston." Teaching Student Teachers to Reflect." *Harvard Educational Review.* 1987.5.1. pp.23-48. K. M. Zeichner & D. P. Liston. "Traditions of Reform in US Teacher Education." *Journal of Teacher Eeducation.* 4/(2). 1990. March. pp. 3-20.

[27] J. *Calderhead.* "Reflective Teaching and Teacher Education." *Teaching and Teacher Education.* 1989.5.1. pp. 43-51.

[28] I. McGill and L. Beaty, *Action Learning-A Guide for professional, management and educational development*, 1992. p.21.

　　從深層意義來看，反思學習乃是一種以我們的思考與知識為對象的思考的學習方式，它是進一步就我們學習的方法、學習的態度、學習的過程、知識的本質這類更為根本問題的觀照，如此，這樣一種學習才可能是全面性的、有效性的學習；特別是面對現代資訊社會的知識爆炸，知識大量產生與傳播，我們在大學教育中更應教導學生如何有效的學習與判斷，這樣的學習才是適應時代特性並帶領時代發展的學習方式。

　　綜合以上，大學教育必須是一種反思性教育，因為唯有強調隨時對思維與學習過程進行檢驗與反思，唯有對人類的理性進行檢驗與反思，才能真正獨立思考、分析問題與解決問題，從而培養出學生的反思判斷力，這種反思判斷力是「從特殊出發尋求普遍」的思路，其運用本身就兼具了理性邏輯與感性經驗、把理解力和想像力融為一體，[29]我們在任何現實社會生活中所需要的判斷力，就是這種反思判斷力，[30]特別的是，這種反思判斷力是人類去反思批判自己經由科技理性製造出來的現實世界謬誤，它能對治在資本主義世界中過度氾濫的科技理性，創造人類真正的幸福。此乃真正能根本地增進人類福祉的創造性思維。

　　第二，我們的大學教育要培育的是「知識分子」。

　　談到知識分子，很多人難免會聯想到電視談話節目中的某些名嘴，他們知識淵博、能說善道、口若懸河、見解精闢、話語犀利、指點江山在在皆足以引人側目，或許有更多人還會想到湯馬斯‧索爾（Thomas Sowell）所講的那種光說不練、不負責任、專門製造觀念以致天下紛擾的人，[31]又或者是想到那些身繫天下安，危擁有博、碩士學位具專業知識的大學教授、律師、法官、醫生和政府官員等專業人士。

　　若是依此而論，在台灣社會中，似乎到處都是知識分子，特別是自從

---

29 康德（Immanuel Kant），宗白華譯，《判斷力批判》上冊，北京，商務印書館，1964年，頁43、12。

30 朱志榮，《康德美學思想研究》，合肥，安徽人民出版社，1997年，頁65。

31 湯馬斯‧索爾（Thomas Sowell）著，柯宗佑譯，《知識分子與社會》，台北，遠流，2014年。

高等教育產業化後，高等教育那麼普及，接受高等教育的人口密度為世界之最，許多人也都有其專業可以隨時隨地坐以論道、點評時弊；然而，處在民主轉型中的台灣社會，有許多擁有高學歷、抑或當過大學教授的人在社會與政治上荒腔走板的表現卻是讓國人倒盡胃口，有些吃相難看的人其行徑甚至與經濟動物無異，使得人們對這些受過高等教育的所謂「知識分子」嗤之以鼻。

事實真是如此嗎？其實，眾所周知，無論是過去或現在，一向講求功利實用的台灣還被稱為「貪婪之島」，社會風氣敗壞何以致此？正因為「士大夫無恥」，所以有此「國恥」；可見，絕對不是接受了高等教育，有了專業知識、雄辯口才、擁有博士、碩士學位，當了大學教授或位居廟堂之上的人就可以稱之知識分子。他們有些是貪婪的經濟動物，絕大多數則是為五斗米折腰的讀書人，也就是說他們是販賣其專業知識以求個人生計的「知識工匠」，余英時稱他們為「知識從業員」，早在四十年前，余英時就提出他心目中的知識分子所需具備的特質：

> 一個知識分子必須具有超越一己利害得失的精神；他在自己所學所思的專門基礎上發展出一種對國家、社會、文化的時代關切感。這是一種近乎宗教信持的精神。用中國的標準來說，具備了類似「以天下為己任」的精神才是知識分子；「學成文武藝，貨與帝王家」則祇是知識從業員。[32]

知識分子是公民社會的重要關鍵，而公民社會則是民主發展的重要指標。公民社會對於民主制度建設的重要性在於：公民社會增進民主素養、爭取公民權利、包容多元聲音、抗拒國家權力、抑止經濟邏輯的膨脹影響人民生活，公民社會建立了社會溝通、信任和共同價值觀，促進社會中各階層的相互了解和信賴，使社會成員結合為一體，提升共同利益。但是一個公民社會的形成則有賴於社會中的知識分子的努力，透過某種社會連結

---

32 余英時，《歷史與思想》，台北，聯經，1976年初版。

建立出集體力量。

　　而這些被稱爲知識分子的人必須具備眾多條件，首先，他們當然需要有高度專業知識與深厚學養；其次還要深度地介入社會，他們關心政治、參與社會、有文化敏感，並且以其深厚學養透過實際行動與典範，對所處的社會，乃至對全世界產生「移風易俗」的作用；再次，這樣的知識分子之所以令人尊敬，是因爲他們具有高度的公共意識，他們不會只考慮到自己、只在乎自己的名聞利養，而是會堅持理想、正義，尋求公共利益，與人民進行對話，引領社會的理想與基本價值，他們是社會中「最不自私」的一類人，因而能超越黨派、具有客觀意見、並有資格代表整個社會發聲，他們更知道要把法律和正義的理想置於他們個人私利、自然本能和團體利益之上。在近代民主化過程中，知識分子在促進並提倡民主、平等、正義、人權、憲政、自由等價值的過程中，是重要的關鍵。[33]

　　足見唯有眞正的知識分子才是公民社會的中流砥柱、社會良知，我們的社會就是期待這樣的知識分子。這種的知識分子大約就是傳統中國儒家所說的「士」，即曾子所說的：「士不可以不弘毅，任重而道遠；仁以爲己任，不亦重乎？死而後已，不亦遠乎？」這段話言簡意賅地把「士」的內涵給點了出來，「仁與死」是知識分子義無反顧的二而一、一而二抉擇，此爲孟子「成仁取義」的捨命精神。這種超越一己私利爲公共利益而犧牲奮鬥的知識分子，就是大學所要培育的社會良知。

　　德國著名的社會學家卡爾・曼漢（Karl Mannheim）在其名著《意識型態與烏托邦》一書中對當代知識分子有一番期許，他認爲，近代資本主義發展以來，知識分子從上流社會分離出來，他們不屬於任何階級，卻從所有的社會階級中不斷地得到補充，曼漢稱他們爲「相對自由漂浮」（relatively free-floating）的知識分子，正由於沒有社會階級的束縛，所以他們自由，正由於他們來自社會各階層，所以他們客觀，他們敢於挑戰既有權威，勇於突破傳統追求創新，因此，當代西方文明就是在他們共同努

---

33 余杰，《徬徨英雄路：轉型時代知識分子的心靈史》，台北，聯經，2009年。

力之下，開創了空前恢宏而璀璨的氣象。[34]

　　但法國學者尚－弗朗索瓦‧西里奈利（Jean-Franois Sirinelli）則認為要成為一個知識分子必須要有更嚴格的條件，他認為，知識分子首先必須是「文化的創造者和媒介」，例如有些記者、作家、教師和學者，或者某些大學生也可能滿足這個條件；此外，他還提出知識分子的另一個更嚴格的必要條件就是必須「介入」社會，它又分直接介入和間接介入；直接介入也有兩種情況：一是成為事件當事人，或者當「見證者」，即通過公共領域和意識型態內部的論辯，突顯或釐清重大社會、經濟或政治問題；至於間接介入，則是指在知識文化領域發揮其影響力，能對當代重大意識型態問題起決定性作用。[35]

　　美國歷史學家羅素‧雅各比（Russell Jacoby）在1987年出版的《最後的知識分子》一書中提出知識分子的「公共性」問題，在他看來，以往的知識分子通常是面向（to）群眾、為了（for）大眾、書寫攸關（about）公眾的議題；然而，在美國，大學普及之後，知識分子被企業、政府、學院所吸收，他們原本埋首書齋皓首窮經於學術專業，但進入體制與專業之後的知識分子，其公共性亦隨之消散，公共文化和公共生活因此也衰落了。雅各比感嘆，二十世紀20年代出身的一代，卻成為了最後的公共知識分子，這是知識分子被體制化、專業化之後的悲哀。[36]雅各比的感嘆也正是目前高等教育產業化後的悲歌。

　　英國哲學家伯特蘭‧羅素（Bertrand Russell）曾說：「有三種簡單而強大的情感主宰著我的一生：對愛的渴望，對真理的探求和對苦難大眾的悲憫。」[37]本書以為，如果能以實際行動來實踐羅素所說的這三個特質的

---

[34] Karl Mannheim, *Ideology And Utopia: An Introduction To The Sociology Of Knowledge*, Harcourt Brace Jovanovich, 1985.

[35] 讓－弗朗索瓦‧西里奈利（Jean-Francois Sirinelli）著，劉雲虹譯，《知識分子與法蘭西激情：20世紀的聲明和請願書》，南京，江蘇人民出版社，2001年。

[36] 羅素‧雅各比（Russell Jacoby）著，洪潔譯，《最後的知識分子》，南京，江蘇人民出版社，2002年。

[37] Bertrand Russell, "What I Have Lived For," (the prologue) *The Autobiography of Bertrand Russell*, vol. I, Routledge, 2000. p. 4.

人就是知識分子。

　　其實上述幾位學者共同指出的是作為一個知識分子的時代擔當與社會責任，這也是我們這個時代所欠缺的知識分子，而這才是我們的大學教育要培育可以對治當代資本主義過度功利與貪婪的有用人才。

　　總之，我們的大學教育唯有培育這樣具反思能力的知識分子，才能做到「為天地立心，為生民立命，為往聖繼絕學，為萬世開太平」的境界，有了這樣的知識分子，這個國家才能長治久安、這個社會才能永續發展，個人在這樣的國家社會之中才得以安身立命。

　　其實這樣的大學教育理想早在2000年時任教育部部長曾志朗所寫的《大學教育政策白皮書》序言中就有些觸及，他說：

　　　　大學的生活往往著眼於明日，是為將來而準備，並不完全遷就於社會現實。因為今日的大學生，是明日社會的骨幹，大學教育中要有崇高理想的色彩，不但在知識上追求「創造性的學問」，也要培育完美的人格，亦即培養一種擁有人文素養、有品德、有品味、有品質的人，能享受生命，過有意義的生活。[38]

　　雖然這裡面缺少了知識分子應有的公共性與實踐力，但它也勉強提出了些許的大學理想。只是即便揭櫫這樣的大學理想，十六年過去了，這樣的說帖似乎也只是被當作學生的作文比賽，而不是用來指導大學的發展。

　　但是，真的期待我們的大學可以教育出多一些具反思能力的知識分子，而不只是知識工匠，甚至是等而下之的經濟動物。

---

38 曾志朗，〈序〉，《大學教育政策白皮書》，台北，中華民國教育部，2001年。

國家圖書館出版品預行編目資料

奴化大學：自掘墳墓的教育／王振輝著. —
初版. — 臺北市：五南, 2016.06
　　　面；　　公分.
ISBN 978-957-11-8630-6 (平裝)

1.高等教育　2.臺灣教育　3.文集

525.933　　　　　　　　　　105008161

1IJJ

奴化大學
自掘墳墓的教育

主　　編 — 黃政傑

作　　者 — 王振輝(5.4)

發 行 人 — 楊榮川

總 編 輯 — 王翠華

主　　編 — 陳念祖

責任編輯 — 李敏華

封面設計 — 陳翰陞

出 版 者 — 五南圖書出版股份有限公司

地　　址：106台北市大安區和平東路二段339號4樓

電　　話：(02)2705-5066　　傳　　真：(02)2706-6100

網　　址：http://www.wunan.com.tw

電子郵件：wunan@wunan.com.tw

劃撥帳號：01068953

戶　　名：五南圖書出版股份有限公司

法律顧問　林勝安律師事務所　林勝安律師

出版日期　2016年6月初版一刷

定　　價　新臺幣400元